KB137874

경쟁국들을
통해 배우는

세계사

세키 신코 지음
이민연 옮김

경쟁국들을
통해 배우는

세
계
사

세키 신코 지음
이민연 옮김

서문

2014년 러시아가 우크라이나에서 크림 반도를 분리시켜 러시아령으로 병합하는 사건이 발생했다. 어제까지 우크라이나 영토였던 곳이 하루아침에 러시아 영토로 바뀐다는 소식에 많은 이가 충격을 받았다.

한 나라의 영토는 과연 누가 어떻게 결정하는 것일까? 최근의 역사를 돌아보면 한 나라의 영토가 바뀌는 정도의 사건은 제2차 세계대전 직후가 마지막이었다고 말할 수 있다. 그 후에는 강대국이 직접 개입하여 영토를 바꾸는 일은 거의 없었다. 그런 만큼 이번 러시아의 행동은 세상을 깜짝 놀라게 할 만한 것이었다.

그러나 사실 인류 역사에서 영토가 바뀌고 국경선이 변경되는 일은 매우 빈번하게 발생해왔다. 그래서 역사 지도를 들여다보다가 과거에 이 나라가 이렇게 넓은 영토를 차지하고 있었구나 하고 놀라기도 한다. 현재 지구상의 국경선은 거듭된 대립과 갈등 속에서 형성된 것으로, 물론 그러한 결과가 각국에서 온전히 받아들이고 있는 것은 아니다.

국경이란 인접해 있는 국가 간에 결정되는 것이므로 당연히 그러한 대립은 대체로 이웃나라 간에 벌어진다. 앞서 소개한 러시아와 우크라이나, 독일과 프랑스, 인도와 파키스탄, 일본과 중국 등 그러한 예는 셀 수 없이 많다. 지도상 사이좋게 붙어 있는 나라들은 국경, 민족, 자원 및 그 밖의 이유로 다투는 '경쟁국'인 경우가 적지 않다.

반면 러시아와 미국, 영국 등 인접해 있지 않으면서 세력 다툼을 벌이는 '강대국'도 있다.

현재 우크라이나뿐 아니라 세계 각지에서는 심각한 대립이 진행 중이다. 이러한 위기를 극복한 지역이 없는 건 아니지만 그보다는 일촉즉발의 긴장 상태로 발전하는 경우가 많다. 역사란 지금까지도 그러한 위기의 연속이며, 그것이 국민감정의 바탕을 이루어 이웃나라 간의 응어리나 경쟁의식, 대립의식을 만들어낸다고 생각한다. 그리하여 과거에 벌어진 다양한 다툼은 역사의 일부로 머물지 않고 오늘날 분쟁과 대립, 영토 문제로 이어지고 있다.

이 책에서는 각국이 어떤 문제를 안고서 오늘날에 이르렀고, 현재에는 어떤 문제를 안고 있는지 여러분과 함께 생각해보고자 한다.

세키 신코

차례

1장

독일 VS. 프랑스

유럽연합 결성의 견인차였던 두 국가의 대립의 역사

프랑스와 독일은 국가가 형성될 무렵부터 대립의 역사를 이어왔는데, 특히 16~17세기 국민국가 성립기 이후 접경지역에서 끊임없는 영토 분쟁을 이어왔다. 그 가운데 1871년 독일이 통일되면서 프랑스가 독일에 양도한 알자스로렌 지역은 제2차 세계대전을 일으킨 원인 중 하나로 손꼽힐 만큼 영토 분쟁이 심각했다.

앞으로 국경 지대를 둘러싼 독일과 프랑스 간 대립의 역사를 살펴보겠지만, 사실 두 나라의 갈등(물론 영국이나 러시아도 얽혀 있지만)이 유럽의 역사를 움직여왔다고 봐도 지나치지 않을 만큼 지속적인 분쟁을 겪었다. 그러나 두 나라의 주도 아래 유럽통합이라는 운동이 시작되었으니, 그야말로 싸움의 역사로부터 얻은 교훈의 실험이라 하겠다.

1939년 독일은 제2차 세계대전을 전개하자마자 순식간에 프랑스를 점령해버렸다. 제1차 세계대전 당시 국경 지대가 치열한 격전지였다는 사실에 비추어볼 때 이는 '기묘한 패배'라 할 수 있을 만큼 어이없는 결과였다. 그런 한편 이 결과는 민족주의를 내세운 전쟁에 한계를 느낀 프랑스인의 의식이 반영된 것이며, 그로 인해 종전 후 협력에 박차를 가할 수 있었다는 견해도 있다.

이러한 점들을 바탕으로 20세기까지의 국경 문제를 중심으로 프랑스와 독일의 역사를 살펴보자.

분열의 독일, 중앙집권의 프랑스

유럽의 역사를 이야기할 때마다 반드시 등장하는 인물이 프랑크 왕국의 카롤루스Carolus Magnus(프랑스어로는 샤를마뉴Chalemagne, 영어로는 찰스 대제Charles the Great) 대제다. 카롤루스 대제가 오늘날의 독일·프랑스를 중심으로 한 지역을 '통일'하면서 게르만족·기독교·로마의 전통이 삼위일체를 이루는 세계, 즉 유럽이라는 역사적 세계가 성립했다.

그러나 카롤루스 대제 사후에 손자들이 프랑크 왕국을 서프랑크, 중프랑크, 동프랑크로 나누었고, 서프랑크는 프랑스, 동프랑크는 독일의 토대가 되었다. 그 후 중프랑크 왕국의 북부가 동서로 분할되고, 그 남부가 이탈리아의 영토에 속하게 되었다. 이 분할

과정은 상당히 복잡하므로 이 장의 후반부에서 차근차근 설명하기로 한다.

프랑스와 독일의 초창기 역사는 크게 다르지 않다. 프랑스에서는 서서히 중앙집권화가 진행되었던 반면 독일에서는 분열 경향이 고착화된 사실을 제외한다면 말이다. 그렇게 진행된 배경으로는 여러 가지가 있겠으나, 프랑스 땅은 평탄하고 독일 땅은 산이 많다는 지리적 차이로 설명하는 이도 있다.

당시 독일은 도시를 포함해 크고 작은 국가들에 의해 연방 체제를 이루고 있었는데 이것이 분열의 핵심이었다. 흔히 말하길 1648년 30년 전쟁이 종식되었을 때 300여 개에 달하는 연방 국가의 분립이 확정되었다고 하는데, 그중에는 오스트리아나 프로이센처럼 비교적 큰 나라도 있었지만 도시보다 작은 국가도 있었다.

한편 프랑스에서는 10세기 말에 발흥한 카페 왕조의 후손이 끊이지 않고 이어졌다(이는 '카페 왕조의 기적'이라 불린다). 물론 초창기에는 더 강대한 세력의 제후들도 있었지만 왕가 계보를 이어 나갔다. 훗날 카페 왕조의 후대가 끊기면서 벌어진 왕위 계승 전쟁이 백년전쟁이며, 이 위기를 극복하고 새롭게 성립된 왕조가 발루아 왕조(카페 왕조의 방계)다.

백년전쟁은 중앙집권화 움직임에 힘을 더하고 16세기의 종교전쟁(프랑스에서는 위그노 전쟁)이 끝난 뒤 16세기 말에 부르봉 왕조가 들어서면서 절대왕권이 확립된다. 바로 이 무렵에 독일과 국경 분쟁이 일어나면서 '자연국경론'[프랑스의 국토를 피레네, 알프스, 라인강, 대서양과 같은 자연의 산천을 경계로 생각하는 사상—옮긴이]이 등장하게 되었다.

신성로마 제국에 의해 탄생된 독일 연방

역사적으로 '도이칠란드'라는 국명이 나중에 생겨난 사실에서 짐작할 수 있듯이 독일이라는 국가는 뒤늦게 형성되었다. 오늘날의 정식 국가명인 '독일연방공화국'은 독일어로 분데스레푸블리크 도이칠란트Bundersrepublik Deutschland다. 문제는 '도이칠란트'라는 단어로, 이 명칭은 본래 라틴어 '테오디스쿠스theodiscus(민중어)'에서 유래한 것이다.

'도이칠란트'의 어원에 대해서는 다양한 설이 전해지는데, 그 가운데 게르만의 한 부족인 테우토니Tevtoni에서 기원한 테우토니쿠스Teutonicus에서 유래되었다는 설도 있다. 어쨌든 이 명칭이 사용되기 시작한 것은 13세기경이라고 하니, 국가로서 인식된 시기는 꽤 늦은 편이라 할 수 있다.

그리고 또 한 가지, 독일 역사에서 빼놓을 수 없는 것이 신성로마 제국이다. 17세기에 유럽 최후의 가장 큰 종교전쟁으로 알려진 30년 전쟁을 끝낸 베스트팔렌 조약은 독일 지역의 300여 개

연방국가들의 실질적인 독립을 인정한 '신성로마 제국의 사망진단서'라 할 수 있다. 사실 신성로마 제국은 이미 11~12세기의 서임권 투쟁(1077년 '카노사의 굴욕'이 정점) 이후 쇠퇴의 길을 걸어온 셈이다.

1356년에는 7명의 선제후가 황제를 선출하도록 하는 금인칙서金印勅書가 반포되면서 황제권이 약화되었다. 다만 유럽 내에서 황제의 칭호는 보편적인 권위를 계속 유지했으며, 16세기 전반에는 네덜란드로부터 스페인(나아가서는 신대륙)에 이르기까지 위세를 떨친 카를 5세(스페인 왕 카를로스 1세) 같은 인물도 등장했다.

하지만 프랑스 혁명 이후 나폴레옹은 독일과 벌인 전쟁에 승리하여 독일 영토 대부분을 지배한 후 '라인 연방'을 세움으로써 1806년에 신성로마 제국은 소멸했다. 나폴레옹이 실각한 후에는 35개 연방과 4개의 자유시로 구성된 연방체 '독일 연방'이 탄생했으며, 연방의회 의장은 오스트리아였다.

독일과 프랑스 사이를 오간 부르군트 지방

독일·프랑스 간 국경 분쟁의 역사는 과거 게르만족이 프랑스 서남부에 세운 부르군트 왕국에서 비롯된다. 유럽을 통일한 카롤루스 대제의 손자들이 통치하던 무렵 이 지역은 843년의 베르됭 조약에 따라 중프랑크 왕국, 즉 로타르의 왕국에 편입되었으나, 로

10세기 중반의 유럽

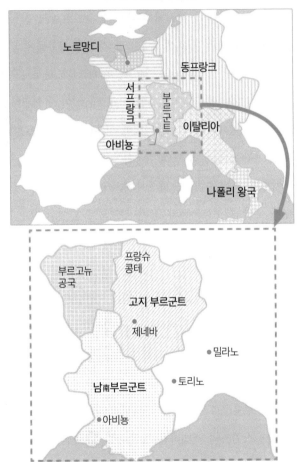

타르가 사망하자 이 지역을 차지하기 위해 동·서 프랑크 왕국의 다툼이 시작된 것이다.

870년 메르센 조약이 체결된 후에도 동·서 프랑크 왕국의 대립은 계속되었다. 그런 가운데 9세기 말 각지의 제후들에 의해 남부르군트 왕국(주라산맥 이남의 남부르군트 왕국)과 북부르군트 왕국(주라산맥 이북의 북부르군트, 고지高地 부르군트)이 형성된다. 또한 북부르군트는 손강을 경계로 분열되어 서쪽(저지 부르군트)이 서프랑크 왕국(프랑스)에 속하는 제후국이 되었다가 나중에는 부르고뉴 공국이 된다(이에 관해서는 나중에 따로 언급하겠다).

10세기 초반 남부르군트와 고지 부르군트가 연합하여 부르군트 왕국(아를 왕국이라고도 한다)이 세워졌다. 이 지역은 신성로마 제국의 황제인 오토 대제에게 복종하기 시작하면서 서서히 신성로마 제국의 영토에 편입되었다. 그러나 신성로마 제국은 중앙집권화가 이루어지지 않았기 때문에 이곳 제후들은 잇따라 독립을 부르짖었다. 13세기 들어 남부 지역이 프로방스 지방에 복속되었고, 14세기에는 북부 지역마저 프랑스 왕권에 굴복하게 된다.

10세기경 부르군트 왕국 동북부에서 세력을 형성한 사보이아 공국은 한때 스위스의 제네바를 병합하는 등 주변 영토를 장악했으며, 18세기에는 시칠리아섬과 사르데냐섬을 지배한 뒤 사르데냐 왕을 자처하면서 이탈리아 통일 전쟁의 구심점이 되었다. 그러나 나폴레옹 3세의 도움을 받은 대가로 중세 사보이아 가문의 발상지는 니스와 함께 프랑스에 양도되었다.

마지막으로 프로방스의 서쪽, 론강 하류 지역의 아비뇽을 살펴볼 차례다. 13세기 무렵 이 지역은 자치 도시였으나 기독교 이단으로 알려진 카타리파가 이곳에서 왕성한 활동을 펼치자 프랑스 제후들에게 토벌되었다. 14세기에는 교황 클레멘스 5세가 프랑스 국왕 필립 4세에 의해 아비뇽으로 강제 이주되는데(교황의 바빌론 유수), 당시 이 지역은 교회가 사들인 교황령이었으나 프랑스 혁명 후에 프랑스 정부에 의해 몰수되었다.

스페인령이 된 프랑슈콩테

북부 부르군트의 서쪽에 부르고뉴 공국이 있었다면, 동쪽에는 프랑슈콩테(자유백작령)라는 백작국이 자리하고 있었다. 프랑슈콩테는 신성로마 제국과 프랑스 왕국 사이에서 절묘한 외교를 펼쳤지만, 내부의 계승권 갈등이 끊이지 않아 결국 15세기 후반에 이르러 스페인의 지배를 받게 되었다. 그 후 프랑스가 이 지역에 대한 영유권을 강하게 주장하고 나서며 30년 전쟁을 치렀으며, 1679년에는 루이 14세의 침략전쟁 중 하나인 네덜란드전쟁 이후 네이메헌 화약을 맺어 프랑스령이 되었다.

한편 서쪽의 부르고뉴 공국을 다스리던 부르고뉴 가문은 중세

17세기 중반의 유럽

이후의 명문가로, 일시적으로 명맥이 끊겼으나 15세기부터 부흥하여 세력을 강화했다. 백년전쟁 당시 부르고뉴 가는 프랑스의 발루아 왕가와 대결하기도 했으며, 프랑스 구국의 소녀 잔다르크를 영국에 팔아넘긴 사건으로 널리 알려지기도 했다.

부르고뉴 가는 한때 로타르의 왕국, 즉 중부 프랑크 왕국의 재건을 꿈꾸었다. 이에 따라 프랑스 왕의 가신家臣을 자처하면서 신성로마 제국에 속해 있던 프랑슈콩테를 비롯해 로렌 지방, 나아가 네덜란드 등 중앙 유럽의 '국가'에 준하는 여러 지역을 차지했다.

그러나 부르고뉴 가는 백년전쟁 후인 1477년에 후대가 끊겼고, 이에 따라 인척 관계였던 합스부르크 가문이 영토를 소유하게 되었다. 합스부르크 가는 스페인과 인척 관계를 맺고 있었기 때문에 프랑스는 남부(스페인)와 동북부(네덜란드) 및 서부(프랑슈콩테) 지역이 모두 합스부르크 가에 둘러싸이면서 지리·군사적으로 난처한 상황에 놓였다. 17~18세기에 프랑스를 통치하던 루이 14세가 자연국경론을 주장하며 영토 확장에 애쓴 것은 이런 배경과 무관치 않다.

EU 의회가 위치한 통합의 상징, 알자스로렌 지방

로렌(독일어로는 '로트링겐') 지방의 지리적 관계를 확인해둘 필요가 있다. 간단히 말해서 로렌은 프랑슈콩테의 북쪽에 위치하며 동쪽으로는 알자스, 서쪽으로는 샹파뉴와 접하고 있다.

샹파뉴 지방은 그 북쪽으로 네덜란드, 룩셈부르크, 벨기에가 자리하고 있으며, 정기적으로 시장이 형성되는 중세 경제의 중심지였으나, 13세기 후반 필립 4세 무렵 프랑스 땅이 된 후 계속된 백년전쟁의 여파로 경제가 쇠퇴했다.

로렌 지방을 거점으로 한 로렌 공국은 독일과 프랑스 간 분쟁 지역이었으나 점차 프랑스의 영향권에 포함되었다. 30년 전쟁 중에는 프랑스의 실질 지배를 받았으나 팔츠 선제후의 계승 문제로 촉발된 팔츠 계승전쟁(아우크스부르크 동맹전쟁) 이후 신성로마 제국에 귀속되었다.

18세기 들어 로렌의 프란츠 공작은 오스트리아의 마리아 테레지아와 결혼했으며, 이후 신성로마 제국의 황제가 되었다. 프랑스는 프란츠를 신성로마 황제로 인정하는 조건으로 로렌 지방을 요구하여 프랑스에 귀속시켰다.

알자스의 중심 도시 스트라스부르(독일어로는 스트라스부르그)는 라인강을 포함한 동서남북 교통의 중심지로, 그 이름 자체가 '길들의 도시(거리의 도시)'라는 뜻이다. 그런 의미에서 오늘날 EU의 유럽의회가 이곳에 자리하고 있다는 사실은 꽤 상징적이다.

알자스 지방은 중세 이후 신성로마 제국의 영토에 속해 있었으며, 프랑스와 국경 분쟁은 17세기 이후에 시작되었다. 프랑스는 30년 전쟁에서 이곳을 점령하고 베스트팔렌 조약을 빌미로 메스, 투르, 베르됭 3개 주교령을 빼앗았다. 나아가 팔츠 계승전쟁의 레이스베이크 조약을 통해 알자스 전체를 획득했다.

알자스와 로렌은 독일 통일전쟁이 끝날 무렵인 1871년 독일령이 되었다가 제1차 세계대전 이후 다시 프랑스령이 되었고, 제2차 세계대전의 시작과 함께 다시 독일이 차지했다가 종전 후에는 프랑스령이 되는 등 격변에 시달렸다. 우리로서는 이해하기 어려운

점이 있으나 바람 잘 날 없는 국경 지대의 현실을 엿볼 수 있다.

네덜란드 지방의 분열

네덜란드 지방은 베르됭 조약에 따라 중부 프랑크 왕국(로타르 왕국)에 귀속되었지만, 이후 서프랑크에 속했다가 동프랑크(신성로마제국)에 속하는 등 변화를 거쳤다. 그러한 중에도 플랑드르 지방(벨기에 북부)에서는 모직 산업 등이 발달하여 중세 유럽 경제의 중심지가 되었다. 한편 프랑스와 신성로마 제국 사이에 위치한 까닭에 양국의 압력에 시달리기도 했다.

14세기에 부르고뉴 가는 이 지역을 지배했으나 15세기 말 부르고뉴 가의 대가 끊기면서 합스부르크 가의 영토가 되었다. 세월이 흘러 합스부르크 가가 오스트리아계와 스페인계로 분열되자 이지역은 스페인에 귀속된다.

16세기는 종교혁명의 시대로, 천주교 국가인 스페인은 고이젠 Geuzen이라 불리는 네덜란드 신교도를 혹독하게 탄압했고, 네덜란드인들의 거센 저항은 독립전쟁으로 확대되었다. 1609년의 휴전 협정으로 네덜란드는 실질적 독립을 이루었고 1648년 베스트팔렌 조약으로 스위스와 네덜란드는 국제적으로 독립을 승인받았다. 한편 네덜란드가 독립전쟁을 벌일 때 함께 독립운동에 나섰던 벨기에는 천주교인이 많은 탓에 결국 스페인의 지배 아래 들어갔다.

네덜란드의 역사에서 격동의 시기는 프랑스 혁명에 이은 나폴레옹 전쟁 시대로, 당시 네덜란드 지역은 프랑스령이 되었다. 벨기에는 1815년 빈 회의에서 네덜란드에 할양되었으나 1830년 독립을 선언한 후 유럽 사회의 공식 승인을 얻어냈다. 아울러 벨기에의 남쪽에 있던 룩셈부르크도 1890년 네덜란드의 지배를 벗어나 독립을 이뤄냈다.

마지막으로, 벨기에 서쪽에 위치한 '아르투아'(현재 이 명칭은 사용하지 않는다)라는 프랑스령은 원래 부르고뉴 공국이 통치했으나 나중에 스페인에게 넘어갔다. 아르투아를 비롯해 그 주변에 난립해 있던 작은 연방들은 17세기 후반 루이 14세에 의해 프랑스에 귀속되었다.

밀라노, 토리노, 베네치아가 '이탈리아'가 되기까지

이탈리아는 프랑스와 스위스, 오스트리아, 나아가 슬로베니아(옛 유고슬라비아)와 국경을 접하고 있지만, 이들 경계가 확정되기까지 과정은 매우 복잡하다. 여기서는 북이탈리아의 3개 주, **피에몬테**(주도는 토리노), **롬바르디아**(주도는 밀라노), **베네토**(주도는 베네치아)에 대해 간단히 살펴보자.

이탈리아도 독일과 마찬가지로 중세 이후 19세기까지 분열 상태가 이어졌다. 그동안 여러 번 통일하려는 시도가 있었지만 **통일을 실현시킨 것은 사르데냐 왕국**이다. 사실 사르데냐 왕국의 거점지는 현재 프랑스령인 사보이아 지방으로, 1866년의 이탈리아 통일전쟁은 프랑스(당시 지배자는 나폴레옹 3세)의 지원을 받기 위해 사보이아와 니스를 프랑스에 넘겨주는 굴욕적 희생을 대가로 실현된 것이다.

12세기 이후 사보이아에 샹베리에 궁전을 짓고 이 지역을 다스려온 사보이아 가는 16세기에 피에몬테 지방의 토리노로 궁전을 옮겼으며, 스페인 계승전쟁 때는 지중해의 시칠리아섬과 사르데냐섬을 교환하기도 했다(1720년).

사르데냐섬은 12세기 이후 '왕국'을 자처했기 때문에 사보이아 가가 사르데냐를 계승하면서 사보이아 공국은 '사르데냐 왕국'으로 재편되었으며, 이후 **이탈리아 민족주의**를 이끌어 나갔다.

롬바르디아는 피에몬테 동부에 위치하는데, 이 명칭은 게르만 민족으로서 이탈리아에 국가를 세운 '랑고바르도Longobardo'에서 유래한다. 중심 도시인 밀라노를 거점으로 이탈리아 특유의 중세 국가인 '**코무네**comune'(도시와 농촌이 일체화된 공화정 체제였으나 독재 권력자가 자주 출현했다)가 형성되어 **밀라노 공국**이라 했다.

15세기 말, 프랑스가 이탈리아를 침략하면서 이탈리아 전쟁이 발발했다. 16세기 중반 밀라노는 스페인과 오스트리아 합스부르크 가의 지배를 받고 있었지만 나폴레옹 전쟁으로 인해 프랑스에게 점령되었다. 나폴레옹이 실각한 후에는 빈 회의의 결과에 따라 다시 오스트리아령이 되었다가, 19세기 중반 1차 이탈리아 통일전쟁에서 사르데냐에 귀속되었다.

마지막으로, **제노바와 함께 이탈리아의 대표적인 중세 도시인 베네토가 있다.**

로마 제국 말기, 게르만 민족의 이동 등 혼란을 피해 사람들은 아드리아해 안쪽의 갯벌(라군) 섬으로 이주했다. 고대부터 이 지역에는 베네티안(베네토 주와 베네치아라는 도시 명칭의 기원)이 거주하고 있었으며, 6세기 이후 인구가 증가하고 교통이 편리한 이점이 부각되면서 베네치아는 중세 지중해 지역에서 이루어지는 상업 활동의 중심지가 되었다.

상업이 발전하는 가운데 부유한 베네치아 상선은 아드리아해 해적의 표적이 되었고, 이에 대항하기 위해 베네치아는 병력을 강화하기 시작했다. 이에 그치지 않고 베네치아는 아드리아해 주변으로 영토를 확대했으며 한때는 십자군을 이용해 동로마(비잔틴) 제국을 멸망시킬 만큼 강력한 세력을 형성했다. 또한 이탈리아 반도에서 가장 큰 경쟁 대상인 제노바까지 물리침으로써 레반트Levant(동방) 무역의 패권을 쥐었다. 그러나 대항해 시대와 함께 찬란한 과거는 저물었다. 독립을 유지하던 베네토는 나폴레옹의 점령을 거쳐 오스트리아에 흡수 합병되었다.

　1861년 이탈리아 왕국이 성립한 후에도 오스트리아의 베네토 지배는 지속되었다. 베네토가 이탈리아에 편입된 시기는 프로이센-오스트리아 전쟁이 끝난 1866년이다. 이때 이탈리아는 사보이아와 니스를 프랑스에 건네주고 프랑스의 지원을 받았다.

2장

오스트리아 VS. 독일·프랑스

합스부르크 가의 손에서 움직인 유럽의 역사

제2차 세계대전이 끝나고 2년이 지난 1947년, 영국의 수상으로서 전쟁을 진두지휘했던 처칠은 풀턴대학에서 강연하면서 이러한 명 언을 남겼다. "발트해의 슈체친에서부터 아드리아해의 트리에스테에 이르기까지 '철의 장막'이 드리워져 있다."

슈체친은 폴란드와 독일의 국경을 이루는 오데르강의 하구 도 시로, 현재는 폴란드령이다. 트리에스테는 아드리아해 안쪽에 위 치한 도시로 이탈리아령이다. 지도상에서 슈체친과 트리에스테를 대강 연결해보면 아이러니하게도 전쟁 이후 체코의 서쪽은 자본 주의, 오스트리아의 동쪽은 사회주의로 나뉘었다. '철의 장막'을 기준으로 나라들이 두 진영으로 갈라진 것이다.

체코와 오스트리아는 냉전시대뿐만 아니라 중세 이래 동서 국가들 사이에서 중요한 역할을 담당해왔다. 특히 16세기 이후 오스만 제국의 침략에 대한 유럽의 방패제 역할을 수행한 오스트리아는 오스만 제국에 대항하는 한편 스스로 거대한 판도를 구축했다.

오스트리아 제국의 정점을 이룬 합스부르크 가는 유럽 명문 중의 명문이다. 합스부르크 가문과 함께 크게 요동친 내륙 유럽의 역사를 살펴보자.

아시아는 '빈의 뒤'에서 시작된다

'오스트리아'를 대표하는 가문이라면 합스부르크 가다. 그 왕궁이 자리하고 있는 오스트리아의 수도 빈은 19세기 유럽 사교계의 중심이었다. 여기서 잠시 오스트리아와 체코슬로바키아 그리고 헝가리의 위치를 점검해보자.

아무래도 내륙 국가들은 그 위치가 머릿속에 바로 떠오르지 않게 마련으로, 나 또한 정확한 위치를 기억하는 데 오랫동안 애를 먹었다. 내가 고안해낸 조금 독특한 방법을 소개하자면, 먼저 양손을 들어 주먹을 쥔 다음 왼손을 아래로 오른손을 위로 맞댄다. 그러면 아래가 오스트리아, 위가 옛 체코슬로바키아(지금은 체코와 슬로바키아), 그리고 오른 손목 아래쪽이 헝가리, 위쪽이 폴란드다. 왼 주먹의 왼쪽이 스위스라는 점도 기억해두면 좋겠다.

19세기에 빈 체제라는 국제 질서를 만들어낸 오스트리아의 재상 메테르니히는 "우리 성의 뒤부터 아시아가 시작된다"라는 말을 남겼다. 이는 오스트리아라는 나라를 살펴볼 때 꽤 상징적인 말이다.

본래 오스트리아라는 명칭은 '동쪽의 변경'이라는 뜻의 오스트마르크Ostmark에 기원을 두고 있다. '민족 이동'을 이야기할 때 가장 먼저 떠오르는 것은 게르만 민족의 대이동이지만, 그 밖에도 크고 작은 규모의 다양한 민족 이동이 있었다. 이러한 민족 이동의 원인은 대체로 질병이나 자연재해, 인구 증가 등이었으나 인위적이고 정치적인 이유도 적지 않았다.

일반적으로 동유럽에는 슬라브계 민족이 많은 것으로 알려져 있으나 사실 아시아계 민족도 드물지 않다. 또한 게르만 민족 대이동에 큰 역할을 한 것으로 널리 알려진 훈족은 몽골 고원의 흉노일 가능성이 있다는 설도 있고, 훈족의 '훈'이 '헝가리'의 어원이라는 설도 있다.

훈족에 이어 헝가리로 이주한 민족은 아바르인이라는 유목민으로, 이들은 아시아계라는 설이 있다. 그리고 아바르인에 이어 헝가리 땅에 들어온 민족이 마자르인으로, 이들도 아시아계라고 한다. 아바르인이나 마자르인은 9세기경부터 헝가리 평원에 침입했는데, 이들 유목민에 대응하기 위해 설치한 것이 '오스트리아'의 어원

제2차 세계대전 후의 유럽

인 오스트마르크다. 마자르인은 955년 레히펠트에서 동프랑크의 왕인 오토(훗날 신성로마 제국의 황제인 오토 대제)에게 패한 뒤 헝가리에 정착했다. 메테르니히의 말처럼 오스트리아의 역사는 이처럼 동쪽을 향해 있었다.

신성로마 황제의 '권위'를 무기로 성장한 합스부르크 가

지리적 정황을 조금 더 살펴보자. 오스트리아의 서쪽에는 스위스가 위치하며, 이 장 내용의 핵심을 이루는 합스부르크 가의 근원은 스위스다. 스위스 동북부의 라인강 상류에 '매의 성'이라는 뜻의 하비히츠부르크Habichtsburg 성이 있었는데, 이 명칭이 변하여 합스부르크 가가 되었다고 한다.

스위스 출신의 합스부르크 가가 거점을 오스트리아로 옮긴 것은 13세기경부터다. 합스부르크 가 출신의 신성로마 황제 루돌프 1세는 보헤미아(현재의 체코)의 왕을 물리치고 차지한 영지를 아들에게 물려주었고, 14세기 중반 루돌프 4세에 이르러서는 '오스트리아 대공'을 자처했다. 13세기 말 최초로 신성로마 황제의 지위에 올랐으며 15세기 전반 알프레드 2세 때부터 황위를 세습화하기 시작했다.

다만 14세기 중반, 보헤미아 왕이자 신성로마 황제인 카를 4세에 의해 반포된 '금인칙서'에 따라 7명의 선제후에 의해 신성로마 황제가 선출되기 시작했다. 금인칙서의 목적은 신성로마 제국(독일)에서 제후들의 권리를 침범하는 강력한 '황제'가 나오지 못하도록 하는 것이었다.

실제로 이 계획은 성공하여 황제는 '권력'이 아닌 '권위'를 상징하는 칭호가 되었다. 그러나 합스부르크 가는 황제의 권위를 이용해 독일 외 지역에서도 막강한 권력을 누리게 되었다.

합스부르크 가는 15세기 후반 신성로마 제국 황제가 된 막시밀리안의 시대에 크게 도약했다. 막시밀리안은 프랑스 서부의 대제후 부르고뉴 가의 마리아와 결혼했는데, 결혼 직후 마리아의 부친 샤를이 사망하자 부르고뉴 가의 광대한 영토(네덜란드와 프랑슈콩테 등)를 소유하게 되었다.

　게다가 막시밀리안의 아들 필리페가 스페인의 왕녀 후아나(콜럼부스를 후원한 이사벨라의 딸)와 결혼했기 때문에 그 아들 카를로스 1세(신성로마 황제로는 카를 5세)는 신대륙에 이르는 광대한 영토를 물려받게 되었다.

전쟁과 결혼을 통한 영토의 확장

카를로스 1세는 신성로마 황제로서 1555년 아우구스부르크의 종교 화의를 승인한 인물로 유명하다. 그러나 카를로스 1세가 죽자 합스부르크 가는 스페인계(아들 필리페 2세)와 오스트리아계(남동생인 페르디난트 1세)로 분열되었다. 스페인계 합스부르크 가가 네덜란드를 계승한 후 필리페 2세는 네덜란드 독립전쟁에 시달렸다. 벨기에는 스페인의 그늘 아래 남은 반면 독립에 성공한 네덜란드는 세계로 진출하기 시작했다.

　15세기 후반부터 시작된 이탈리아 전쟁은 16세기 초까지 계속되었다. 이 전쟁은 남이탈리아의 지배를 둘러싼 발루아 가(프랑스)와 합스부르크 가의 다툼으로 바뀌었고, 프랑스와 동맹을 맺은 오스만 제국이 참전했다.

　헝가리는 10세기 이후 우여곡절 속에서도 왕정을 유지해왔으나 1526년 모하치 전투에서 헝가리 왕이 전사하자 오스트리아와 오스만 제국에 의해 영토가 분할되었는데, 북부의 3분의 1은 오스트리아의 영토가 되었고 동남부의 3분의 2는 오스만 제국령이 되었다. 이로써 헝가리는 기독교와 이슬람교가 대치하는 최전선이 되었다. 이후 1699년 카를로비츠 조약에 따라 오스만 제국이 점유하던 헝가리 영토를 비롯해 당시 헝가리의 지배를 받아온 크로아티아와 슬로베니아 지역이 오스트리아에 편입되었다.

합스부르크 가에게는 보헤미아(오늘날의 체코)도 중요한 영토다. 이곳은 금인칙서를 발표한 룩셈부르크 가의 카를 4세(보헤미아 왕으로는 카렐 1세)를 배출한 지역으로, 주변에 큰 권력을 행사하고 있었다.

종교전쟁으로서는 규모가 가장 큰 30년전쟁은 보헤미아의 수도 프라하에서 신교도가 일으킨 반란에서 비롯되었다. 1620년 오스트리아군에 패한 보헤미아는 오스트리아에 병합되었고, 이때 룩셈부르크도 함께 오스트리아에 복속되었다.

참고로, 보헤미아 근처에는 실레지아Silesia(슐레지엔)라는 지역이 있는데 1740년 마리아 테레지아의 오스트리아 왕위 즉위를 둘러싸고 발생한 오스트리아 계승전쟁과 뒤이은 7년전쟁으로 인해 프로이센에 귀속된 곳으로 널리 알려져 있다.

이처럼 합스부르크 가는 전쟁과 결혼 정책을 통해 영토를 확장했다. 그 모든 내용을 소개하기에는 너무 복잡하므로 주된 부분만 살펴보기로 하자. 지도를 보면 알겠지만 오스트리아 서남부는 이탈리아와 접해 있는 만큼 합스부르크 가의 영토 확장은 이탈리아와 관계가 깊다. 또한 당시 이탈리아는 통일된 권력이 형성되지 않은 채 여러 작은 국가로 분열되어 있었다.

견원지간인 프랑스와 손잡은 '외교 혁명'

1700년 스페인에서 합스부르크 가의 후계가 끊어지자 유럽에서 스페인 왕위 계승전쟁이 시작되었다. 그 결과 오스트리아는 남부 네덜란드(벨기에와 룩셈부르크) 외에 밀라노 왕국, 나폴리 왕국, 사르데냐섬(이 섬은 1720년에 시칠리아섬과 교환한다) 등을 획득했다.

이어서 1733년에 발생한 폴란드 계승전쟁에서 토스카나 대공국(피렌체를 중심으로 하는 소국)을 병합하고, 나아가 폴란드를 분할(자세한 내용은 7장 참조)할 때는 폴란드 서남부의 갈리치아 지방을 획득했다. 이렇게 해서 다민족 국가인 오스트리아가 완성되었다. 30년전쟁으로 세력이 약해졌던 오스트리아는 18세기에 프로이센과 어깨를 나란히 하기에 이르렀다.

한편 프로이센도 스페인 계승전쟁으로 '왕호'를 승인받는 등 세력을 확대해나갔다. 폴란드 분할 당시 영토를 획득하고, 나아가 오스트리아에서 마리아 테레지아가 즉위한 데 이의를 제기한 작센 등에 동조하면서 오스트리아 계승전쟁과 뒤이은 7년전쟁에 승리하여 오스트리아로부터 실레지아를 빼앗았다.

오스트리아의 합스부르크 가와 프랑스의 부르봉 가(앞선 발루아 가를 포함)는 끊임없이 대립해왔다. 그러나 오스트리아 계승전쟁 후, 점점 강성해지는 프로이센을 견제하기 위해 재상 카우니츠의 제안으로 오스트리아는 프랑스에 접근했다. 마리아 테레지아의 딸인 마리 앙투아네트(훗날 루이 16세의 왕비)가 프랑스의 왕비가 된 것은 이 때문이다. 이러한 합스부르크 가의 대프랑스 정책 변화를 외교 혁명이라 한다.

타협으로 탄생한 오스트리아·헝가리 이중 제국

18세기 말 이웃나라인 프랑스에서 발생한 혁명은 오스트리아에 큰 충격을 안겼다. 루이 16세와 결혼한 마리 앙투아네트가 혁명파에 의해 처형된 사건은 매우 놀라운 소식이었지만 그보다는 프랑스 혁명의 정신이 오스트리아에 유입되지 않도록 막는 것이 시급했다. 이에 1791년 오스트리아는 필니츠 선언을 하고 프랑스와 전쟁에 나섰으나 나폴레옹의 등장으로 프랑스가 압도적인 우세를 보였다.

나폴레옹 전쟁에 대한 자세한 설명은 접어두고, 1804년 나폴레옹이 황제로 즉위함에 따라 프랑스는 '제국'을 선언했고, 이에 대응해 오스트리아도 왕국에서 제국으로 승격시켰다. 그러나 나폴레옹에 의해 독일의 많은 연방이 사라진 결과 1806년 신성로마 제국은 멸망하고 만다. 전쟁이 끝나자 빈 조약에 따라 오스트리아는 롬바르디아(밀라노를 중심으로 한 지역)와 베네토(베네치아)를 획득했고, 두 지역을 합쳐 '롬바르드 베네토 왕국'이라 한다.

나폴레옹 전쟁의 결과, 이탈리아에서도 서서히 민족주의가 일어났다. 그리고 이러한 흐름은 국가 통일이라는 형태로 전개되었다.

사르데냐 왕국은 이탈리아 통일의 주축이었다. 초반의 통일 시도는 거듭 실패로 돌아갔지만 프랑스 나폴레옹 3세의 원조 아래 벌인 1859년의 통일전쟁에서 롬바르디아를 회복했고, 이어서 1866년 오스트리아-프로이센 전쟁에서 베네토를 회복했다. 이렇게 되자 오스트리아가 소유한 이탈리아의 영토는 남티롤('더 읽어보기' 참조)만 남게 되었는데, 이탈리아는 제1차 세계대전 후 이곳마저 회복했다.

프로이센-오스트리아 전쟁에 대해서도 좀더 살펴보자. 이탈리아와 마찬가지로 독일에서도 중세 이후의 분열 상태에서 벗어나 통일 국가를 이루려는 움직임이 활발해졌다. 프로이센의 지도자인 비스마르크는 다민족 국가인 오스트리아를 통일 독일에서 배제하려하면서 프로이센-오스트리아 전쟁이 발발했다. 전쟁에 패한 오스트리아는 이반하려는 헝가리와 관계 조정에 나섰다. 즉 헝가리의

독일과 이탈리아가 통일할 무렵의 유럽

주권을 인정하는 한편 오스트리아 황제가 군주에 취임하는 '오스
트리아·헝가리 이중 제국' 체제를 도모한 것으로, 이러한 제국을
'아우스그라히Ausgleich'라 부르기도 하는데, 곧 '타협'이라는 뜻을
지니고 있다. 이로써 독일에서 분리된 합스부르크 가(오스트리아)는
헝가리와 타협함으로써 '제국'의 면모를 유지하게 되었으나, 헝가리

―― 경쟁국들을 통해 배우는 세계사

인 외에 체코인이나 크로아티아인 등의 권리는 인정되지 않았다.

1877년에는 러시아가 발칸 반도 슬라브계 민족의 민족주의를 지원하여 러시아-튀르크 전쟁이 발발했다. 그 결과 오스트리아·헝가리 이중 제국은 보스니아헤르체고비나를 점령했고, 1908년의 살로니카 혁명(오스만 제국에서 일어난 청년 튀르키예당의 혁명)으로 인한 혼란을 틈타 완전 병합했다.

마지막으로 획득한 영토인 이 보스니아헤르체고비나의 주도인 사라예보가 훗날 오스트리아헝가리 제국을 붕괴로 이끄는 운명의 장소가 될 줄이야 그 누가 상상할 수 있었을까?

순식간에 4분의 1로 축소된 영토: 세계대전과 제국의 붕괴

1914년 오스트리아·헝가리 제국의 황태자 프란츠 페르디난트가 군사 훈련을 시찰하기 위해 보스니아의 주도 사라예보를 방문했을 때 세르비아의 애국 청년에게 암살당하는 사건이 발생했다. 이 사건이 제1차 세계대전의 도화선이었다. 오스트리아헝가리 제국이 패망하자 황제 카를(프란츠 요제프 2세는 전쟁 중에 사망)은 이에 대한 책임을 지고 퇴위했으며 오스트리아·헝가리 이중 제국은 붕괴했다.

파리 강화회의에서 건의된 **민족자결주의**(각 민족은 정치적 운명을 스스로 결정할 권리가 있으며, 다른 민족의 간섭을 받지 않을 권리가 있다)의 정신에 기초해 생제르맹 조약에서 오스트리아의 지배를 받던 여러 민족이 독립하기에 이르자 오스트리아는 순식간에 영토의 4분의 3을 잃었다.

당시 오스트리아와 독일의 합병은 금지되었으나, 1938년 히틀러가 이 약속을 깨고 오스트리아를 독일에 병합했다. 오스트리아는 과거 동유럽 제국을 통치한 경험으로 나치의 동방 지배에 협력했으나 제2차 세계대전 후인 1955년 영세중립국가로서 독립을 이루었다.

냉전 체제 아래 1956년 헝가리 동란 당시, 그리고 1968년 체코슬로바키아의 '프라하의 봄' 압살 사건 등이 일어났을 때 오스트리아는 많은 망명자를 받아들이는 창구 역할을 했다. 그러나 이러한 중립 정책으로 인해 유럽 통합 운동을 제창한 귀족 쿠덴호프 칼레르기의 조국인 오스트리아는 아이러니하게도 1995년에야 유럽연합에 가입할 수 있었다.

마지막으로, 지금은 사라져버렸지만 광대한 영토를 소유했던 합스부르크 가의 역사적인 역할을 월러스틴의 '세계체제론'에 비추어 생각해볼 수 있다. 네덜란드에 이어 영국이 세계를 주름잡고 있을 때 오스만 제국의 위협으로부터 유럽을 지킨 것은 합스부르크 가였다. 서두에 메테르니히의 말을 인용했듯이, 유럽 사람들에게 아시아가 어떤 존재였는지 엿볼 수 있다.

오스트리아 VS. 이탈리아: 티롤 지방을 둘러싼 다툼

현재 오스트리아와 이탈리아 간에는 국경 문제가 있다.

오스트리아와 이탈리아를 가로지르는 알프스 산맥 동부에는 **티롤 지방**이 있다. 이곳은 4개 지역으로 이루어지는데, 알프스 산맥 북쪽의 북티롤(그 중심 도시는 동계올림픽 등으로 유명한 인스부르크)과 동티롤, 알프스 산맥 남쪽의 남티롤과 트렌티노(중심 도시는 16세기 반종교 개혁을 위한 공회의가 열린 트렌토이며, 영어 명은 트리엔트)다. 현재 북쪽의 두 지역은 오스트리아령이고 남쪽의 두 지역은 이탈리아령이다.

티롤은 14세기 이후 합스부르크 가의 영토였으나 북부 지역은 주로 독일어를 사용하는 주민이 많았던 반면 남부에는 이탈리아어를 쓰는 주민이 적지 않았다. 이후 나폴레옹 전쟁 당시 잠시 프랑스에 병합된 적은 있지만 빈 회의에서 오스트리아 제국의 영토로 결정되었다. 1861년 이탈리아 왕국이 세워졌을 때 베네토와 함께 티롤 지방도 오스트리아·헝가리 이중 제국령에 포함되었다. 1866년 통일 독일의 과정에서 치러진 프로이센-오스트리아 전쟁으로 이탈리아는 베네토를 회복했으나 오스트리아로부터 남티롤을 되찾을 수 없었다. 이에 **이탈리아인은 '이탈리아 이레덴타Italia irredenta(미회수 이탈리아)'로 남은 이 지역을 병합하려 애썼다.**

제1차 세계대전이 발발했을 때 이탈리아는 중립을 선언했지만 나중에 남티롤 지역의 귀속을 전제로 영국과 프랑스에 가세했으며, 결국은 생제르맹 조약에 따라 남티롤을 병합했다. 이후 무솔리니 정권은 주민들에게 이탈리아어를 쓰도록 강제했고 많은 이탈리아인이 남티롤로 이주했다. 그러나 독일에서 히틀러가 권력을 잡고 오스트리아를 병합하자 티롤은 독일령이 되었고, 히틀러와 무솔리니는 이탈리아 영역의 티롤에서 독일인을 퇴거시키거나 그곳에 사는 독일인을 이탈리아에 동화시키기로 합의했다.

　독일의 항복으로 제2차 세계대전이 막을 내리자 오스트리아는 북티롤 지방을 회복하고 남티롤까지 병합하려는 움직임을 보였다. 남티롤에서는 결사적인 테러 행위까지 벌이며 오스트리아에 귀속되기를 원했으나 최종적인 해결은 1969년으로 미루어졌다. 현재 티롤 지방은 대폭적인 자치권을 인정받고 있다.

바티칸의 용병은 왜 스위스인인가?

유럽 중앙에 위치한 스위스는 이탈리아, 프랑스, 독일, 오스트리아, 리히텐슈타인과 국경을 접하고 있다. **어떤 면에서 스위스는 유럽에서 가장 먼저 '국민국가'를 이룬 나라라고 할 수 있다.** 스위스의 독립은 1648년의 베스트팔렌 조약에 의해 승인되었지만 실질적인 독립은 16세기 초 합스부르크 가와 벌인 전쟁에서 승리했을 때 이루어졌다.

카롤루스 대제가 유럽을 통합할 때 스위스도 그 판도에 포함되었지만 프랑크 왕국이 분열된 후에는 동프랑크, 즉 신성로마 제국에 포함되었다. 13세기에 생고타르(장크트 고타르트)에 길이 개통되면서 스위스 경제가 활기를 띠기 시작했으나 얼마 지나지 않아 합스부르크 가의 지배 아래 들어갔다. 전설적인 '윌리엄 텔' 이야기(명사수 윌리엄 텔이 아들의 머리 위에 올려놓은 사과를 쏘아 맞힘으로써 합스부르크의 총독에 맞섰다는 내용)는 합스부르크 가에 대한 저항의식이 담겨 있다.

1291년 스위스인은 합스부르크 가의 압제에 대항하여 3개 주州가 서약동맹을 맺었다. 여기에서 '주'란 자치가 인정된 스위스인 공동체 '칸톤Kanton'을 의미하는데, 동맹에 나선 3개 칸톤은 우리, 슈비츠, 운터발덴이다. '스위스'라는 국명은 슈비츠에서 유래한 것이다.

1315년 발생한 모르가르텐 싸움에서 스위스 농민병이 합스부르크 가의 기병을 물리쳤으며 이후 이어진 전투에서도 승리를 거두어 동맹 주를 늘렸다. 나아가 1499년의 슈바벤 전투에서는 합스부르크 가의 막시밀리안을 이기고 마침내 실질적인 독립을 쟁취했다.

종교개혁, 종교전쟁 시대에는 칼뱅이 제네바에서 종교적 전제 정치를 실시한 시기도 있었으나 스위스인은 종교 문제에 관여하지 않기로 약속했다. 그러나 여러 차례 독립전쟁을 겪은 스위스인의 용맹성과 과감함은 당시 다른 나라에서는 보기 드문 전력이었기에 많은 스위스인이 용병으로 참전했다. 이러한 전통에 따라 **현재 스위스의 용병이 바티칸을 지키게 된 것이다.**

스위스의 독립은 1648년의 베스트팔렌 조약을 통해 국제적으로 공인되었다. 이후 나폴레옹 전쟁 시기에 프랑스의 지배를 받기도 했으나 빈 회의에서 독립과 더불어 **영세 중립**을 획득했다. '중립'이란 주변 국가를 침략하지 않으며 주변 국가는 스위스의 중립을 해치지 않는다는 일종의 집단안전보장 체제라고 할 수 있다. 하지만 현재 스위스는 모든 국민에게 병역의 의무를 부과하는 국민개병제國民皆兵制를 채택하여 무장 중립을 유지하고 있다.

이러한 스위스의 고민은 유엔 등 국제 조직과의 관계다. 스위스는 제1차 세계대전 후에 성립된 국제연맹에는 원 가맹국으로 참가했지만 중립 이념에 반한다는 비핀 때문에 제2차 세계대전이 끝난 후에는 국제연합에 참여하지 않았다. 그러나 국제연합의 비군사 조직에는 참여하고 있으며, 2002년에는 유엔 가맹을 묻는 국민투표를 거쳐 유엔의 190번째 가맹국이 되었다. 국제연맹이나 국제적십자 등은 스위스가 중립국이라는 이유로 국제기구의 본부를 이곳에 두고 있다.(국제연합의 본부는 뉴욕에 있다)

스위스는 현재 유럽 최대의 현안이라 할 수 있는 유럽연합의 가맹국은 아니지만 각 분야별로는 관계를 맺고 있으며 경제적으로 깊은 관계를 유지하고 있다.

3장
스페인 VS. 지중해 세계
'해가 지지 않는 제국'의 성쇠

요즘에는 스페인과 관련하여 '스페인 내전'이나 '프랑크 독재' 같은 사안은 사람들의 관심권에서 멀어진 것 같다. 반면 플라멩고나 가우디의 사그라다 파밀리아 같은 정열적인 이미지가 대세이며, 그와 더불어 종교 여행으로 산티아고 데 콤포스텔라를 방문하는 이들도 많다.

16세기부터 신대륙의 광대한 식민지를 소유한 스페인은 신대륙 국가들이 독립하는 19세기 초까지 유럽 제일의 식민지 대국이었다. 이 시기에 스페인 제국 내 영토에서는 언제 어디서나 태양을 볼 수 있다고 하여 '해가 지지 않는 제국'이라 불렸다.

대항해 시대 이전의 중세 시대로 거슬러 올라가보면, 스페인이라는 국가(아직 통일 국가를 이루기 전이므로 국가라는 표현은 맞지 않지만)는 이탈리아 지역뿐 아니라 네덜란드(현재의 벨기에와 네덜란드)까지 진출한 역사를 지니고 있다. 실제로 13~15세기의 지중해 지도를 본다면 매우 놀랄 수밖에 없다.

스페인이라는 나라는 어떻게 형성되었으며, 전 세계에 영토를 소유한 대항해 시대의 패자가 될 수 있었을지, 또한 어떻게 현재의 상황에 이르게 되었는지, 그 역사를 살펴보기로 하자.

부르봉 왕조와도 관계가 있는 나바라 왕국

피레네 산맥을 맞대고 프랑스와 국경을 이루고 있는 스페인의 역사는 매우 복잡하다.

유럽의 창설자라 할 수 있는 카롤루스 대제가 피레네 산맥 주변에 설치한 변경백邊境伯[국경 방비를 위하여 군대 주둔을 위해 설치한 변경 구역—옮긴이]의 서쪽 지역, 비스케이만 안쪽에는 로마 시대의 장군 폼페이우스의 이름을 빌린 것으로 전해지는 '팜플로나'라는 도시가 있다. 이 도시를 중심으로 피레네 산맥 남북으로 영토를 소유한 팜플로나 왕국이 세워졌다. 이 나라가 바로 훗날의 나바라 왕국이다.

11세기 초에 등장한 산초 3세는 아라곤과 카스티야 등을 병합한 뒤 나아가 프랑스 남부까지 진출하여 왕국 최대의 번영기를 열었다. 그러나 산초 3세가 사망한 뒤 왕국은 나바라, 카스티야, 아

13~14세기 말의 스페인 주변

라곤으로 분할되었다.

　나바라는 13세기에 프랑스계 귀족이 왕위를 계승하면서 스페인의 역사에서 점점 멀어졌으며, 피레네 산맥 북부의 소왕국(프랑스어로는 '나바르')으로 명맥을 이었다. 훗날 부르봉 왕조를 여는 앙리 4세가 원래 나바르의 왕이었다.

스페인 왕자의 칭호에 남아 있는 카스티야 왕국

스페인 서북부는 과거 로마 제국의 침략을 받았을 때 켈트족이 끝까지 저항한 역사를 간직한 곳이다. 게르만의 서고트 왕국도 이슬람 세력에 거세게 저항한 지역으로서, 8세기 초 이곳에 '아스투리아스 왕국'이 세워졌다. 그들은 서고트의 계승자를 자처하면서 이슬람교도에 대해 벌인 기독교도의 영토 회복 운동인 레콩키스타Reconquista의 중심 세력이 되었다. 산티아고 데 콤포스텔라가 예루살렘, 로마와 함께 중세 유럽의 3대 순례지가 된 데는 이러한 배경이 있다. 아울러 '아스투리아스Asturias'라는 명칭은 오늘날 왕위 계승권을 가진 스페인의 왕자에게 '프린시페 드 아스투리아스Príncipe de Asturias(아스투리아스 황태자)'라는 칭호를 내리는 전통으로 이어지고 있다.

10세기에는 수도를 레온으로 옮기면서 국명도 '레온 왕국'으로 바뀌었다. 11세기에는 카스티야 왕국과 연합해 레온 카스티야 왕국이 되면서 실질적인 레온 왕국은 소멸했다. 카스티야는 레온 왕국의 동쪽 고원지대에서 일어난 왕국으로, '카스티야Castile'라는 명칭은 이슬람 세력에 대항하기 위해 많은 성채Castillo를 건설한 데서 기원한다. 13세기에 카스티야는 레온과 완전히 통합을 이룬 뒤 세비야와 코르도바 등의 이슬람교국을 병합함으로써 반도의 3분의 2에 해당하는 영토를 지배하는 큰 세력이 되었다.

지중해 지역으로 계속 뻗어나간 아라곤 연합왕국

아라곤은 나바라 왕국이 분할된 세 영토 중 한 곳에서 세력을 형성한 것으로 알려져 있다. 한편 12세기에 레콩키스타가 활발히 전개되는 가운데 영토를 확장했으며 바르셀로나를 거점으로 한 카탈루냐가 성장하고 있었다. 이 지역에 들어온 주민들은 남프랑스 출신이 많았기 때문에 사용하는 언어가 각기 달랐는데, 이것이 현재 카탈루냐가 분리 독립을 요구하는 큰 원인이 되었다.

12세기 초, 아라곤과 카탈루냐가 연합왕국(독립된 국가가 한 명의 국왕 아래 연합하는 동군연합同君聯合)을 형성했다. 이베리아 반도 서부에서 탄생한 이 연합왕국은 레콩키스타를 통해 지중해 지역에서 계속 영토를 확장해나갔으며, 13세기 초에는 발레아레스 제도에서 이슬람 세력을 내쫓고 반도로 들어와 발렌시아를 병합했다. 이후 발렌시아는 지중해 진출의 거점이 되었다. 14세기 들어서는 나폴리와 시칠리아에 이어 사르데냐섬까지 영유했으며, 14세기 중반에는 카탈루냐 출신의 용병들이 발칸 반도의 아테네 왕국을 지배한 적도 있었다.

스페인의 성립과 콜럼버스의 대항해

이처럼 발전을 거듭하던 '아라곤 카탈루냐'와 '레온 카스티야'는 1469년 아라곤의 페르디난트(2세)와 카스티야의 이사벨라(1세)의 결혼으로 인해 아라곤 카스티야 연합왕국으로 거듭났으며, 이는 곧 스페인 왕국의 토대라 할 수 있다.

참고로, '스페인'은 영어식 명칭이며 스페인어로는 '에스파냐'라고 한다. 원래는 속칭이었으나 19세기에 정식 국명으로 정착됐다.

스페인은 1492년 이슬람교도의 마지막 거점인 그라나다를 함락했으며, 같은 해에 이사벨라의 후원을 받은 콜럼버스가 신대륙에 도착하면서 전 세계를 향해 뻗어나가기 시작했다.

카스티야에서 독립하여 탄생한 포르투갈

포르투갈의 형성과 독립 역시 이베리아 반도의 레콩키스타와 관련이 깊다. 11세기 들어 프랑스의 많은 제후가 레온 카스티야의 레콩키스타를 지원하기 위해 레온 카스티야를 찾았는데 그중 한 명이 카스티야 왕의 딸과 결혼하여 포르투칼레 백작에 봉해졌다.

1143년 포르투칼레 백작의 아들 아퐁소 엔리케스는 로마 교황의 지원을 얻어 **포르투갈을 독립**시켰다. 또한 레콩키스타를 빠르게 완수하여 포르투갈은 지중해와 흑해를 연결하는 중계지로서 활발한 상업 활동을 펼쳤다.

14세기 중반, 인접국인 카스티야로부터 압박을 받게 되자 포르투갈 내에서는 친카스티야 파와 반대파의 대립이 격화되었다. 결국 반대파를 지지하는 리스본 대상인들에 힘입어 아비스 가가 승리했다. 카스티야의 권력에서 벗어난 아비스 가는 포르투갈 왕국의 기반을 확립한 후 15세기부터 대외 발전에 박차를 가했다. 친

해양 정책을 추진한 엔리케 왕자가 사그레스에 건설한 항해연구소에서 거둔 연구 성과와 아소르스 및 마데이라 제도의 식민지화 등의 성과를 바탕으로 세기 말에는 바스코 다 가마의 인도 항로 발견에 이르렀다.

이탈리아의 절반은 과거 스페인령이었다!

이탈리아 반도 남부(과거의 나폴리 왕국)와 시칠리아섬의 역사는 조금 복잡하다.

7세기 무렵 이슬람교도가 남이탈리아로 진출했을 때 로마 제국의 후예들이 이에 대적하는 한편 노르만인 용병이 합세했다. 이후 1130년 노르만인 로제로 2세가 남이탈리아와 시칠리아섬을 통합하여 국가를 건설했다(이를 '양시칠리아 왕국'으로 부르기도 한다).

12세기 말 독일의 호엔슈타우펜 가가 이 지역의 계승권을 얻고, 13세기에는 신성로마의 황제이기도 한 프리드리히 2세(이탈리아어로는 페데리코)가 이 땅을 다스렸다. 그는 독일보다 이곳을 좋아했으며 이슬람 문화에도 흥미를 보였다. 특히 이슬람 문화에서 합리주의 정신을 배우고 이를 실천에 옮김으로써 '왕좌에 앉은 최초의 근대인'이라는 평가를 받았다.

프리드리히 2세가 죽자 프랑스의 앙주 가가 이 지역을 차지하려는 야심을 드러냈으나 지배권은 루이 9세의 남동생인 샤를 당주에게 돌아갔다. 그러나 1282년 샤를 당주의 가혹한 지배에 분노한 시칠리아섬 주민들이 반란을 일으켰다. 이른바 시칠리아의 만종이라 불리는 사건이다. 이때 스페인의 아라곤 가가 개입하여 시칠리아섬은 아라곤 왕이, 반도 남부의 나폴리 왕국은 프랑스의 앙주 가가 다스리게 되었다.

15세기 중반 아라곤 왕국은 남부 이탈리아를 병합했으나 1494년 프랑스 왕 샤를 8세가 이 지역의 계승권을 주장하며 이탈리아로 진군했다. 이것이 반세기 넘게 단속적으로 이어진 이탈리아 전쟁의 시작이다. 이탈리아 전쟁 중 오스트리아의 합스부르크 가가 스페인을 점령하자 전쟁은 합스부르크 가(오스트리아) 대 발루아 가(프랑스)의 싸움으로 변질되었으며, 1559년 카토-캉브레지(프랑스 북부의 도시) 조약을 맺으며 종결되었다.

카를로스 1세 사후에 합스부르크 가는 분열되었고 스페인 왕위에 오른 필리페 2세가 네덜란드, 나폴리·시칠리아, 밀라노 등을 통치하게 되었다. 이로써 이탈리아 영토의 절반이 스페인에 병합되었다.

'해가 지지 않는 제국' 스페인의 탄생

앞서 언급했듯이 페르디난트(2세)와 이사벨라(1세)의 결혼으로 인해 스페인 왕국이 탄생했고, 이 이사벨라 여왕의 지원을 받은 인물이 바로 콜럼버스다. 그는 1492년 대서양을 횡단하여 카리브해의 산살바도르섬에 도착했으며, 이를 포함한 네 번의 항해 끝에 신대륙을 '발견'했다. 이에 앞서 아프리카 서해안으로 남하하여 인도 항로를 개척한 포르투갈과 스페인은 교황자오선[식민지 분계선—옮긴이]이나 토르데시야스 조약에 의거해 세계를 분할해나갔다.

포르투갈이 브라질을 점령하자 스페인에서는 에르난 코르테스, 프란시스코 피사로와 같은 정복자들을 보내 멕시코 이남의 아메리카 대륙을 식민지로 삼았다. 나아가 마젤란은 태평양을 넘어 아시아에 이르는 항로를 개척하여 괌이나 필리핀을 식민지로 삼았다.

이제 다소 복잡한 계보를 소개할 차례다. 주인공은 스페인 왕 카를로스 1세로, 그의 조부는 오스트리아 합스부르크 가의 당주이자 신성로마 황제인 막시밀리안이다. 막시밀리안은 독일과 프랑스 경계에 위치한 부르고뉴 공국의 공녀 메리와 결혼했으며, 그로 인해 부르고뉴와 그 지배지인 네덜란드를 이어받았다. 막시밀리안과 메리 사이에서 태어난 필리페는 스페인 왕녀(이사벨라의 딸) 후아나와 결혼했고, 둘 사이에서 태어난 카를로스 1세가 스페인 왕위와 더불어 신성로마 황제의 지위를 차지했다(신성로마 제국 황제의 이름은 카를 5세다). 그의 재정 기반은 신대륙에서 들어오는 금은보화였다. 당시는 종교전쟁 기간으로, 카를로스 1세는 1555년의 아우구스부르크 종교화의를 주재하고 나서 퇴위했다.

카를로스 1세 시대는 스페인 역사상 최고·최대의 번영기라 할 수 있는데 지중해를 비롯해 신대륙, 나아가 태평양까지 진출해 식민지를 확보했다. 카를로스 1세 이전까지만 해도 스페인은 프랑스나 독일, 영국과 교류한 역사가 거의 없었다. 그러나 합스부르크 가 출신으로서 오스트리아의 왕이자 신성로마 황제이기도 했던 카를로스 1세는 스페인을 '유럽'의 당당한 일원으로 만들었다. 때마침 유럽 각국은 절대 왕정이 자리를 잡아가고 있었으므로 스페인은 그들 국가와 어깨를 나란히 할 수 있었다. 그러나 이는 스페인의 몰락을 앞당기는 원인이기도 했다.

카를로스 1세는 광대한 합스부르크 가의 영토를 아들인 필리페와 동생인 페르디난트에게 분할 상속했다. 이에 따라 합스부르크 가는 스페인계와 오스트리아계로 나뉘었고, 필리페 2세가 물려받은 네덜란드는 스페인령이 되었다. 그러나 필리페 2세의 종교 정책에 들고일어난 주민들이 네덜란드 독립전쟁을 일으켰고, 30년 전쟁이 끝나고 1648년 베스트팔렌 조약으로 네덜란드의 독립이 승인되었다. 다만 남부 네덜란드(벨기에)는 스페인과 마찬가지로 천주교도가 많았기 때문에 계속 스페인의 지배 아래 머물렀다.

진흙탕 싸움이 된 스페인 계승전쟁

카를로스 1세부터 이어진 스페인·합스부르크 가는 17세기 말 카

합스부르크 가의 광대한 영토

를로스 2세에 이르러 왕위를 이어받을 후사를 얻지 못했다. 이에 카를로스 2세의 유언에 따라 프랑스 왕 루이 14세의 손자인 필리페(스페인 왕으로는 필리페 5세)를 스페인 왕좌에 앉혔다. 그러자 이에 반대한 오스트리아·합스부르크 가가 프랑스에 선전포고하면서 스페인 계승전쟁이 시작되었다. 필리페는 프랑스의 왕위 계승권을 주장하지 않는 조건 아래 스페인 왕이 되었지만(그가 프랑스 왕위까지 계승한다면 프랑스와 스페인이 통합되어 거대 국가를 이루게 된

다) 루이 14세가 이 조건을 무시하려 했기에 영국 등이 참전했으며, 이로 인해 신대륙 영토까지 포함된 대전쟁이 되었다.

이 전쟁은 영국과 프랑스 간의 위트레흐트 조약, 오스트리아와 프랑스 간의 라슈타트 조약으로 종결되었다. 두 조약의 공통점은 필리페의 스페인 왕위 계승은 인정하되 프랑스 왕위 계승권은 인정하지 않는 것이었다. 두 조약에 따라 오스트리아는 스페인령 네덜란드(벨기에), 나폴리 왕국, 밀라노 공국, 사르데냐섬을 차지하고, 사보이 공국(19세기에 이탈리아 통일의 중심이 되는 사르데냐 왕국의 전신)은 시칠리아섬을 차지하고, 영국은 지브롤터와 몰타섬 그

스페인의 영토 상실

┃┃┃┃┃ 프랑스에 할양한 영토(1648~1678)
░░░░ 독립한 영토
▒▒▒▒ 스페인 제국의 영토(1697)

네덜란드
오스트리아
프랑스
프랑슈콩테
밀라노
포르투갈
스페인
루시용
나폴리
사르데냐
시칠리아

리고 북아메리카의 허드슨만과 아카디아를 차지하게 되었다.

나폴레옹 전쟁에 의한 근대화: 리에고 혁명과 라틴아메리카의 독립

18세기 말부터 시작된 프랑스 혁명과 나폴레옹 전쟁은 이베리아 반도에 근대화 바람을 불게 만들었다. 반대로 스페인의 프랑스 지배에 대한 저항이 프랑스 혁명과 나폴레옹 전쟁이라는 형태로 나타났다고 할 수도 있다.

혁명이 발발하자 부르봉 가문 혈통인 스페인은 프랑스 왕실을 지원했으나 루이 16세가 처형된 후 프랑스와의 전쟁에서 패배하여 카리브해의 생도맹그섬 서쪽 절반(훗날의 아이티)을 프랑스에 양도했다. 한편 영국이 라틴아메리카의 스페인 식민지에 침범하기 시작하자 스페인은 프랑스와 연합하여 영국에 맞섰다. 당시 영국과 치른 가장 큰 전투가 트라팔가르 해전으로, 무적함대 이후 정비해온 스페인 해군은 이 싸움에서 괴멸적인 타격을 입었다.

나아가 1808년 포르투갈을 제압한다는 구실로 프랑스군이 스페인에 주둔하자 스페인 민중은 프랑스의 횡포에 분개했고, 나폴레옹의 형 조제프가 스페인의 왕위에 오른 사건을 계기로 프랑스군에 저항했다. 화가 고야는 당시 스페인 사람들의 모습을 「1808년 5월 2일」 「1808년 5월 3일」이라는 그림에 담았다.

프랑스 혁명의 영향으로 스페인 시민의 의식도 달라졌다.

1808년부터 1814년까지 '독립전쟁'이 이어지는 중에 프랑스의 점령을 피한 카디스에서는 1812년 자유주의 내용이 담긴 헌법이 선포되었다. 이 헌법은 나폴레옹이 몰락한 후 폐지되었으나 1820년 자유주의파 군인 리에고가 부활을 도모하기도 했다. 당연히 당시 보수파는 이 헌법에 반대했다. 이러한 스페인 내부의 혼란을 틈타 신대륙에서는 멕시코, 콜롬비아, 페루 등 스페인령 라틴아메리카 식민지들이 차례로 독립했다.

쿠바 철수 그리고 모로코 진출

라틴아메리카의 식민지가 줄줄이 독립하고 난 19세기 말, 스페인은 국력 쇠퇴에 결정적인 요인이 된 뼈저린 경험을 치렀다. 미국·스페인 전쟁이 그중의 한 사건으로, 여전히 스페인의 식민지로 남아 있던 쿠바에서도 독립의 물결이 거세지자 이를 돕는 미국과 스페인 간에 전쟁이 일어난 것이다. 이 전쟁에서 스페인이 패배함에 따라 쿠바는 독립을 이루었으나 실질적으로는 미국의 식민지가 되었다. 뿐만 아니라 스페인은 카리브해의 푸에르토리코, 태평양의 괌과 필리핀마저 미국에 넘겨주었다. 이로써 '해가 지지 않는 제국'의 영광은 완전히 사라졌다고 할 수 있다.

다른 하나의 사건은 **모로코 사건**(탕헤르 사건, 제2차 모로코 위기)이다. 세우타·멜리야 등의 거점을 확보하고 있던 스페인뿐만 아니라 영국과 프랑스에게도 지브롤터 해협 맞은편에 위치한 모로코는 지브롤터 해협의 지배를 둘러싼 중대 관심사였다.

1905년과 1911년, 프랑스가 세력을 확장 중이던 모로코에 독일이 간섭하고 나서면서 두 나라가 충돌했다(모로코 사건). 영국이 조정에 나선 결과 독일은 아프리카의 다른 지역에서 식민지를 확대하는 조건으로 모로코에서 손을 떼었으며, 이 사건 이후 스페인과 프랑스가 모로코를 분할하게 되었다. 그러나 제2차 세계대전이 종식되고 난 1956년, 스페인은 모로코의 종주권을 포기해야 했다.

리스본의 봄·마드리드의 봄: 식민지의 자유화

19세기의 스페인은 여전히 정치 혼란에 빠져 있었고, 결국은 1936년의 스페인 전쟁(내전)으로 이어졌다. 전쟁이 끝난 뒤에는 프랑코의 독재 체제가 전개되었다. 스페인은 제2차 세계대전에서 중립 노선을 취했기 때문에 종전 후에도 그 전체주의적 체제가 유지되었다. 당시 이웃나라인 포르투갈에서도 살라자르의 독재 정권이 들어선 상황으로, 양국은 1970년대 중반에서야 자유화·민주화의 바람을 맞이했다.

스페인의 경우, 프랑코 정권 이후 왕정 부활이라는 보수화 경향이 나타났지만 프랑코 시대의 독재가 재현된 것은 아니었다. 그리고 스페인과 포르투갈 양국의 자유화는 국내 개혁뿐만 아니라 식민지에도 영향을 끼쳤다. 1970년대 들어 포르투갈의 아프리카 식민지인 앙골라와 모잠비크에서 독립 투쟁이 격화되었다. 1960년을 전후로 아프리카 대륙의 많은 국가가 독립을 이루었으나 포르투갈은 독립을 인정하지 않고 있었고, 결국 1975년 무력 투쟁을 거쳐 앙골라와 모잠비크는 독립을 쟁취했다.

현대 스페인의 영토·지역적 독립 문제

스페인은 한때 지중해와 신대륙을 아우르는 '해가 지지 않는 제국'을 소유했으나 오늘날의 영토는 주로 이베리아 반도에 국한되어 있다. 그러나 스페인은 여전히 영토 문제와 독립 문제로 골치를 앓고 있으며, 그중에는 심각한 문제도 있다.

대제국 시대의 잔재?: 지브롤터의 남북

현재 스페인과 직접 국경을 맞댄 국가는 프랑스와 포르투갈이다. 포르투갈과는 영토를 둘러싼 갈등이 있지만 심각한 정도는 아니며, 프랑스와는 피레네 산맥이 가로막고 있기 때문에 국경 분쟁이 없다.

　스페인의 가장 심각한 영토 문제는 국경을 접하지 않은, 본토로부터 꽤 떨어져 있는 지브롤터에 관한 영국과의 대립이다. 지브롤터는 지중해에서 대서양으로 나가는 출구(반대로 말하면 입구)로서, 그야말로 교통의 요충지다. 이 점을 주목한 영국이 1713년 스페인 계승전쟁을 종결 짓는 위트레흐트 조약에서 이 지역을 강탈했다. 스페인은 지브롤터의 주권을 주장하면서 18세기에 여러 차례 전쟁을 벌였으나 되찾지 못했다. 20세기 들어서도 스페인의 반환 요구는 계속되었지만 영국은 이를 인정하지 않아 지금까지도 문제가 되고 있다.

'지브롤터'라는 명칭은 8세기 초 이베리아 반도에 상륙한 이슬람의 장군 타리크 이븐 지야드Tariq ibn Ziyad의 이름을 섞은 것이자 '타리크의 산'이라는 뜻의 자발 타리크Jabal al-Tāriq에서 유래한다.

스페인 맞은편 모로코 쪽 지브롤터 해협의 연안 도시인 세우타는 고대 해상무역의 주요 거점지로서 페니키아인, 그리스인, 로마인이 번갈아 지배해왔다. 게다가 아랍의 이슬람교도가 이베리아 반도를 침공할 때에도 세우타는 거점 역할을 했기 때문에 오랫동안 이슬람의 여러 왕조가 이곳을 지배해왔지만 15세기에 포르투갈의 엔리케 왕자가 이곳을 점령하여 포르투갈령이 되었다. 그러나 16세기에 스페인이 포르투갈을 병합할 때 세우타는 스페인령이 되었고, 포르투갈이 독립한 후에도 계속 스페인령으로 남아 현재에 이르고 있다.

세우타의 동쪽에 있는 멜리야는 고대 페니키아에 의해 건설된 유명한 항구 도시다. 1492년 톨레도를 회복하여 레콩키스타를 완수한 스페인(카스티야 아라곤 연합왕국)은 15세기 말에 지브롤터를 건너 이슬람을 공격하면서 멜리야뿐 아니라 여러 도시를 점령했다. 16세기에 이슬람 세력이 반격에 나섰지만 세우타와 멜리야를 탈환하지 못했다.

모로코 사건으로 스페인과 프랑스는 모로코를 분할 점령했으나 민족주의 운동이 번지자 1956년 모로코의 독립을 인정하면서도 세우타와 멜리야에 대해서는 고유 영토라며 반환에 응하지 않아 지금까지 스페인과 모로코 간 대립이 이어지고 있다.

올리벤사

스페인과 포르투갈을 동서로 가르는 국경선의 중앙 부분에서 약간 남쪽에 위치한 이 도시는 13세기 초에 템플 기사단이 정착하면서 형성되었다. 스페인과 포르투갈의 국경은 1297년 알카니세스 조약으로 정해졌는데, 당시 올리벤사는 포르투갈령이었다. 이후 주변 지역에서 영유권을 둘러싼 전쟁이 빈번히 이어지다가 1801년 올리벤사는 스페인령이 되었고, 1815년 빈 회의에서 재확인받았다. 포르투갈은 이에 항의하여 스페인의 주권을 인정하지 않고 있으나 무력 분쟁에까지 이르지는 않은 채 현재에 이르고 있다.

카탈루냐

카탈루냐는 앞서 이야기한 것처럼 아라곤과 합병 후 카스티야와 비등한 중세 스페인의 대 세력이 되었다. 현재 이 지방은 어떤 모습일까?

1479년 카스티야의 이사벨라 왕녀와 아라곤의 페르디난트 왕자가 결혼하면서 스페인 왕국이 성립되던 시기에 신대륙의 발견과 함께 시작된 상업혁명(무역의 중심이 지중해에서 대서양으로 이동한 사건)은 카탈루냐 경제에 타격을 주었다. 신대륙과의 무역은 세비야에만 허용되고 카탈루냐의 도시 바르셀로나는 배제되었기 때문이다. 이로 인해 카탈루냐에서는 카스티야와 아라곤이 주도하는 스페인 중앙정부에 대한 불만이 팽창한 가운데 프랑스가 카탈루냐를 원조하고 나서자 스페인과 프랑스의 대립이 격화되었다. 1659년 피레네 조약으로 스페인이 카탈루냐 일부를 프랑스에 양도하면서 양국의 국경 분쟁이 종식됨과 동시에 지금의 국경선이 확정되었다.

스페인 계승전쟁 당시에도 카탈루냐는 합스부르크 가 편에 서서 카스티야의 중앙정부와 대립했다. 그 후 라틴아메리카와의 교역권이 인정되어 카탈루냐의 경제가 회복되었으며 19세기에는 스페인 산업혁명의 중심이 되었다. 그러나 카탈루냐와 중앙정부의 대립은 여전히 이어졌으며, 스페인 전쟁 때는 카탈루냐가 반정부 세력의 거점이 되었다. 지금도 이곳에서는 스페인으로부터 분리 독립을 요구하는 주장이 이어지고 있다.

안도라 왕국

프랑스와 스페인 사이에는 안도라 공국이라는 기묘한 독립국이 있다. 카롤루스 대제가 스페인 원정에 나서면서 설치한 변경백 가운데 하나인 위르젤 백이 그 기원이다. 이 지역의 통치권은 위르젤 주교에게 주어졌지만 세속 제후에게 통치권이 넘겨지기도 했으며, 이 과정에서 세속 제후와 주교가 대립하게 되자 13세기 말 안도라 왕국은 위르젤 주교와 세속 제후를 공동 통치자로 인정함으로써 매듭지었다. 이러한 체제는 지금까지 이어지고 있다.

안도라의 통치권은 세속 제후에게 넘겨졌다가 프랑스의 나바르 왕국으로 이양되었고, 다시 부르봉 가로 넘겨졌다. 앞서 소개한 것처럼 부르봉 가의 나바르 왕 앙리가 프랑스 왕(부르봉 가의 초대 앙리 4세)이 되었기 때문에 안도라는 왕국이 되어 프랑스 국왕과 위르젤 주교가 공동 통치하게 되었다.

프랑스 혁명 당시 안도라 공국은 혁명 정부를 인정하지 않았고 프랑스도 안도라와의 관계를 끊었으나 혁명전쟁 중에 프랑스에 완전 병합되었다. 나폴레옹 시대에 관계를 회복했으나, 스페인 전쟁 때는 프랑스군이 주둔했고 제2차 세계대전 때는 스페인군이 점령했다. 1993년 안도라는 헌법에 의거해 독립국이 되었지만 여전히 위르젤 주교와 프랑스 대통령이 공동 원수라는 독특한 체제를 유지하고 있다.

바스크 지방

바스크인은 카탈루냐의 분리 운동과 더불어 스페인에서 과격하게 분리·독립을 주장하고 있는 세력이다. 바스크인의 중심 주거지는 비스케이만 안쪽에 위치하는 바스크현으로, 이곳에서는 이슬람교도와 싸울 때도 있었고 이슬람에 대적하기 위해 침입한 프랑크 왕국과 싸울 때도 있었다. 카롤루스 대제의 스페인 원정 일화를 토대로 만들어진 서사시 「롤랑의 노래」는 이슬람교도와 벌인 전투를 배경으로 알려져 있지만 실제로는 카롤루스 대제에 대항하는 전투에 관한 것이라는 설이 진실에 가까운 듯하다.

앞서 소개한 것처럼 10세기에 팜플로나를 중심으로 나바라 왕국이 탄생했을 때 나바라를 포함한 바스크인의 거주지는 카스티야에 병합되었다. 그러나 비스케이만에서 어업에 종사하던 바스크인 중에는 뛰어난 항해술을 바탕으로 대항해 시대에 신대륙으로 진출한 사람도 많았다.

세월이 흘러 19세기가 되자 바스크 지방은 주변의 풍부한 자원을 바탕으로 카탈루냐와 더불어 산업혁명의 중심이 되었다. 그에 따라 다른 지역에서 많은 사람이 유입되자 고유한 바스크 문화가 훼손될 것을 우려하는 이들이 많아졌다.

스페인 전쟁 때 바스크는 공화국 편에 서서 프랑코 군대와 싸웠다. 그로 인해 내전이 끝난 후 바스크는 가혹한 탄압을 받았고, 이에 대항하여 '조국 바스크의 자유'라는 과격파 그룹이 형성되었으나 최근 활동은 온건한 쪽으로 바뀌었다.

민족 문화를 대표하는 것은 '언어'다. 바스크인도 바스크어에 강한 자부심을 지니고 있기에 "세계에는 두 가지 언어밖에 없다. 바스크어와 그 밖의 언어다"라고 말하기를 주저하지 않는다. 실제로 바스크어는 다른 세계의 어떤 언어와도 계통 관계를 밝힐 수 없는 '고립된 언어'라고 한다.

현재 바스크어는 바스크 지방의 공용어지만 카탈루냐어와 마찬가지로 공적 장소에서는 사용되지 않고 있다. 이것이 바스크나 카탈루냐를 둘러싼 독립 문제의 한 요인이라는 점은 부정할 수 없을 듯하다.

4장
러시아 vs. 북유럽 각국
발트해의 패권을 둘러싼 다툼

덴마크에는 크론보르 성이라는 유네스코 세계문화유산이 있다. 셰익스피어의 명작 『햄릿』의 무대를 떠올리는 이도 있겠지만, 정작 셰익스피어는 이 성을 방문한 적이 없다고 한다. 『햄릿』의 무대는 그의 상상(뿐만 아니라 북유럽의 전설이나 당시의 다른 작가의 작품에서도 영향을 받았다고 한다) 속에서 만들어진 듯하다.

덴마크(셸란섬)와 스웨덴(반도 남부) 사이에 있는 외레순드 해협에 면해 있는 크론보르 성은 역사적으로 평판이 별로 좋은 편이 아니다. 원래 이 성은 해협을 통과하는 선박에 통행세를 징수하던 덴마크 공무원이 상주하던 곳이었다.

크론보르 성이 경비하던 외레순드 해협 주변은 예로부터 분쟁이 끊이지 않았다. 17~18세기에는 스웨덴이 이곳을 중심으로 '발트 제국'의 패권을 확립했지만, 이후 북방 전쟁에 패하면서 북유럽 각국은 서서히 중립 외교의 길을 걸었다.

오늘날 이 해협은 해저 터널과 교량으로 연결되어 스칸디나비아 반도와 유틀란트 반도를 자동차나 철도로 왕래할 수 있게 되었다. 반도를 왕래하는 지금 모습을 옛 노르만인들이 본다면 어떤 생각을 할까? 이 장에서는 발트해 주변 지역의 역사를 살펴보겠다.

발트해 주변 국가들

발틱 함대에 대해 들어본 적이 있는가? 시바 료타로司馬遼太郎의 소설 『언덕 위의 구름坂の上の雲』에도 언급되었으니 꽤 많은 이가 알고 있을 것이다.

'발틱'은 발트해에서 비롯된 용어다. 일단 발트해 주변에 어떤 국가들이 있는지 시계 방향으로 소개하자면 우선 '발트 3국'으로 알려진 에스토니아, 라트비아, 리투아니아가 있고, 리투아니아 남쪽과 폴란드 사이에 난데없이 러시아 영토가 나타난다. 이 러시아 지역의 중심 도시는 칼리닌그라드다.

더욱이 러시아 본토에서 뚝 떨어져 위치한 이곳은 제2차 세계대전이 끝날 때까지는 독일령 동프로이센이었으며 독일 명칭으로는 '쾨니히스베르크'라 한다. 독일 관념론 철학을 확립한 칸트로

현재의 발트해 주변 국가들

바렌츠해

핀란드

카렐리야

아르한겔스크

스웨덴

러시아

노르웨이

상트페테르부르크

에스토니아

덴마크

발트해

라트비아

모스크바

리투아니아

벨라루시

독일

폴란드

프랑스

칼리닌그라드
(러시아 본토에서 멀리 떨어진 지역)

우크라이나

아조프해

인해 유명해진 도시다.

러시아에서 뚝 떨어져 있는 이 영토에 이웃해 있는 나라는 폴란드다. 폴란드 서쪽에는 독일(1990년까지는 동서로 나뉘어 있었다)과 덴마크가 있고, 바다를 사이에 두고 빙 돌면 처음 소개한 스웨덴이 나타난다. '북유럽 3국'이라 하면 노르웨이, 스웨덴, 덴마크(이 세 나라를 가리켜 '스칸디나비아'라고도 한다)를 가리키지만, 노르웨이는 발트해에 면해 있지 않다. 반면 스웨덴과 러시아에 둘러싸인 핀란드는 발트해에 면해 있다. 그리고 핀란드 동부의 카렐리야 지방은 과거 핀란드령이었으나 제2차 세계대전 중에 러시아에 합병되었다.

발트해 장악은 러시아의 국운을 좌우하는 심각한 문제였다!

발트해의 역사를 말할 때 러시아와 관련한 내용을 빼놓을 수 없다. 현재 러시아의 수도는 모스크바지만 이전에는 발트해에 면한 상트페테르부르크였다. 이 도시는 그리스도의 사도인 베드로의 이름을 이어받은 표트르 1세에 의해 건설되었으며 초기에는 페트그라드라고 불렸다. 러시아 혁명 후에는 이 독일식 명칭을 버리고 지도자 레닌을 기념하여 레닌그라드로 불렸다가, 소련이 붕괴된 후 다시 상트페테르부르크로 돌아왔다. 본래 이 지역은 스웨덴 영토였으나 7세기 중반 북방 전쟁에서 러시아가 점령하여 새로운 도시를 건설한 것이다.

러시아 제국에게 발트해에 출구를 확보하는 문제는 국운이 걸린 사안이었다. 러시아 지도를 보면, 모스크바 북쪽에 바렌츠해가 있고, 바렌츠해로 이어지는 드비나강 하구에 아르한겔스크라는 도시가 있다. 러시아가 유럽으로 진출할 때 발트해를 통과하지 못한다면 아르한겔스크에서 북쪽 바렌츠해를 경유하여 꽤 긴 거리를 우회할 수밖에 없다. 이는 러시아에게 발트해가 얼마나 중요한 곳인지를 말해준다. 발트해는 중세 이래 주변국들이 끊임없이 치열한 각축을 벌여온 해역이다. 또한 발틱 함대는 발트해를 노리는 러시아의 자랑스러운 대함대였다.

노르만인의 시대: 북유럽 3국의 형성

과거 이 지역에 군림하던 민족은 노르만인이었다. 게르만족의 일파인 그들은 스칸디나비아 지방에 자리를 잡고 몇 개 분파를 이루었는데 노르만인은 노르웨이를, 데인인은 덴마크를, 스웨덴인은 스웨덴을 세웠다. 다만 핀란드는 핀인이 세운 나라로, 이들은 에스토니아인과 더불어 우랄어족계 민족으로 게르만인과는 구별된다. 리투아니아와 라트비아는 발트어족에 속하며, 러시아인과 폴란드인은 슬라브계 민족이다.

노르만인은 9세기경부터 발트해와 북해로 활발히 진출했다. 또한 상트페테르부르크로 흐르는 네바강을 거슬러 올라가 드네프르강을 경유해 흑해 지역까지 진출했다. 바이킹(러시아에서는 바략인)이라는 이름으로 유명한 그들은 상업 활동을 내세운 약탈 활동으로 주변 국가의 두려움을 샀다(오늘날 바이킹의 '약탈' 행위에 대해서는 재검토되고 있다).

노르만인은 크게 세 가지 활동으로 유명하다.

첫째는 10세기 초에 데인인인 롤로가 프랑스 왕으로부터 노르망디를 받은 것이다. 둘째는 11세기 초에 같은 데인인인 크누트가 잉글랜드를 점령하고, 북해를 중심으로 대통일을 이룬 것이다. 마지막으로는 11세기 중반에 프랑스의 제후가 된 노르망디공 윌리엄이 잉글랜드를 점령하고, 노르만 왕조를 수립한 것이다. 그 밖에 12세기에는 지중해로 진출해 남이탈리아와 시칠리아섬을 점령하고 왕국(양 시칠리아 왕국)을 건설하기도 했다. 이처럼 유럽 중세사에서 노르만인의 활동이 차지하는 비중은 적지 않으며, 이들의 활동이 봉건제의 기반이 되었다는 견해도 있다.

그러나 13세기 들어 노르만인의 활동은 일단락되고 본거지인 덴마크·스웨덴·노르웨이에서 국가를 건설했다. 특히 덴마크, 스웨덴과 독일의 독일 기사단은 발트 해역에서 '북방 십자군' 활동을 통해 영토를 확장했는데, 12세기경 스웨덴은 핀란드를 병합했다.

에스토니아, 라트비아, 리투아니아의 발트 3국도 이러한 영향을 크게 받아 에스토니아는 덴마크와, 라트비아는 독일 기사단과, 그리고 리투아니아는 독일 기사단에 대항하기 위해 폴란드와 관계를 강화해나갔다. 그러나 결과적으로 3국 모두 강력한 국가를 이루지 못했다.

14세기 말 덴마크 왕의 모친인 마르그레테가 탁월한 지도력을 발휘하여 덴마크, 스웨덴, 노르웨이 3국이 동군연합(칼마르 동맹)을 수립했다. 이 동맹의 맹주 지위를 획득한 덴마크는 세수 등으로 큰 이익을 거뒀으나 국가로서 크게 발전하지는 못했고, 불만을 품은 다른 두 국가의 빈번한 반란으로 정세 안정도 이루지 못했다.

결국 1520년 덴마크 국왕이 스웨덴의 불만분자들을 숙청한 '스톡홀름의 대학살' 사건으로 인해 칼마르 동맹은 깨지고 말았다. 이후 덴마크와 노르웨이의 연합은 유지되었지만 1532년 '독립'을 택한 스웨덴은 독자적 발전을 꾀했다.

16~17세기 종교전쟁의 시대에는 3국 모두 신교(루터파)를 받아들여 종교전쟁에 개입하는 한편 절대주의로 나아갔다.

발트해의 패자가 된 스웨덴과 그 후의 몰락

칼마르 동맹에서 벗어나 독립한 스웨덴은 발트해에서의 패권을 차지하기 위해 적극적인 외교 정책을 펼쳤다. 16세기 중반에는 리보니아에서 발발한 리보니아 전쟁에 참전하여 에스토니아를 병합했다.

새 국왕 구스타브 2세 아돌프가 즉위한 1611년, 덴마크의 크리스티안 4세가 전쟁을 일으켜 칼마르 지방을 침공했다. 가까스로 이 지방을 사수한 스웨덴은 싸움에 고전한 것을 교훈삼아 군사력을 강화했다. 그 결과 야욕을 드러내는 폴란드를 물리쳤으며 이어서 에스토니아 지방으로 진출하려는 러시아에 승리를 거둠으로써 발트해에서의 세력을 넓혔다. 30년 전쟁에 참전한 국왕 구스타브 2세는 1632년 뤼첸 전투에서 전사했으나 1648년의 베스트팔렌 조약으로 독일 영토의 일부를 차지하며 **발트해 전역에서 패권을 확립했다.**

16~17세기의 스웨덴

스웨덴이 획득한 영토
1560~1583
1611~1648
1648~1660

스웨덴

핀란드

노르웨이
베르겐

에스토니아

스톡홀름
발트해

칼마르

스웨덴령
리보니아

덴마크

코펜하겐

폴란드·
리투아니아

반면 구스타브 2세에 이어 왕위에 오른 크리스티나 여왕은 전쟁보다는 학문을 좋아하여 프랑스의 철학자 데카르트 등과 친교를 나눈 것으로 유명하다. 그러한 여왕의 치세에서 스웨덴이 강대할 수 있었던 것은 오직 재상의 활약 때문이었다.

크리스티나 여왕에 이어 독일 선제후인 팔츠 가 출신의 카를

10세가 즉위하자 스웨덴은 러시아, 폴란드, 덴마크를 상대로 전투에 휘말렸다. 연달아 벌어진 이 싸움을 통틀어 북방 전쟁이라 하는데, 스웨덴은 덴마크로부터 노르웨이의 영토 일부를 빼앗는 등 영토를 확장했으며 이것이 정치적으로 큰 효과를 거두어 스웨덴 사상 최고의 전성기를 누렸다.

스웨덴과 패권을 다투던 덴마크는 30년 전쟁에 참전한 크리스티안 4세가 패배하고(그로 인해 그는 강화 회의에도 참석하지 못했다), 30년 전쟁의 국지전인 덴마크·스웨덴 전쟁에서도 패배하자 전투력을 잃고 몰락의 길로 접어들었다.

최고 전성기를 누린 스웨덴은 17세기 후반부터 새로운 적들을 상대하기 시작했다. 그 하나는 신성로마 제국의 지방 국가 중 하나인 브란덴부르크 프로이센으로, 30년 전쟁에서 오스트리아를 대체할 만한 세력을 형성한 뒤 스웨덴을 공격해 포메른 지역을 탈취했다. 또 다른 적은 표트르 대제의 지휘 아래 부국강병을 이룬 러시아다. 1700년 러시아를 비롯해 덴마크와 영국, 독일의 일부 지방 국가, 나아가 오스만 제국까지 스웨덴 공격에 가세하여 대규모 전투로 발전했는데, 일명 대북방 전쟁이라 불릴 정도였다.

스웨덴 국왕 카를 12세는 여러 전투에서 승리를 거뒀음에도 불구하고 전쟁 후반에는 러시아에 대패하고 니스타드 조약을 받아들였다. 그 결과 핀란드 영토를 돌려받은 반면 에스토니아와 라트비아 땅을 러시아에 넘겨주었다. 이에 러시아는 발트해에 자국의 출구를 확보한 반면 스웨덴은 오랜 정체기를 맞이했다. 스웨덴은 니스타드 조약으로 획득한 핀란드마저 나폴레옹 전쟁으로 러시아에 빼앗긴 한편 노르웨이를 획득하여 1905년까지 스웨덴·노르웨이 연합왕국이 지속되었다. 오늘날 노벨 평화상 시상식이 노르웨이의 오슬로에서 열리는 것은 양국의 역사적 단면을 보여준다.

스웨덴의 민주화와 중립화

18세기 후반, 스웨덴에서는 발트 제국의 부흥을 촉진한 왕이 등장하여 러시아 제국에 맞서 선전을 펼치기도 했다. 그러나 국가의 운명을 건 대규모 전쟁에 대한 국민적 의견은 분분했다.

19세기에 들어서도 스웨덴은 '대스칸디나비아주의'를 내세워 발트해뿐만 아니라 북유럽의 패자로 부활하기를 꿈꾸었으나 크림 전쟁을 틈타 핀란드를 탈환하려던 시도에 실패하는 등 포부를 이루지 못했다. 이후 19세기 내내 전쟁 없는 평화 시대가 계속되는 가운데 국내 민주화가 진행되면서 국왕의 정치권력이 약화되었다. 왕권을 대신하는 의회주의가 발달했고 20세기 초에는 남성 보통선거가 시행되었다.

양차 세계대전에서 북유럽 3국은 중립을 유지했다. 그러나 중립은 때때로 혹독한 대가를 요구하기도 했는데, 특히 소련과 전쟁을 하게 된 핀란드를 지원하지 않아 핀란드인에게 큰 상처를 안겼다. 그리하여 전쟁이 끝난 후 스웨덴은 덴마크와 노르웨이가 가맹한 북대서양조약기구NATO에 가입하지 않고 소련을 자극하지 않음으로써 핀란드를 배려했다. 다만 스웨덴의 중립은 스위스처럼 무장 중립(중립을 취하며 이를 유지하기 위해 자국 군대를 보유한다)으로, 험난한 국제 관계에서 살아남기 위해 국가적 지혜를 발휘한 것이다.

절묘한 균형 외교를 펼친 핀란드

핀란드는 노르만인이 아닌 핀인의 국가로서, 12세기 이후 스웨덴의 지배를 받았다. 그동안 천주교가 전파되었지만 16세기에 스웨덴이 루터파를 받아들이면서 핀란드에도 루터파가 자리 잡았다. 독립하고자 하는 행보가 없었던 것은 아니지만 18세기까지는 실질적으로 스웨덴이 영유하고 있었다.

발트해로 진출하려는 러시아를 저지하는 대북방 전쟁에서 스웨덴이 패배함에 따라 핀란드 동부 카렐리야 지방이 러시아에 귀속되었다. 이어서 19세기의 나폴레옹 전쟁 당시 대불대동맹에 참가한 스웨덴이 1808년 전투에서 또 다시 참패하자 나폴레옹의 대러시아 정책에 따라 핀란드 영토를 러시아에 내줄 수밖에 없었다. 그로 인해 핀란드는 나폴레옹 전쟁 이후에도 러시아 치하에 있었다.

19세기 핀란드에서도 민족주의 열풍이 일었으나 러시아에게

억눌려 있다가 1917년 러시아 혁명의 혼란을 틈타 마침내 독립을 이루었다. 당시 카렐리야 지방의 상당 부분을 되찾긴 했지만 제 2차 세계대전과 함께 시작된 소련·핀란드 전쟁 그리고 계속된 대립(전쟁) 끝에 소련이 카렐리야 전역을 병합하여 현재에 이르고 있다.

냉전 시대에 '핀란드화'라는 말이 있었다. 앞서 살펴본 것처럼 핀란드로서는 소련과 국경을 접하고 있는 그 자체만으로도 큰 위협이었기 때문에 소련·핀란드 상호원조 조약이라는 독특한 외교 방침을 채택했다. 핀란드가 독립·의회주의·자본주의를 유지하는 조건 아래 소련이 대외 전쟁에 나설 경우 소련을 지지한다는 게 그 핵심 내용이다. 핀란드 국내에서 소련에 대한 비판은 금기시되었으며, 핀란드는 바르샤바 조약이나 NATO에도 가입하지 않는 절묘한 균형 외교를 전개했다. 이러한 지혜를 발휘한 덕분에 핀란드는 동서 세계를 중개하는 형태의 경제 발전을 이루었으며 세계에서 손꼽히는 부국이 되었다.

우크라이나까지 세력을 확장했던 리투아니아

발트 3국이란 발트해에 접하고 있는 에스토니아, 라트비아, 리투아니아 세 나라를 가리킨다. 이중 리투아니아는 제2차 세계대전이 발발하기 직전 많은 유대인에게 비자를 발급한 스기하라 지우네가 영사로 재직했던 나라다. 또한 에스토니아는 얼마 전 스모 대회에서 사람들을 열광하게 만든 바루토 가이토把瑠都凱斗[일본의 에스토니아 출신 스모 선수—옮긴이]의 출신국이기도 하다.

이 일대에 관한 역사에는 '리보니아'라는 지역이 자주 등장한다. 바로 라트비아 북쪽에서 에스토니아 남부에 걸친 지역으로, 리보니아라는 지명은 이곳의 원주민 리브인에서 유래한 것이다.

리보니아에는 12세기경부터 독일 상인이 드나들었으며, 13세기 초에는 개척과 포교를 위해 방문한 시토 수도회의 수도사들이 '리보니아 기사단'을 결성하여 리가를 중심으로 포교 활동을 전개했다. 리보니아 기사단은 이후 독일 기사단에 흡수되어 독일 기사단의 한 그룹으로 이름을 남겼다.

독일 기사단이 리보니아에서 활동할 무렵 남쪽 지역(현재의 리투아니아)에서는 리투아니아인이 활발한 움직임을 나타내기 시작했고, 13세기 중반에 이르러 리투아니아는 독일 기사단에 승리하여 벨라루스와 우크라이나 지역으로 세력을 확장했다. 이에 따라 이 지역에 슬라브 문화가 전파되었다.

독일 기사단의 공격에 대항하기 위해 리투아니아는 폴란드와 협력했고, 14세기 후반에는 리투아니아 대공이 폴란드 국왕을 겸임함으로써 두 나라는 실질적 통합을 이루었다(폴란드 역사에서는 야기에워 왕조라고 명명했다). 독일 기사단은 15세기 초 그룬발트 전투

——경쟁국들을 통해 배우는 세계사

(독일어로는 타넨베르크 전투)에서 패배한 후 쇠락의 길을 걸었다. 이 시기가 리투아니아 대공국의 최전성기로서 이후로는 리투아니아인과 슬라브인, 천주교와 그리스정교, 러시아와 폴란드의 갈등으로 인해 점차 쇠퇴했다.

리보니아 전쟁을 치른 러시아의 국력 소모

1555년 아우구스부르크 종교 화의에 의해 루터파가 공식 허용됨에 따라 서유럽에서 종교전쟁의 전반전은 일단락되었다. 그러나 2년 뒤 1557년 리보니아 연합(에스토니아와 라트비아 연합국)과 폴란드·리투아니아 연합왕국이 상호 방위 조약을 체결하자 모스크바 대공국(러시아)의 이반 4세가 이에 항의하고 선전포고를 했다. 이것이 1558년 시작된 리보니아 전쟁으로, 싸움은 1558년부터 1583년까지 사반세기에 걸쳐 계속되었다. 당시 몇 가지 주목할 만한 움직임이 있었다.

우선 러시아와의 전쟁으로 고전을 치르던 리투아니아는 러시아에 병합될 것이 두려워 폴란드에 손을 내밀었다. 그리하여 1569년 리투아니아와 폴란드의 관계를 새롭게 강화하는 루블린 연합을 통해 양국의 일체화가 실현되었다(실제로는 리투아니아가 폴란드의 속국이 되었다). 원래 양국은 14세기 말 폴란드에 야기에워 왕조가 들어선 이후 긴밀한 관계를 맺어왔으나 불안정한 정세가 펼쳐지는 가운데 리보니아 전쟁이라는 비상시국에 맞닥뜨리자 일체화 요구가 한층 강해진 것이다.

형식적으로는 대등한 자격으로 일체화한 이 국가는 '폴란드·리투아니아 공화국'이라 불렸고, 폴란드는 리투아니아가 영유하던 벨라루스와 우크라이나라는 광대한 영토를 보유한 국가가 되었다.

한편 러시아는 리보니아 전쟁 중에 오스만 제국, 크림 칸국과도 전쟁을 벌이느라 국력이 크게 소모되었다. 폴란드·리투아니아는 이 틈을 노려 전쟁을 이어갔으나 결국 1583년 강화 조약을 체결했다. 영토 문제가 전쟁 전 상태로 돌아감에 따라 무엇을 위한 싸움이었는지 알 수 없게 되었다. 반면 리보니아 전쟁에 개입한 스웨덴은 에스토니아를 획득했고, 러시아는 발트해 진출을 포기하기에 이르렀다.

발트 3국의 역사를 바꾸게 한 사건은 폴란드 분할과 나폴레옹 전쟁이다(폴란드 분할에 대해서는 7장 참조). 러시아는 폴란드 분할로 리투아니아를 획득한 뒤 나폴레옹 전쟁으로 에스토니아와 라트비아, 나아가 핀란드까지 병합하기에 이르렀다.

새로운 길을 걷게 된 발트 3국의 현재

발트 3국의 독립은 제1차 세계대전 후의 일이다. 양차 세계대전 사이 발트 3국의 국내 정치는 민주적이라 볼 수 없었으며,

── 경쟁국들을 통해 배우는 세계사

1939년 제2차 세계대전이 시작되자 독소 불가침 조약이라는 비밀 협정에 따라 발트 3국은 다시 소련에 점령되었다.

1941년 독일과 소련의 전쟁이 시작되자 발트 3국은 독일에게 점령되었다가 전쟁 말기에 소련이 재점령했고, 전쟁이 끝난 뒤에는 '소비에트 사회주의 공화국'으로 소련에 병합되었다. 1991년 8월 소련이 붕괴되기 전, 소련에서 쿠데타가 발생하자 발트 3국은 이를 기회로 독립을 쟁취했다. 그리고 2004년 나토 및 유럽연합에 가입하면서 새로운 역사를 써나갔다.

5장

잉글랜드 vs. 스코틀랜드·아일랜드
21세기까지 이어진 분리 운동의 배경

영국에서 2014년의 최대 화제는 스코틀랜드의 분리 독립을 요구하는 주민투표가 아니었을까?

결과는 찬성파가 과반수를 얻지 못해 스코틀랜드의 '영국' 잔류가 결정되었지만, 스코틀랜드 외에도 영국은 아일랜드 문제 및 북아일랜드 문제로 큰 혼란에 빠졌던 때가 있었다. 당시 영국 본토와 아일랜드 및 북아일랜드는 '전쟁'이라는 표현이 동원될 만큼 격렬한 싸움을 벌였다.

지도를 보면 그레이트브리튼섬과 아일랜드섬 북부가 하나가 되어 '그레이트브리튼 북아일랜드 연합왕국'을 이루고 있는 것이 조금 이상해 보이기도 한다. 어째서 이렇듯 어정쩡한 나라가 되었을까?

과거 19세기 후반부터 20세기에 걸쳐 영국은 '세계 최고의 대

영제국'이라 불렸으며, 세계가 영국의 군사력과 경제력에 세계가 의존하는 '팍스 브리타니카Pax Britannica(영국이 만드는 평화라는 뜻)'를 구가하던 때가 있었다. 그러나 '그레이트브리튼 왕국' 내부에는 뜻밖의 불만이 소용돌이치고 있었다. 영국이 어떤 역사를 지닌 나라인지 살펴보기로 하자.

축구로 보는 영국의 네 지역

축구에 관심이 있다면 영국축구협회(정식 명칭은 '연합왕국내셔널축구협회')를 떠올려보면 된다. 이는 월드컵 출전을 위해 만들어진 단체로, 평상시에는 존재하지 않는다(여기서는 해외 영토의 6개 단체는 생략하겠다). 평상시 영국에서는 잉글랜드, 스코틀랜드, 웨일스, 북아일랜드의 4개 협회가 각 지역의 축구팀을 관리하고 있으며, 그중 잉글랜드축구협회에 아스널이나 맨체스터 유나이티드, 리버풀 등의 유명 팀이 속해 있다. 이렇듯 4개 축구협회가 존재하는 까닭은 잉글랜드, 스코틀랜드, 웨일스, 북아일랜드 4개 지역의 복잡한 역사와 관련이 있다. 과거 이 지역들은 각기 독립된 국가였던 것이다.

우리가 흔히 '영국'이라 부르는 국가의 정식 명칭은 '그레이트브리튼 북아일랜드 연합왕국'이다. '브리튼'이란 이 땅에 살던 브리튼인(켈트계일지도 모른다. 이들의 일부는 프랑스 서북부로 건너가 '브르

타뉴' 지역에 그 이름을 남겼다)의 이름을 따서 로마인이 이 땅을 '브리타니아'라고 부른 데서 유래한다.

켈트족이 브리튼섬에 정착하기 시작한 것은 기원전 6세기경으로 알려져 있으며, 로마가 진출하기 시작한 때는 기원전 1세기 카이사르 시대부터다. 로마의 5현제 가운데 한 명인 하드리아누스가 잉글랜드와 스코틀랜드의 경계 지역에 '장성長城'을 건설한바 이 장성이 두 나라의 경계선이 되었다. 잉글랜드에는 게르만계 민족이 건너와 살았고, 북부 스코틀랜드나 서남부 웨일스에는 오래 전부터 켈트족계 민족이 많이 거주하고 있었다. 이들 지역은 때로는 격

영국의 네 지역

렬히 대립했지만 서서히 잉글랜드에 의해 '정복'되어 왔다. 따라서 오랫동안 잉글랜드에 대한 반감을 지녀왔는데, 특히 아일랜드의 저항은 20세기에 이르기까지 계속되었다.

노르만인의 진출과 잉글랜드의 형성

'잉글랜드'라는 명칭은 이 땅에 건너온 게르만 민족인 앵글족과 색슨족(앵글로색슨) 가운데 '앵글'만을 따서 지은 'Engla-land'에서 유래한다. '앵글'은 '천사Angel'와 관련이 있다는 설도 있지만, 어원을 둘러싼 전문가들의 의견은 다양하다.

잉글랜드에 정주한 앵글로색슨족이 처음부터 하나의 국가를 이루었던 것은 아니다. 역사적으로 7왕국 시대라 불리는 5~9세기 무렵 그레이트브리튼섬 남부에 7개의 작은 나라가 난립하고 있었다. 9세기에 스칸디나비아 반도의 노르만인이 브리튼섬을 습격하기 시작하면서 잉글랜드는 고비를 맞았다. 노르만인에 대항하는 과정에서 7왕국 중 하나인 웨섹스의 에그버트가 처음으로 잉글랜드 통일을 이루었고, 9세기 말에는 알프레드 대왕이 노르만인의 침략을 막아냈다.

오늘날 잉글랜드의 동부, 요크부터 런던 북부에 이르는 지역을 '데인로Danelaw'라 하는데, 과거 이 지역에 정착한 노르만인(그 일파인 데인인)에서 유래한 이름이며 아직까지도 노르만인의 전통적인 법체계가 남아 있다.

노르만인은 잉글랜드의 역사에 크나큰 족적을 남겼다. 먼저 11세기 초 데인인인 크누트가 잉글랜드를 제압하고 덴마크와 노르웨이 등과 함께 '북해 왕국'을 건설했다. 이 왕국은 크누트의 사망과 함께 붕괴되었으며, 11세기 후반에는 프랑스의 노르망디 공 윌리엄이 잉글랜드를 정복하고 노르만 왕조를 세웠다. 이즈음부터 잉글랜드의 역사가 본격적으로 시작된다.

그러나 윌리엄은 프랑스의 제후이기도 했기 때문에 백년전쟁이 끝날 때까지 영국은 국가로서 불안정한 상태였다고 할 수 있다. 그런 와중에도 웨일스와 스코틀랜드에 대한 정복 사업은 계속되었다.

한 발 앞서 잉글랜드와 협력한 켈트족 국가, 웨일스

잉글랜드가 앵글로색슨족의 국가인 데 반해 웨일스는 켈트족의 국가로, 현재도 웨일스 지방을 여행하다보면 철도역 표지판에 영어와 웨일스어가 병기되어 있는 것을 볼 수 있다.

웨일스는 그레이트브리튼섬 서남부 지방으로, 원래 켈트족계 브리튼인이 거주했으며 로마의 지배를 받았다. 중세에는 중소 규모의 부족 국가가 탄생하여 일시적인 통일을 이루기도 했으나 정치적으로 안정된 정권이 자리를 잡을 만한 상황은 아니었다.

웨일스는 외부의 침입에 격렬하게 저항했다. 11세기 잉글랜드에 노르만 왕조를 세운 윌리엄이 공격해왔을 때도 웨일스의 맹렬한 저항으로 인해 윌리엄은 식민지 정복의 계획을 이룰 수 없었다. 이후에도 그러한 상황은 계속되었다.

13세기 중반, 웨일스 대공을 자처하는 인물이 등장하고 통일을 위한 본격적인 움직임이 시작되었다. 참고로, 지금도 잉글랜드 왕자를 나타내는 칭호는 '프린스 오브 웨일스'다. 웨일스 영토는 '마그나 카르타'에 조인한 것으로 유명한 존 왕의 손자인 에드워드 1세 때 잉글랜드에 완전히 병합되었지만 웨일스인의 저항이 끊이지 않자 민중을 회유하기 위해 잉글랜드 왕자에게 이러한 칭호를 부여한 것이다. 에드워드 1세는 스코틀랜드, 프랑스와 벌인 전쟁에서 용맹을 떨쳤지만 군비 조달을 위해 강력한 조세 정책을 실시했다. 이에 제후를 비롯한 수공업자 등이 반발하자 1295년 '의회'를 열어 과세 규칙을 논의했다. 여기에서 열린 의회가 이후 잉글랜드 의회의 모델이 되어 모범 의회라 불리게 되었다.

사실 모범 의회가 열리기 30년 전, 1265년에 귀족인 시몽 드 몽포르가 과중한 세금을 부과하는 국왕에 반항하여 '의회'를 요구한 바 있다. 그렇다면 잉글랜드의 의회주의는 이미 13세기에 국왕과 대립하는 과정에서 시작되었다고 볼 수 있다.

백년전쟁이 끝나자 잉글랜드에서는 유력 제후들 간에 왕위 쟁

탈전이 벌어졌고, 그 결과 튜더 왕조가 들어섰다. 튜더 왕조는 웨일스 대공의 후손이 세운 왕조인 만큼 웨일스는 더 이상 명목상의 칭호가 아닌 실질적인 잉글랜드 국왕의 본가라는 영예를 얻었다.

한편 영국 국기인 '유니언 잭'은 잉글랜드, 스코틀랜드, 아일랜드 3국의 국기를 합한 것으로, 여기에 웨일스의 국기가 포함되지 않은 이유는 웨일스와 잉글랜드를 '단일 국가'로 간주했기 때문이다.

스코틀랜드가 활발한 독립 운동을 전개하고 있는 이유

장 첫머리에서 스코틀랜드의 독립에 대해 살짝 언급하기도 했지만, 스코틀랜드에서는 영국과는 다른 지폐가 사용되는 것에 놀라는 사람을 종종 볼 수 있다. 이 지폐는 스코틀랜드 은행이 발행한 화폐이며 잉글랜드에서는 통용되지 않는 경우가 많다.

영국은 EU(전신인 EC) 회원국으로 가입하기까지 오랜 시일이 걸렸다. 또한 지금까지도 EU의 통화인 유로를 도입하지 않고 파운드를 계속 사용하고 있다. 이 점은 '통화'가 국가 주권을 상징한다는 사실을 대변하는 것으로, 스코틀랜드 독립 문제와도 밀접한 관계가 있다고 할 수 있다(영국은 2020년 1월 EU에서 탈퇴했다―옮긴이).

9세기경 잉글랜드의 알프레드 대왕 시대에 스코틀랜드에서 왕국이 건립되었으며, 11세기에는 노르만 왕조를 세운 윌리엄이 웨일스와 더불어 스코틀랜드에 진출하기 시작했다. 봉건주의 시대

―― 경쟁국들을 통해 배우는 세계사

에 웨일스와 스코틀랜드는 화의를 맺거나 인척 관계를 형성하면서 긴장과 대립을 이어갔다. 16세기 스코틀랜드의 메리 여왕(엘리자베스의 이복자매로, 천주교를 강요하고 '피의 메리'로 유명한 여왕이 아니다)의 시대에 그 전형적인 사례를 볼 수 있다. 16세기 후반 잉글랜드를 통치한 엘리자베스 여왕(1세)이 스코틀랜드 여왕을 처형한 사건으로, 그 배경에는 엘리자베스의 왕위 계승을 반대하고 메리를 잉글랜드 왕으로 세우려는 프랑스 왕 앙리 2세(그의 아들과 메리가 결혼했다)의 간섭 그리고 잉글랜드가 스코틀랜드의 종교 반란에 개입하는 등의 상황이 얽혀 있다. 16세기는 종교개혁의 시대였기에 사태는 긴박하게 전개되었다. 스코틀랜드에서 쫓겨난 메리는 잉글랜드로 망명하여 그곳에서 엘리자베스 암살 등을 획책하다가 처형되었다.

엘리자베스 여왕이 후세를 남기지 못한 탓에 인척 관계인 메리의 아들, 즉 스코틀랜드 왕 제임스 6세가 잉글랜드 왕 제임스 1세로 추대됨으로써 스튜어트 왕조가 시작되었다. 제임스 1세와 그 아들인 찰스 1세, 손자인 제임스 2세에 걸쳐 청교도 혁명(퓨리턴 혁명)과 명예혁명이 전개되었다(이 두 혁명을 '영국 혁명'이라고 한다).

청교도 혁명은 군인이자 정치가인 크롬웰을 중심으로 스튜어트 왕조의 절대주의에 항거한 시민혁명으로, 혁명 이후 크롬웰이 권력을 쥐었으나 혹독하리만큼 과도한 청교도주의를 추진한 탓

에 인심을 잃었다. 크롬웰 사망 후에는 스튜어트 왕조가 부활했다.(왕정복고)

역사는 반복된다고 했던가. 잉글랜드 시민은 찰스 2세·제임스 2세가 펼치는 전제정치에 다시 반발하여 왕을 추방해버렸다. 그리고 제임스 2세의 딸이며 오렌지 공(네덜란드의 총독)과 결혼한 앤을 새로운 왕으로 맞이했다.(명예혁명)

앤 여왕 시대 후반기인 1707년 잉글랜드·스코틀랜드 연합법이 체결되자, 제임스 1세 이후 한 세기에 걸쳐 지속된 양국의 '동군연합'이 더욱 촉진되어 두 나라의 통합에 이르렀다. 이로써 '그레이트브리튼 왕국'이 세워졌고 앤은 그레이트브리튼 왕국의 초대 국왕이 되었다.

다만 모든 스코틀랜드인이 기꺼이 이 '통합'을 받아들인 것은 아니다. 잉글랜드의 경제적 압력에 의해 이루어진 통합이었으므로 스코틀랜드인의 불만은 여전히 남아 있었다. 20세기의 마지막 해인 1999년 스코틀랜드 의회에 자치권이 인정되었고, 그러한 행보가 이번 분리 독립 운동의 배후라는 것은 두말할 나위가 없다.

수탈, 기근, 종교 탄압-아일랜드의 고난의 역사

스코틀랜드와 마찬가지로 아일랜드에 대한 잉글랜드의 확대 정책도 기나긴 역사를 지닌다.

아일랜드에 먼저 정착한 민족은 켈트족으로, 그들은 이미 노르만인의 침략을 경험했다. 12세기 잉글랜드에서 일어난 플랜태저넷 왕조의 헨리 2세는 아일랜드를 정복한 뒤 그 땅을 아들 존에게 물려주었다. 하지만 '결지왕缺地王'이라고도 불리는 존은 이 섬을 지배하는 데 실패했고 이에 아일랜드는 교황의 지배를 받게 되었지만 정치적으로는 아일랜드인 제후들이 각축을 벌이는 상황이 전개되었다. 결국 실질적으로 잉글랜드의 지배는 전혀 이루어지지 않는 상태였다.

16세기 잉글랜드의 종교개혁을 주도한 헨리 8세는 아일랜드는 교황의 영향권에 있지 않다고 주장하며 잉글랜드와 아일랜드의 왕을 자처했다. 그가 아일랜드에 대한 지배를 강화하고 이에 반대하는 움직임을 무력으로 탄압함에 따라 아일랜드로 이주하는 사람이 증가하기 시작했다.

이 무렵 잉글랜드에서 청교도 혁명이 일어나자 아일랜드의 천주교도는 반란을 일으킨 신교도들을 학살했다. 이에 분개한 크롬웰은 아일랜드에 군대를 보내 천주교도를 잔혹하게 살육했을 뿐만 아니라 아일랜드인의 모든 토지를 몰수하여 잉글랜드인 지주에게 분배했다. 이에 대한 아일랜드인의 분노는 오랫동안 사라지지 않았다.

아일랜드는 18세기 내내 잉글랜드에게 수탈당하는 식민지였다. 한

때 대기근이 발생하여 많은 아일랜드인이 목숨을 잃기도 했으나, 아메리카합중국이 독립을 이룬 영향으로 아일랜드의 입장도 호전되었다. 1801년에는 아일랜드 연합법이 체결되어 그레이트브리튼 왕국과 아일랜드의 정치적 입장이 평등해졌다. 그리고 마침내 '그레이트브리튼 아일랜드 연합왕국'이 성립되었다.

그러나 천주교에 대한 차별은 1829년 가톨릭교도 해방령이 발표되기 전까지 계속되었다. 나아가 1840년대의 아일랜드 감자 기근은 가톨릭 차별 행위의 해소에 박차를 가했다. 당시 기근으로 200만 명에 이르는 아일랜드인이 굶어 죽었고 이때 많은 아일랜드인이 미국으로 건너갔다. 그러한 가족 중에 케네디 일가가 포함되어 있었다는 이야기는 유명하다.

1914년 아일랜드 자치 법안이 마련되었으나 때마침 제1차 세계대전이 발발하여 법안 실시가 연기되었다. 1916년 아일랜드인은 부활절 봉기를 일으켜 반발했고 혼란은 세계대전 후에도 계속되었다. 그리고 1922년 마침내 아일랜드 자유국을 수립했다. 이때 신교도가 많아 잉글랜드와 친근한 관계를 유지하던 북아일랜드는 자유국을 택하지 않았다. 자유국이 정식 독립하게 되는 시기는 제2차 세계대전 후인 1949년이다.

북아일랜드에서는 신교도 주민과 천주교 주민 사이에 갈등이 불거지기 시작했고, 무정부 상태가 이어지자 1972년 이후 북아일랜드는 영국 본국의 직접 지배를 받게 되었다. 1998년 양국 간에 첫 평화 합의가 이뤄졌고 2005년에는 아일랜드 공화국군의 무장 해제가 실현되었으며, 2007년부터는 북아일랜드의 자치가 부활했다.

법적으로는 하나의 국가라 해도 국내 문제로 치부하기에는 스코틀랜드나 아일랜드의 역사적 굴곡이 크다.

6장

유고슬라비아 분쟁

과거 하나였던 여섯 개의 나라

냉전 시대의 나토NATO(북대서양조약기구)는 '서방' 각국의 동맹을 상징했지만, 소련의 붕괴로 냉전이 끝나자 기존의 존재 의의가 퇴색되었으며 새로운 전략과 존재 이유가 요구되었다. 소련과 바르샤바조약기구 군의 위협이 사라졌으니 이제 나토의 주요 임무는 주변 지역의 분쟁 억제와 위기 대책에 관한 것이 되었다. 따라서 위기 대응에 관련하여 NATO 가맹국 외 각국의 문제에 개입할 수 있는 기본 토대를 마련했다.

냉전 시대에 나토가 얼마나 역할을 수행했는가 하는 문제는 좀 복잡하지만, 실제 전투 행위가 없었다는 면에서는 높이 평가할 만하다. 적어도 3차 세계대전을 억제했던 것만은 확실하다. 그러나 냉전이 끝난 후 실제 전장에 나토군이 투입된 것은 매우 안타까운 일이다. 그 무대는 옛 유고슬라비아가 분열하면서 형성된 작은 국가인 신유고슬라비아(보스니아헤르체고비나와 세르비아의 연방체)에서 분리 독립을 요구한 코소보였다.

이 장에서는 나토를 비롯한 강대국의 의도 그리고 혼란이 더욱 가중되고 있는 이 지역의 역사를 살펴보자.

코소보, 세르비아, 알바니아의 복잡한 역사

소련 말기의 대혼란 속에서 1989년부터 시작된 동유럽 혁명은 옛 유고슬라비아를 해체시켰다. 그리고 그로 인해 새롭게 등장한 국가 사이에는 많은 문제가 발생하고 있다. 일반인에게는 다소 낯설게 느껴질 수 있는 문제지만, 몇 가지를 살펴보면서 옛 유고슬라비아를 생각해보자.

유고슬라비아가 위치한 발칸 반도의 역사를 살펴볼 때 가장 많이 알려진 지역은 아마도 '세르비아'와 '사라예보'가 아닐까 싶다. 사라예보는 제1차 세계대전의 직접적 원인이 되었던, 오스트리아 황태자 암살 사건이 발생한 장소다. 그리고 그 암살자는 바로 '세르비아'의 애국 청년이었다.

그런데 왜 세르비아의 애국 청년은 보스니아의 주도인 사라예보에서 오스트리아의 황태자를 암살해야만 했을까? 여기에는 발칸 반도의 복잡한 역사와 관계가 있으며, 이에 대해서는 후반에 자세히 설명하기로 하겠다.

세르비아 공화국의 남부에는 코소보라는 자치주(현재는 독립하여 하나의 국가를 이루고 있으며, 세계 절반 정도의 국가가 이를 승인하고 있다)가 있고, 이곳에는 수많은 알바니아인이 거주하고 있다. '알바니아'라는 국가가 있지 않나? 하고 고개를 갸웃거리는 이도 있을 것이다. 당연히 알바니아 공화국은 알바니아인의 나라다. 알바니아인은 슬라브계 민족이 아니라 고대 일리리아인(발칸 반도 서부 등지에 거주하던 민족으로 슬라브화 되었다)의 후예로 알려져 있으며, 17~18세기에 코소보로 이주했다. 알바니아인이 들어오기 전 이곳에는 많은 세르비아인이 거주하고 있었다. 14세기에 오스만 제국에게 정복당하자 이곳에 살던 많은 세르비아인이 북쪽으로 거주지를 옮겼으나 세르비아인에게 코소보는 영혼의 고향과 같은 곳이다.

세르비아 등의 독립은 알바니아인의 민족주의에 불을 붙이는 계기가 되었다. 즉 세르비아가 독립할 때 알바니아인의 거주지 일부가 몬테네그로에 양도되자 이에 반발하면서 19세기 말 알바니아의 민족주의가 급격히 일어났다.

알바니아 공국은 1차 발칸 전쟁이 끝난 1913년에 독립국을 이루었다. 그러나 이후 제1차 세계대전으로 정치 체제가 바뀌고 타국에게 점령되는 등 심한 혼란을 겪었으며, 제2차 세계대전 후에는

현재의 유고슬라비아

오스트리아
헝가리
슬로베니아
크로아티아
보이보디나
자치주
루마니아
보스니아·
헤르체고비나
사라예보
세르비아
이탈리아
몬테네그로
코소보
알바니아
불가리아
마케도니아
공화국
그리스
튀르키예

사회주의 국가를 채택했다.

종전 후 사회주의 국가 중에서도 알바니아의 국제 관계는 특이하다. 유고슬라비아의 지원 속에서 국가를 건설한 알바니아는 유고슬라비아가 국제공산당정보국(각국의 공산주의 정당이 모인 국제조직)에서 추방되자 관계를 단절했으며, 소련 내에서 스탈린 비판이 일어나자 소련과도 결별하고 중국에 접근하는 등의 행보를 보였다. 국내적으로는 일체의 종교 행위를 금지하는 무종교 정책을 추진했다. 1980년대 말의 동유럽 혁명 후에는 사회주의를 포기하고 민주국가를 지향하는 등 혼란을 겪었지만 서서히 안정을 되찾아 2014년에는 유럽연합 회원국 후보가 되었다.

코소보에서는 공산당 서기장인 티토가 지도력을 발휘했지만, 그가 사망한 후 알바니아인의 민족주의가 활발해지자 이들에 대한 가혹한 탄압이 이어졌다. 나아가 유고슬라비아가 해체된 후 세르비아 대통령에 당선된 밀로셰비치는 크로아티아와 보스니아 헤르체고비나에 다양한 압력을 가하는 동시에 코소보의 알바니아인에 대해 혹독하게 대응하여 두 번에 걸친 코소보 분쟁이 발생했다.

1999년 2차 코소보 분쟁이 일어나 공격에 나선 세르비아에 대해 NATO는 공중 습격으로 대응했다. 2008년 코소보 의회가 독립을 선언했지만 앞서 이야기한 것처럼 이를 승인하는 국가는 유엔 가맹국의 절반 정도에 불과하다.

스탈린에게도 맞선 카리스마 있는 지도자 티토

요즈음 사람들은 유고의 지도자 티토에 대해 별다른 감흥을 느끼기 어렵겠지만, 그는 종전 후 유고슬라비아를 세운 인물이다.

소련의 권력이 압도적으로 강력하던 시기, 서구 세계에서 티토라는 인물은 그야말로 '숨통을 트이게 해주는 청량제'와 같은 존재였다. 강력한 권력을 행사하는 스탈린에게 당당히 맞선 유일한 인물이 티토였기 때문이다. 그렇기에 1980년 티토의 사망은 다가올 동유럽의 혼란을 예고하는 사건이었다.

제2차 세계대전 후 동유럽은 스탈린의 예측대로 소련의 영향 아래 놓였다. 소련이 나치 독일의 지배로부터 벗어나도록 동유럽에 협조했기 때문에 미국의 루스벨트 대통령도 동유럽에 대한 소련의 영향력을 인정하지 않을 수 없었다. 스탈린, 루스벨트와 함께 전후 세계를 구상한 처칠은 당시의 동유럽과 소련 세력을 '철의 장막'이라 표현하며 사회주의 국가인 소련을 견제했다.

이 '철의 장막'의 동쪽에 위치하여 스탈린에게 맞선 인물이 바로 파르티잔(농민 게릴라)을 이끌고 자력으로 '유고슬라비아'를 해방시킨 티토였다. 다만 티토는 공산주의에 동조했기 때문에 소련과는 선을 그으면서도 사회주의 체제를 유지했고, 냉전 시대에는 소련과 가까운 입장을 유지했다.

강한 카리스마의 티토가 죽고 소련의 사회주의 체제가 교착 상태에 빠진 상황에서 유고슬라비아에 민족과 종교 문제가 불거지게 된 것은 당연한 결과라 할 수 있다. 실제로 티토가 가장 두려워한 것도 '대세르비아주의'의 부활이었다. 자세한 내용은 뒤에서 설명하겠지만, 티토는 유고슬라비아를 구성하는 민족 중에서 세르비아의 민족주의가 가장 강하기 때문에 유고슬라비아를 혼란에 빠뜨리는 요인이 될 것이라 예측하고 있었다.

유고슬라비아, 남슬라브의 나라

유고슬라비아라는 나라 자체는 1991년 소멸했다. 그러나 '유고슬라비아'라는 이름은 묘한 곳에서 그 생명을 이어가고 있다. 바로 유고슬라비아가 분열하여 새롭게 등장한 세르비아에서 다시 떨어져 나와 성립한 '북마케도니아'라는 국가다. 이 '마케도니아'라는 국명에 대해 그리스가 항의하자(그리스의 영웅인 알렉산더 대왕은 마케도니아인이다) 논의 끝에 나라 이름을 '구 유고슬라비아 마케도니아 공화국'으로 바꿨다가 2019년 '북마케도니아 공화국'으로 변경했다.

가벼운 화제로 시작했지만, 발칸 반도의 역사는 복잡하다. '유고슬라비아'라는 이름 자체가 그 복잡함을 상징하고 있다. 원래 남슬라브 민족의 나라라는 뜻의 이 명칭이 국명으로 채택된 것은 1932년으로, 당시는 국왕이 통치하는 왕국 체제였다.

좀더 거슬러 올라가 보면 '유고슬라비아'라는 국명이 등장하기 전 1919년까지는 세르비아·크로아티아·슬로베니아 왕국이라 불렸다. 이는 '세르비아인, 크로아티아인, 슬로베니아인으로 구성된 국가'라는 의미로, 제1차 세계대전 후에 세워졌다. 세르비아 왕국은 전쟁 전에도 있었던 반면, 크로아티아인이나 슬로베니아인은 오스트리아의 지배를 받다가 종전 당시 독립하자 세르비아인과 함께 세 민족의 이름이 포함된 국가를 건설한 것이다. 그러나 그 지역에는 그들뿐만 아니라 몬테네그로인 등도 포함되어 있었기 때문에 이후 다시 '남슬라브'라는 국명으로 바꾸었다.

제2차 세계대전 후 세르비아·크로아티아·슬로베니아 왕국이 해체됨과 함께 사회주의 체제를 받아들여 1948년에는 유고슬라비아 인민공화국으로 거듭났다. 1945년부터 1948년까지 3년간 '유고슬라비아 공화국'으로 존재했던 것을 포함한 60여 년 동안의 국가 체제는 분열 상태→세르비아·크로아티아·슬로베니아 왕국→유고슬라비아 공화국→유고슬라비아 인민공화국으로 세 번이나 바뀐 셈이다. 민족 이름을 국가 명칭에 포함하는 경우는 흔하지만, 유고슬라비아의 경우에는 유고슬라비아라는 민족이 있었던 게 아니라 내부의 복잡한 민족 문제를 완화하기 위해 억지로 고안해낸 이름이었다.

6개의 공화국, 5개의 민족, 4개의 언어, 3개의 종교, 2개의 문자

예전에는 유고슬라비아의 복잡한 민족·종교·문화 등과 관련하여 7개의 국경, 6개의 공화국, 5개의 민족, 4개의 언어, 3개의 종교, 2개의 문자, 그리고 하나의 국가라는 표현을 자주 볼 수 있었다. 하나의 국가란 두말할 나위 없이 유고슬라비아를 가리킨다. 지금부터 그 나머지 부분에 대해 살펴보기로 하자.

먼저 2개의 문자란 로마(라틴) 문자와 키릴 문자를 말한다. 키릴 문자는 러시아인이나 불가리아인 등이 사용하는 슬라브계 민족의 문자이며, 서부의 크로아티아인이나 슬로베니아인은 로마 문자를 주로 사용해왔다.

3개의 종교란 천주교와 세르비아정교, 이슬람교다. 이 지역에 이슬람교도가 늘어난 것은 오스만 제국 시대부터다. 오스만 제국은 관대한 종교 정책으로 유명한데, 발칸의 기독교인은 이슬람교로 개종하면 군인이 될 수 있었기 때문에 이슬람교로 개종하는 이들이 많았다. 그들은 오스만 제국의 '친위 보병' 군단(오스만의 상비 보병)의 핵심이 되었다. 또한 이 이슬람교도는 오늘날의 '무슬림'이다.

4개의 언어란 크로아티아어, 슬로베니아어, 보스니아헤르체고비나어, 세르비아어를 말한다. 이 가운데 세르비아어는 몬테네그로나 북마케도니아에서도 사용된다. 아울러 세르비아어와 크로아티아어는 서로 비슷해서 세르비아·크로아티아어라고도 한다.

5개의 민족은 크로아티아인, 슬로베니아인, 세르비아인, 몬테네그로인, 마케도니아인을 가리킨다. 최근에는 앞서 언급한 이슬람교인(보스니아인)과 알바니아인, 헝가리인의 발언권도 늘어나고 있다.

6개의 공화국은 크로아티아, 슬로베니아, 세르비아, 보스니아헤르체고비나, 몬테네그로, 북마케도니아다(2008년 알바니아인이 많은 코소보가 세르비아에서 독립했다). 나아가 세르비아 북부에서는 보이보디나 자치주가 독자적인 헌법을 제정하여 자치를 강화하고 있다. 보이보디나 자치주는 세르비아인이 다수를 차지하지만 26개에 달하는 민족이 거주하고 있어 쉽사리 해결할 수 없는 문제들을 안고 있다.

마지막으로 옛 유고슬라비아 시절에 국경을 접하고 있는 7개의 주변 국가를 소개하자면, 서쪽에서부터 시계 방향으로 이탈리아, 오스트리아, 헝가리, 루마니아, 불가리아, 그리스, 알바니아다. 과거에 이 지역을 지배했던 튀르키예 공화국(오스만 제국)과는 국경을 접하고 있지 않지만 흥미로운 관계에 있다. 아울러 이중 몇몇 나라와는 국경을 둘러싼 분쟁이 있으며, 이에 대해서는 후반에 소개하겠다.

왜 코소보는 전쟁이 끊이지 않는 나라가 되었는가?

그런데 왜 이 지역은 민족에서부터 종교에 이르기까지 이렇듯 복잡한 땅이 되었을까?

7세기 무렵 발칸 반도에 정착하기 시작한 남슬라브계 민족은 9세기에 동로마 제국의 영향으로 그리스정교를 받아들였다. 이후 동로마 제국이 쇠퇴한 뒤 12세기 후반 등장한 스테판 네마냐가 여러 부족을 통일하여 최초의 국가를 건설했다. 이때 코소보를 중심으로 남부 세르비아 지방이 두각을 나타냈다. 그러므로 세르비아에게 코소보는 국가의 시원과도 같은 것이다. 이 최초의 국가는 내분 등으로 혼란을 치렀으나 13세기에 들어 체제가 안정되자 동쪽에 면한 불가리아 왕국과 싸우면서 영토를 확장해나갔다.

14세기에 동로마 제국을 정복하려 시도한 왕도 있었지만 성공하지 못했을 뿐 아니라 오히려 동쪽에서 진출한 오스만 제국의 침략을 받았고, 그로부터 19세기 말까지 세르비아는 오스만 제국의 통치를 받았다. 특히 1389년의 코소보 전투는 오스만 제국의 지배를 결정짓는 싸움으로, 이 전투의 패배는 오랫동안 세르비아인의 마음에 깊이 새겨졌다.

세르비아의 역사에 큰 영향을 미친 대세르비아주의

19세기에 대세르비아주의라는 사상이 등장했다. 이 사상의 핵심은 중세 세르비아 왕국을 부활시키고 세르비아인 거주 지역을 구축하여 새로운 세르비아를 건설하자는 것이다. 이 무렵 세계 각처에서 민족주의가 불붙었고 이는 발칸 반도에서도 마찬가지였다. 특히 1830년 그리스의 독립은 여러 민족에게 불씨가 되었다.

19세기 초, 오스만 제국이 실시한 다르다넬스 해협과 보스포루스 해협의 러시아 선박에 대한 통행금지 조치 등을 계기로 러시아·튀르크 전쟁(유명한 1877년의 전쟁과는 다른 전쟁. 러시아와 오스만 제국은 여러 번의 전쟁을 치렀다)이 터지자 발칸 각지의 민족들이 봉기했고, 그 결과 세르비아와 몬테네그로는 자치를 인정받았다. 독립을 향한 움직임은 계속되어, 1877년에 발발한 러시아·튀르크 전쟁 직후 산스테파노 조약을 거쳐 베를린 조약에서 세르비아 왕국의 독립이 정식으로 인정되었다.

이때부터 세르비아인의 새로운 역사가 시작되었다. 즉 대세르비아주의가 한층 짙어진 것으로, 세르비아인이 거주하는 모든 지역은 마땅히 세르비아에 편입되어야 한다는 주장에는 결국 주변 지역에 대한 세르비아 영토의 확장이라는 목적이 담겨 있었다. 유고슬라비아 시절의 세르비아는 이러한 주장을 자제했지만 유고슬라비아가 해체된 후 다시 제기함으로써 신생 독립국들과 여러 차례 전쟁을 치렀다.

이웃나라인 '몬테네그로'는 '검은 산'이라는 뜻의 베네치아어로, 자국민은 '츠르나고라'라 불렀다. 몬테네그로 사람들은 세르비아인으로, 오스만 제국과의 계속된 전쟁에 쫓겨 산 속으로 들어갔던 사람들이다. 제1차 세계대전 중 오스트리아가 몬테네그로를 점령하지만, 세르비아가 몬테네그로를 해방하고 종전 후에 합병했다. 그 결과 1945년까지 몬테네그로라는 국명은 사라졌다가 유고슬라비아 공화국의 하나로 다시 부활하게 된 것이다.

유고슬라비아가 해체한 후 몬테네그로는 세르비아와 함께 유고슬라비아 연방공화국을 형성하지만, 세르비아의 '보스니아헤르체고비나 문제'로 인해 경제 침체가 발생하자 양국 관계가 악화됨에 따라 2006년 완전 독립했다. 이로써 유고슬라비아는 완전히 해체되었다.

세계대전은 발칸 반도의 대립에서 시작되었다

19세기 이후 세력이 약화된 오스만 제국은 체제 재건을 위해 범튀르키예주의를 주장했다. 이는 튀르키예계 민족의 통일을 내세워 오스만 제국의 영토를 확장하려는 것으로, 당연히 대세르비아주의와 대립했다. 1908년 오스만 제국 내에서 발생한 청년튀르크(진보와 통일위원회)당이 일으킨 '혁명'의 혼란을 틈타 오스트리아는 보스니아헤르체고비나를 완전 병합했다. 이 지역에는 세르비아인도 많았기 때문에 보스니아헤르체고비나의 병합을 노리고 있던 세르비아에서는 오스트리아에 대한 반감이 형성되었다.

1912년 세르비아·몬테네그로·불가리아·그리스가 발칸 동맹을 결성하고, 오스만 제국이 발칸 반도에서 점유 중인 영토를 반환할 것을 요구하며 1차 발칸 전쟁을 일으켰다. 이 전쟁에서 발칸 동맹은 승리를 거두었으나 북마케도니아를 사이에 두고 세르비아와 불가리아의 관계가 악화되었다. 불가리아가 강대해지는 것을 두려워 한 세르비아, 루마니아, 그리스, 오스만 제국은 불가리아를 상대로 한 2차 발칸 전쟁을 일으켰다. 불가리아의 패배로 각국은 영토를 확대했지만, 불가리아는 범슬라브주의를 버렸고, 오스만 제국도 반세르비아 입장에서 3국 협상(영국, 프랑스, 러시아)이 아닌 3국 동맹(독일, 오스트리아, 이탈리아) 측에 접근했다.

이러한 상황에서 세르비아의 애국 청년이 오스트리아의 황태자를 암살하는 사건이 발생했다(사라예보 사건). 오스트리아가 세르비아에 최후통첩을 날리자 세르비아가 러시아에 지원을 요청하면서 유럽은 제1차 세계대전의 소용돌이에 휘말려들었다.

제1차 세계대전의 계기는 발칸 반도에서 발생한 사건이었지만, '삼국 동맹 대 삼국 협상', '범게르만주의 대 범슬라브주의' 등이 말해주듯 당시의 국제 관계는 제국주의의 대립 양상을 보였다. 그 중에서도 프랑스는 독일에 대한 적개심이 깊어 독일·프랑스 국경지대(서부 전선)를 중심으로 전쟁은 세계로 확대되었다.

폭탄을 안고 건국된 유고슬라비아

제1차 세계대전 후 유고슬라비아 지역에서 '세르비아·크로아티아·슬로베니아 왕국'이 건립되었다. 오스트리아(·헝가리 이중 왕국) 제국이 붕괴되자 그 지배 아래 있던 크로아티아인과 슬로베니아인, 나아가 보스니아헤르체고비나가 해방되면서 세 민족이 하나의 나라를 건설한 것이다. 그러나 이 국명은 세 민족 외의 다른 민족이 빠진 것으로, 1929년에 '유고슬라비아=남슬라브인 국가'로 개칭했다.

독립 후 유고슬라비아는 주로 서유럽으로 식량을 수출하는 한편 공업을 발전시켜 경제적 번영을 이루었지만, 신국가 건설 단계부터 민족 갈등은 시작되고 있었다. 이를 꺼려한 국왕이 의회를 해산하고 독재 정치를 전개했으나 세계 대공황으로 경기가 침체되면서 민족 갈등이 한층 심화되었고, 결국 1934년 크로아티아인에게 국왕이 암살되는 사건이 터졌다.

또한 독일에서 나치당이 세력을 넓히면서 프랑스와 관계가 소원해지자, 독일은 프랑스 대신 유고슬라비아에 접근했다. 결국 독일이 무력으로 유고슬라비아 영토를 점령하자 공산당 서기장인 티토는 게릴라 투쟁으로 맞섰다. 그 후 유고슬라비아는 소련의 도움 없이 해방을 맞았고 이로써 이후 소련에 대해 대등한 입장을 취할 수 있었다. 전쟁이 끝난 1945년, 유고슬라비아 연방 인민공화국으로서 거듭났다.

아울러 크로아티아에서는 전쟁 동안 크로아티아인 독립 국가를 수립하기 위한 민족 조직 '우스타셰Ustaše'가 결성되었다. 1934년의 유고슬라비아 국왕 암살도 이들이 일으킨 사건이다. 독일과 이탈리아는 유고슬라비아를 점령한 뒤 괴뢰국인 크로아티아 독립국을 세워 우스타셰 지도자를 '국왕'으로 임명했다.

크로아티아 독립국은 반공 정책과 반유대주의를 펼치면서 게릴라를 탄압하고 유대인을 학살했다. 크로아티아에서 우스타셰에 관한 평가는 오늘날까지 논란이 되고 있다.

티토의 죽음과 유고슬라비아의 해체

1980년 영웅 티토가 사망한 뒤 1989년 '냉전'이 종식되자 유고슬라비아의 국가 체제는 크게 요동쳤다. 그동안 억제되었던 민족주의가 고르바초프의 페레스트로이카('개혁')의 영향을 받아 한꺼번에 분출되었으며, 1990년의 자유선거에서 세르비아인·크로아티아인·슬로베니아인의 이해를 대표하는 정당이 우위를 차지했다. 새로운 국가 체제를 어떻게 형성할지 논의가 이루어졌으나 연방제와 독립국가의 유지 사이에서 의견이 모아지지 않은 채 1991년 크로아티아와 슬로베니아가 독립을 선언했다. 이러한 움직임은 보스니아헤르체고비나에 동요를 불러일으켰고 유고슬라비아도 크게 흔들렸다.

가장 먼저 독립한 나라는 슬로베니아였다. 유고슬라비아의 가장 서쪽에 위치하며 오스트리아이탈리아와 국경을 맞대고 있는 이 나라는 민족적으로도 슬로베니아인이 압도적이었기 때문에 민족 갈등이 심하지 않은 편으로, 당시 유고슬라비아 연방군과 열흘간 전투를 치른 끝에 독립을 이루었다.

크로아티아의 경우, 티토가 죽은 후 세르비아인이 유고슬라비아의 지도자를 자처하며 대세르비아주의를 주장하고 나선 데 큰 불만을 품고 있었다. 지도를 보면 알 수 있듯이 크로아티아는 세르비아와 국경을 맞대고 있는데다 무엇보다 세르비아인이 다수를 차지하고 있었기 때문에 세르비아로서는 크로아티아의 분리를 인정할 수 없었다. 그러나 크로아티아인의 공격에 크로아티아 내 세르비아인이 압도적으로 패하면서 1995년 정전에 이르렀다.

미국과 NATO의 중재로 매듭지어진 보스니아헤르체고비나 문제

크로아티아의 독립을 둘러싼 전투가 벌어지고 있을 무렵, 보스니아헤르체고비나에서도 분리 독립 운동이 전개되었다. 보스니아헤르체고비나는 유고슬라비아의 다민족 체계를 상징하는 나라로, 인구의 약 45퍼센트가 이슬람교도(보스니아)이며, 민족 구성은 3분의 1이 세르비아인이고 7분의 1 정도가 크로아티아인이다. 게다가 세르비아, 크로아티아와 국경을 맞대고 있다.

1992년에 시작된 독립 전투는 이슬람교도, 크로아티아인, 세르비아인의 대립으로 이어졌다. 초기에 이슬람교도와 크로아티아인의 협력은 불안했으며, 세르비아인이 전 국토의 60퍼센트를 장악하는 국면에 이르는 등 세르비아인이 압도적으로 우세했다. 하지만 전투가 장기화되자 미국이 크로아티아인과 이슬람교도를 지원하고 NATO군은 세르비아를 공습했다. 결국 미국과 NATO의 군사력 앞에 세르비아는 열세에 몰렸다.

그동안 크로아티아에서도 전투 지역이 확대되었다. 더욱이 각 민족은 자민족의 영역을 확장하기 위해 '인종 청소'라는 비인도적인 행위를 자행했다. 특히 세르비아군이 일으킨 스레브레니차 학살 사건(1995년 안전지대였던 보스니아헤르체고비나의 도시 스레브레니차에서 세르비아인이 이슬람교도 남성 8000여 명을 학살)은 훗날 국제 전범 법정에서 '제노사이드(특정 민족, 종교 등의 집단을 대량 학살하여 절멸시키려는 행위)'로 인정되었다.

보스니아헤르체고비나 문제는 1995년 미국의 중재로 세 당사자가 '데이턴 협정'(데이턴은 미국 오하오주에 있는 도시)을 체결하여 종결지었다. 보스니아헤르체고비나는 이슬람교도와 크로아티아인으로 이루어진 보스니아헤르체고비나 연방(면적 51퍼센트), 세르비아인이 중심이 되는 스릅스카 공화국(면적 49퍼센트)의 국가 연합으로서 형식적으로는 단일 국가 체제를 유지하기로 했다. 또한 추후 합의를 통해 세 민족이 돌아가며 대통령을 맡기로 했다.

역사에 휩쓸린 북마케도니아

마지막으로, 북마케도니아 문제를 소개할 차례다. 이 나라는 제1차 세계대전 직전에 발발한 발칸 전쟁으로 일시적으로 독립한 것처럼 보였지만, 완전한 독립에 이르지 못한 채 그리스, 불가리아, 세르비아로 영토가 분할되었다. 현재 북마케도니아의 영토는 세르비아에 병합되었던 지역으로, 1991년 유고슬라비아의 해체와 함께 유고슬라비아군의 무기를 모두 세르비아에 양도하는 조건으로 평화롭게 독립을 달성했다.

북마케도니아인은 그 유명한 알렉산더 대왕을 낳은 그리스계 마케도니아인이 아니라 슬라브계 민족이다. 마케도니아라는 국명이 오해를 불러일으킨다는 이유로 그리스와 관계가 좋지 않은 편이며, 그리스의 항의가 이어지자 2019년 '북마케도니아'로 바꿨다.

1999년 세르비아의 남부 코소보에서 독립전쟁이 일어났을 때 많은 알바니아인이 북마케도니아로 유입되었다. 그들은 자치를 요구하며 무장봉기를 했고, 몇 차례 소규모 전투 끝에 자치권 확대를 승인받아 평화를 쟁취했다.

'철의 장막'을 만든 냉전의 중심, 트리에스테

이탈리아 반도와 발칸 반도 사이의 아드리아해 안쪽 깊숙한 곳에 자그마한 이스트라 반도가 있다. 그 반도 서쪽 끝에 **트리에스테**(현재는 이탈리아령)가 있고, 동쪽 끝에는 **피우메**(크로아티아어로는 리예카, 현재는 크로아티아령)가 있는데, 지금까지 두 도시의 영유권을 두고 옛 유고슬라비아(현재는 슬로베니아와 크로아티아)와 이탈리아·오스트리아가 갈등을 빚어왔다.

중세에 트리에스테는 자유 도시로 발전했지만 이곳을 차지하려는 베네치아와 격돌하다가 14세기 말 오스트리아의 보호령을 자청했다. 나폴레옹 전쟁 중에 잠시 프랑스가 점령했지만, 그의 실각과 함께 다시 오스트리아령이 되어 바다를 향한 제국의 출구로서 중요한 역할을 담당했다.

트리에스테는 이탈리아 통일전쟁에서 이탈리아가 병합하지 못한 **이탈리아 아이레덴타**(미회수 이탈리아)의 주요 지역으로, 제1차 세계대전 후 국제연맹이 관리하는 자유 도시로 존재하다가 1920년 이탈리아에 할양되었다. 이 지역은 슬로베니아와도 국경을 접하고 있어 슬로베니아인 거주민이 많다. 제2차 세계대전에서 이탈리아가 패한 뒤 독일에게 점령되었다가 티토가 이끄는 유고슬라비아군에 의해 해방되어 종전 후 유고슬라비아령이 되었다.

이후 이 지역의 영유권을 두고 이탈리아와 유고슬라비아가 협의한 끝에 A지역과 B지역으로 분할되었다. B지역은 유고슬라비아가 영유하고 A지역은 일정 기간 유엔의 관리를 거쳐 이탈리아가 영유하게 되었다. **처칠의 '철**

의 장막' 연설에도 등장하는 트리에스테는 그야말로 냉전의 초점이라 할 수 있다. 냉전시대가 막을 내린 1991년, 유고슬라비아가 분열하자 트리에스테의 B지역을 둘러싸고 슬로베니아와 크로아티아가 대립하기 시작했고, 잠정적으로 피란만으로 유입하는 하천으로 경계가 정해졌다.

현재의 트리에스테 주변

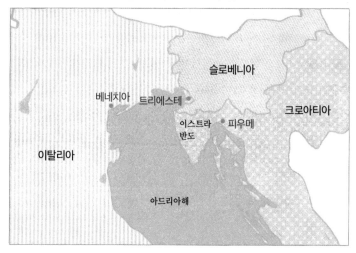

나아가 동쪽 끝의 피우메 지역에 대해서도 살펴보자.

피우메는 중세 이후 많은 크로아티아인이 거주했지만 베네치아가 영유하던 무렵 많은 이탈리아인이 유입되었다. 지배국은 오스트리아와 크로아티아를 거쳐 헝가리로 바뀌었지만, 마지막에는 오스트리아·헝가리 이중 제국의 통치를 받으면서 트리에스테와 함께 '제국의 해군', 나아가 무역의 주요 거점이 되었다.

제1차 세계대전 후, 오스트리아·헝가리 이중 제국이 붕괴하자 이탈리아와 유고가 피우메에 대한 영유권을 주장했다. 이탈리아의 애국 시인 단눈치오Gabriele D'Annunzio가 이곳을 점령하는 사건도 있었지만, 국제연맹의 관리를 거쳐 1924년 이탈리아에 병합되었다. 이후 제2차 세계대전 말기에 티토의 군대가 피우메를 점령하면서 유고슬라비아가 영유하게 되었고, 1991년 크로아티아가 계승하여 현재에 이르고 있다.

7장

폴란드 vs. 독일·러시아

세계 지도에서 자취를 감췄던 비극의 국가

2010년 4월 10일, '카틴 숲 대학살' 70주년 기념식에 참가하기 위해 러시아의 스몰렌스크로 향하던 폴란드기가 착륙 직전에 추락하여 비행기 안에 타고 있던 폴란드 대통령과 정부 요인 100여 명이 희생되었다. 종전 후 오랫동안 봉인되어 왔던 제2차 세계대전 당시의 '학살 사건'을 러시아 정부가 공식 인정하고(사죄는 하지 않았다) 그 기념식까지 치르게 된 상황에서 비극적인 사고가 발생하자 여러 음모설이 제기되기도 했다. 이 사고로 결국 기념식은 중지되었다.

'카틴 숲 대학살'에 대해 들어본 적이 있는가? 제2차 세계대전이 발발한 이듬해, 폴란드 동부를 점령한 소련군이 폴란드인 장교와 일반인 등 20~25만 명을 카틴 숲으로 끌고 가 학살한 사건이다. 이

경악스러운 사건의 배경에 대해서는 아직 확실히 밝혀지지 않았으나, 적어도 주변 강대국에 농락당한 폴란드의 역사를 상징하는 사건이라 할 수 있다. 현재 폴란드는 유럽 국가 중 위대한 작곡가 쇼팽의 고향 또는 악명 높았던 아우슈비츠 형무소가 있었던 나라 정도로 알려져 있으나, 한때 세계 지도에서 사라졌을 만큼 수난을 당한 나라다. 이 장에서는 폴란드를 둘러싼 대립을 살펴보고자 한다.

18세기, 세계 지도에서 사라진 폴란드

폴란드 역사의 시작을 언제부터로 정할 것인가는 꽤 어려운 문제다. 아마도 폴란드의 어원이 되는 폴라니(폴란)족의 수장 미에슈코가 10세기 후반 신성로마 제국의 황제인 오토(1세) 대제에게 공작 작위를 받고 피아스트 왕조가 수립된 시기를 중세 폴란드의 시작으로 보는 것이 타당할 것이다.

미에슈코 1세는 동유럽에서는 드물게 천주교를 받아들였고, 이 때부터 폴란드는 독실한 천주교 국가를 이어왔다. 물론 독일 기사단의 천주교 포교 활동에 대항하기 위해 천주교를 받아들였다는 점에서는 독일인을 견제하기 위한 고육지책이기도 하다.

때때로 왕실에서는 적통 후계자를 생산하지 못하기도 했는데, 이는 폴란드의 비극 중 요인이었다. 폴란드뿐만 아니라 중세 시대에 국왕에게 주어진 가장 중요한 의무 중 하나는 건강한 적통 아들을 두는 것으로, 이 문제는 중세에 일어난 많은 전쟁의 원인이기도 했다.

번영했던 피아스트 왕조의 마지막 왕인 카지미에시 3세가 죽자, 헝가리 왕이 폴란드 왕위를 계승하게 되었다. 그러나 그에게도 아들이 없었기 때문에 딸인 야드비가가 국왕이 되어 리투아니아 왕과 결혼했다. 이로써 폴란드와 리투아니아의 동군 연합이 성립되고, 야기에워 왕조가 시작되었다.

야기에워 왕조 당시인 1410년, 폴란드·리투아니아 연합왕국은 독일 기사단을 물리치고 흑해까지 영토를 확장했다. 나아가 발트해를 경유하여 수확한 곡물을 서방으로 수출하면서 경제적 번영을 이루는 등 중세 폴란드의 전성기를 맞았다. 그러나 이 시기 폴란드 정치는 절대왕정이 아닌 슐라흐타라는 귀족 계층이 왕권을 규제하는 방식이었는데, 당시의 이러한 체제를 '공화제 왕정'이라고도 한다.

이 무렵부터 러시아가 팽창하기 시작했고, 폴란드는 이에 대항하기 위해 더욱 강력한 국가 체제가 요구되어 1569년 리투아니아와 재합병했다(루블린의 합병). 이러한 가운데 트란실바니아 공이 폴란드 국왕이 되어 군사력을 강화했고 러시아와 전투를 벌여 리보니아를 점령했다. 트란실바니아 공이 죽자 폴란드는 다시 후계

중세 폴란드의 영토(15세기 후반)

발트해
쾨니히스베르크
폴란드 왕국
바르샤바
보헤미아 왕국
크라쿠프
모스크바
리투아니아 대공국
헝가리 왕국
몰다비아
흑해

자 분쟁에 휩싸여 세력을 잃기 시작했다.

17세기에는 스웨덴을 비롯한 주변 강대국의 침략이 이어졌다. 17세기 후반에는 얀 3세(얀 소비에스키, 1683년 2차 빈 포위 당시 오스만과 싸운 유럽의 영웅)라는 걸출한 인물도 등장했으나 그의 개혁은 실패로 끝났다. 오히려 폴란드는 19세기 오스만 제국과 마찬가지로 '유럽의 환자' 국면을 맞았다.

18세기에 폴란드는 러시아의 거센 압박에 맞닥뜨렸고, 1733년 국왕 아우구스트 2세가 죽자 후계자를 둘러싼 폴란드 계승전쟁이 벌어졌다. 2년에 걸친 이 전쟁에서 영토 변화는 그리 크지 않

폴란드 분할

폴란드 국경
(1771)

쾨니히스베르크
단치히

제1회
(1772)

프로이센

러시아

제2회
(1793)

바르샤바

제3회
(1795)

크라쿠프

오스트리아

았지만 폴란드의 무력함이 드러나면서 주변국으로 하여금 언제든 차지할 수 있는 나라라는 인식을 심어주었다. 결국 1772년, 1793년, 1795년 세 번에 걸친 분할로 폴란드는 역사 지도에서 자취를 감추었다.

폴란드 분할: 계몽전제군주의 진실

약육강식이라는 말이 있듯이, 18세기 후반 폴란드를 덮친 비극은 절대주의 시대를 상징하는 사건이라 할 수 있다. 러시아의 예카테리나 2세, 프로이센의 프리드리히 2세(대왕), 오스트리아의 마리아 테레지아와 그 아들인 요제프 2세는 모두 계몽전제군주로 불린다. 프랑스 혁명에 대응하기에 바쁜 오스트리아는 폴란드의 제2차 분할에 참가하지 않았다. 유럽 한편에서는 시민 사회가 건설되고 있을 때 다른 한편에서는 한 국가가 소멸되어버린 것이다.

폴란드를 부활시킨 것은 시민 사회 건설의 주역인 나폴레옹이었다. 그렇지만 나폴레옹의 덕을 본 것은 바르샤바 대공국뿐으로, 나폴레옹 전쟁 후에는 러시아가 폴란드를 점령했다. 이러한 국면은 제1차 세계대전 말기 러시아 혁명을 계기로 폴란드가 독립할 때까지 이어졌다. 물론 그동안 폴란드인은 지속적으로 저항했으나 러시아에게 철저히 탄압되었다.

과거 폴란드의 지배를 받았던 프로이센

폴란드 분할에는 러시아뿐만 아니라 오스트리아와 독일(프로이센)이 관여했다. 과거에 프로이센이 폴란드 왕에게 신하로서 복종한 시기가 있었으니, 폴란드 입장에서는 그야말로 '기르던 개에게 물린' 형국이라 할 만하다. 폴란드와 독일의 관계에 대해서도 좀더 자세히 살펴보도록 하자.

독일을 형식적으로 관리하던 나라는 신성로마 제국이었지만, 30년전쟁 이후 각 연방 군주의 주권이 인정되면서 바야흐로 독일은 점차 신성로마 제국에서 벗어나게 되었고, 그런 가운데 강대한 연방이 세력을 키웠다. 바로 19세기 독일 통일의 중심이 되는 프로이센이다. 그 기원을 거슬러 올라가면 12세기 말의 3차 십자군 원정 때 설립된 '독일 기사단'과 연결된다.

독일 기사단은 십자군으로만 활약한 게 아니다. 성지 외에서 활동을 벌인 시초는 13세기 초 헝가리 왕에게 초대되어 현재 루마니아령인 토지(트란실바니아의 한 지방)를 받는 대가로 쿠만인(우크라이나 등지에 살던 튀르키예계 유목민)을 방어하는 임무를 맡으면서부터다. 성지를 방어하는 것에서 나아가 이교도와 싸우는 최전선에 서게 된 것이다.

그 후 헝가리 왕과 갈등을 빚은 독일 기사단은 폴란드 유력자의 초대를 받아 폴란드로 넘어갔고, 발트해 연안에 있던 프로이센인(훗날 독일 기사단은 이 이름을 사용하게 된다)과 전투를 벌이면서 원주민인 프로이센인의 땅을 서서히 병합해나갔다. 그리고 이들이 정복한 토지에 독일 농민들이 이주했다(이를 동방 식민이라 한다). 원주민인 프로이센인은 독일인에 동화되었으며, 독일 기사단의 배타적인 상업 활동으로 인해 리투아니아와 싸움이 그치지 않았다.

14세기에 이르러 독일 기사단은 동프로이센의 쾨니히스베르크를 본거지로 삼아 최전성기를 맞았으나 1410년 리투아니아·폴란드 연합군과의 전투에서 패배하고 말았다. 그 전장은 타넨베르크

(그룬바르트)로, 훗날 제1차 세계대전 중에 독일군이 타넨베르크에서 러시아군을 물리쳤을 때 독일은 거의 500년 만의 설욕이며 독일인의 사기를 드높인 곳이라 선전했다.

타넨베르크 전투에서 패한 독일 기사단은 폴란드·리투아니아에서 획득했던 많은 토지를 내주었을 뿐만 아니라 폴란드 왕에게 신하로서 복종을 맹세하는 등 한동안 침체기를 겪었다. 그러다가 16세기에 호헨촐레른 가의 알프레드가 기사 단장으로 선출되었는데, 그 가문은 브란덴부르크 선제후를 배출한 동부 독일의 명문가였다. 알프레드는 루터파를 받아들여 교황의 지배에서 벗어난 세속 제후가 되는 동시에 프로이센 공을 자칭했다. 이렇게 해서 프로이센 공국이 탄생했다.

1618년 프로이센 공국은 브란덴부르크와 합병하고, 나아가 반세기 후에 폴란드·스웨덴 전쟁(리보니아 전쟁)을 계기로 폴란드의 주권에서 벗어났다. 그리고 1701년에는 왕호를 인정받아 프로이센 왕국이 되었다. 이 프로이센 왕국이 18세기 후반 오스트리아 왕국, 러시아 제국과 함께 폴란드를 분할했다.

20세기에도 계속된 고난

제1차 세계대전 후 폴란드는 국민국가를 부활시켰다. 그러나 그 영토는 폴란드인들이 희망하던 것과는 거리가 멀었기 때문에

1920년 소련에 선전포고를 하고 동쪽으로 영토를 확장한 후 커즈라인을 소련과 폴란드의 국경으로 삼았다. 또한 패전국 독일로부터 폴란드 회랑[폴란드와 발트해를 잇는 너비 32~112킬로미터의 긴 땅—옮긴이]인 서프로이센 지방을 빼앗았고, 발트해에 면한 단치히(국제연맹이 관리하는 자유 도시)의 항만 자유 사용권을 인정받았다.

그 결과 독일은 동프로이센 지방의 쾨니히스베르크로 가는 육상교통이 차단되었다. 이것이 제2차 세계대전의 직접적인 계기가 되었다.

1939년 8월, 독일과 소련은 불가침조약을 맺고 폴란드의 분할, 소련에 의한 발트 3국의 병합을 비밀 의정서로 확인했다. 그리고 다음 달 9월, 영국과 프랑스가 폴란드를 침공한 독일에게 선전포고를 하면서 제2차 세계대전이 시작되었다.

독일과 소련에 의해 폴란드가 분할됨에 따라 다시금 폴란드는 세계지도에서 지워지고 말았다. 이를 '제4차 폴란드 분할'이라고도 한다. 앞서 언급한 카틴 숲 대학살은 바로 이 무렵에 자행된 사건이다.

독일과 소련의 전쟁이 전개되자 폴란드는 독일에 점령되었다. 폴란드는 중세 이후 유대인에게 관대한 정책을 펼쳐왔지만 반유대주의를 내세운 독일의 지배 아래 폴란드는 유대인에게 시련의

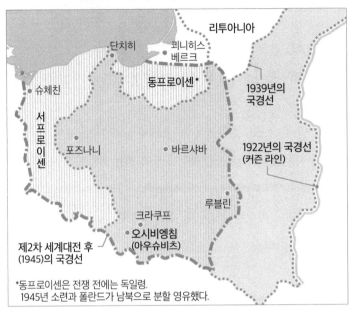

영토가 서쪽으로 이동한 종전 후의 폴란드

리투아니아

단치히

쾨니히스베르크

동프로이센*

슈체친

서프로이센

포즈나니

바르샤바

1939년의 국경선

1922년의 국경선 (커즌 라인)

루블린

크라쿠프

오시비엥침 (아우슈비츠)

제2차 세계대전 후 (1945)의 국경선

*동프로이센은 전쟁 전에는 독일령.
 1945년 소련과 폴란드가 남북으로 분할 영유했다.

땅이 되어 유대인 학살을 위한 수용소가 도처에 만들어졌다. 그 대표적인 수용소가 바로 폴란드의 크라쿠프 교외에 건설된 아우슈비츠(오시비엥침) 수용소로, 이곳에서 600만 명에 달하는 유대인이 희생되었다.

폴란드는 전쟁 말기인 1944년에도 다시 또 시련을 겪었다. 런던에 망명 중이던 폴란드 임시정부가 비스와강까지 진군해 있던 소련군을 바르샤바의 해방자로 맞이하기를 기대하며 폴란드 국내군이 독일 지배에 대항해 봉기(바르샤바 봉기)를 일으키도록 부추겼다. 그러나 바르샤바 봉기가 소련에 반대하는 경향이라는 사실을 파악한 스탈린은 군대를 보내지 않았고, 그 결과 바르샤바 시민 20만여 명이 독일군에게 희생되는 참혹한 결과로 이어지고 만 것이다.

1945년 폴란드는 소련군에 의해 해방을 맞았고, 표면적으로는 민주주의를 가장한 채 소련 세력을 등에 업은 폴란드 통일노동자당이 서서히 독재 체제를 구축하기 시작했다. 그런 상황에서 과거 러시아나 소련이 자행한 폴란드에 대한 박해에 대한 언급은 금기시될 수밖에 없었다.

폴란드와 독일·소련의 관계 개선

제2차 세계대전이 끝난 뒤 폴란드의 영토는 큰 변화를 맞았다. 러시아 혁명 이후 폴란드가 회복했던 지역(벨라루스와 우크라이나 서부)을 러시아에 반환하는 대신 그에 대한 보상으로 서포메른의 대부분을 포함하여 오드라·나이세강까지 서쪽 영토를 넓혔다.

제1차 세계대전 이후 '월경지越境地'[한 국가의 지배를 받는 영토로서 지역적으로 연속되어 있지 않고 다른 국가의 영토에 둘러싸여 존재하는 영토—옮긴이]가 된 동프로이센 지방은 남북으로 쪼개져 남부는 폴란드에, 북부는 소련에 할양되었다. 이때 독일인에게 역사적 의미가 있는 쾨니히스베르크('왕의 산')가 러시아의 장군을 기리는 뜻을 담은 칼리닌그라드로 개칭되었다. 소련의 영향 아래 있던 동독(독일민주공화국)은 이러한 결정을 받아들였지만 서독 (독일연방공화국)은 인정하지 않았다. 그런데 서독에서는 빌리 브란트 수상이 이끄는 대연립내각이 구성되어 동방 외교를 전개했다. 이는 대립하는 대신 현 상황을 받아들여 동유럽권 국가와 관계를 개선하겠다는 현실적인 외교로, 독일은 독일과 폴란드의 국경인 '오드라·나이세선'을 승인했다. 이것이 20년 후 독일 통일의 포석이 되었다.

폴란드는 독일과 관계를 개선한 반면 소련과는 대립 관계를 이어갔다. 1956년 소련의 새로운 지도자인 흐루쇼프가 발언한 "스탈린은 독재자이며 그 지도에 잘못된 점이 있다"는 스탈린 비판이 폴란드에도 영향을 끼치면서 그간 소련에 불만을 품어온 폴란드 시민들이 포즈나니에서 반소련 폭동을 일으켰다. 이 폭동은 진압되지만, 가톨릭교회의 자치 등이 인정되었다.

1970년 서독과 국교를 회복한 이후 폴란드 국내는 안정감을 얻었으며, 대외적으로도 개방 정책이 추진되고 반체제파의 활동이 묵인되는 등 사회적 안정을 찾은 듯했다. 그러나 사회주의 체제의 근간에 대해 재검토된 것은 아니다. 결국 1970년대 후반에 이르러 사회주의 체제의 모순이 부각되기 시작했고, 이는 1980년 바웬사가 이끄는 자유노조 '연대'를 탄생케 했으며 나아가 사회주의 국가 가운데 가장 먼저 복수정당제가 허용되었다. 그러나 실권을 쥔 야루젤스키는 사회 혼란을 우려하여 계엄령을 발포하고 무력 제압에 나섰다. 야루젤스키의 이 같은 방침에 대해 소련의 개입을 막았다는 평가가 따르기도 하지만, 당시 소련은 이미 막다른 골목에 몰린 상황이었으므로 1989년의 동유럽 혁명이 가능했다고 할 수 있다.

더 읽어보기

카틴 숲 대학살 사건, 범인을 둘러싼 우여곡절

카틴 숲 대학살 사건은 옛 소련의 범행으로 알려져 있지만 러시아가 이 사건을 인정하기까지는 많은 과정을 거쳐야 했다.

독소불가침조약의 비밀 협정에 따라 1939년 소련과 독일은 폴란드를 침공했고, 이에 대해 영국과 프랑스가 독일에 선전포고하면서 제2차 세계대전이 발발했다. 소련은 폴란드 전쟁에서 잃었던 토지를 회복했으며 25만 명에 이르는 포로를 소련으로 끌고 갔으나 이후 이들의 행방은 묘연해졌다 영국에 있는 폴란드 망명정부의 질문에도 소련은 줄곧 대답을 회피했다.

1941년 독일과 소련 사이에 전쟁이 벌어졌을 때 소련 영내에 진격한 독일군은 스몰렌스크 부근에서 다수의 '시체'를 발견했다. 이에 독일은 소련이 학살한 폴란드인이라고 대대적으로 발표했으나 소련은 오히려 독일군의 짓이라고 반박했다. 종전 후에도 사건 규명이 이루어지지 않다가 뉘른베르크 재판에 회부되었고, 소련은 독일인의 범죄라 주장했으나 증거 불충분으로 기각되었다.

한편 독자적으로 이 사건을 조사한 미국은 소련이 저지른 학살이라 결론지었으나 이를 지지하는 국가는 없었다. 특히 소련의 위성국과 동유럽 각국은 소련의 주장을 그대로 받아들여 이 문제 해결을 향한 새로운 진전은 없었다.

냉전 시대에도 사건의 진상을 파악하려는 조사는 계속되었다. 1985년 고르바초프 정권에서 페레스트로이카(개혁)가 시작되고 글라스노스트(정보 공개)가 진행되는 가운데 스탈린 등이 서명한 처형 문건이 발견되자 소련은 더 이상 학살을 부정할 수 없게 되었다. 그러나 명확한 실상이 밝혀지지 않은 상태에서 조사가 중지되었고, **러시아는 '스탈린의 범죄'라는 이유로 폴란드에 사죄하지 않는 채 현재에 이르고 있다.**

이 '카틴 숲 대학살'에서 과연 얼마나 많은 폴란드인이 희생되었으며 스탈린의 의도가 무엇이었는지는 아직도 알 수 없다. 추정으로는 무려 2만 5000여 명이 희생된 것으로 알려진 가운데 현재 1만 구 정도의 시신만 발견되어 제2, 제3의 카틴 숲이 있다는 설도 제기되고 있다.

8장

러시아 vs. 우크라이나
크림 반도 병합의 배경

고교 시절 배운 세계사에서 크림 반도는 대략 두 번 정도 등장한다. 하나는 말 그대로 '크림 전쟁'이다. 최대 격전지였던 세바스토폴리 요새라든가 이 전쟁에서 활약한 나이팅게일로 인해 국제적 십자사가 설립된 것 등이 떠오른다. 다른 하나는 '얄타회담'이다. 이는 제2차 세계대전 후에 독일의 관리 등을 논의하기 위한 미국·영국·소련의 모임으로, 회담 장소가 바로 크림 반도의 휴양지 얄타였다.

그런데 2014년, 이 크림 반도에 세계의 이목이 집중되는 사건이 발생했다. 러시아가 크림 반도를 병합하는, 현대 국제관계에서는 청천벽력이라 할 수 있는 대사건이다. 이 사건에서 이목이 집중된 곳은 크림 반도를 영유하고 있는 우크라이나로, 크림 반도가 러시아에 병합된다는 것은 종전 후의 역사를 뒤바꾸는 일대사건이 아닐 수 없다. 제2차 세계대전 이후 강대국들은 나름대로 영토 확장의 야욕을 억제해오고 있었으나 러시아의 푸틴 정권이 이를 단번에 무시해버린 것이다.

이 장에서는 왜 러시아가 크림 반도를 병합하려고 하는지, 러시아(구소련)와 우크라이나는 어떤 관계인지를 자세히 살펴보도록 하자.

우크라이나의 시작

먼저 지리적인 사실부터 확인해두자.

그리스가 위치한 발칸 반도나 튀르키예가 위치한 소아시아(아나톨리아) 반도를 둘러싸고 있는 해역은 에게해다. 이 에게해부터 다르다넬스 해협과 이스탄불이 면해 있는 보스포루스 해협을 지나면 흑해가 펼쳐진다. 크림 반도는 흑해의 북부 중앙에 튀어나와 있는 반도다.

크림 반도 서북부에서 흑해로 흘러들며 우크라이나 중심부를 세로로 가로지르듯 흐르는 큰 강이 드네프르강이다. 이 강은 발트해와 흑해를 잇는 주요한 경로로, 노르만인들이 발트해에서 이 강을 따라 흑해와 이스탄불까지 진출한 것으로 알려져 있다. 이 교역로는 '바랴크의 길'이라고 불리는데, 바랴크란 노르만인을 가

현재의 우크라이나 주변

리키는 러시아어다. 노르만인이 이 교역로에 건설한 나라가 바로 러시아 최초의 국가로 알려진 노브고로드 공국이다.

드네프르강을 따라 동유럽 지역에서 최초로 건설된 국가가 노브고로드를 계승하는 키이우(키예프)다. 러시아와 우크라이나는 각각 자신들이 키이우의 정통 계승자라고 주장하는데, 이는 이 지역을 둘러싼 영유권의 근거가 되는 매우 중대한 사안이다.

10~11세기 키이우를 통치한 블라디미르 1세는 비잔티움 제국과 친밀한 관계를 유지하는 동시에 불가리아 영역으로 진출하는 등 전성기를 맞았으며, 아들인 야로스와프의 시대까지 그 번영을 누렸다. 그러나 12세기 이후 제후들의 자립 등으로 분열되면서 키이우는 약화되었고, 13세기에 침략한 몽골의 지배를 받기에 이르렀다. 14세기 후반에는 폴란드와 리투아니아에 편입되었다. '우크라이나'라는 명칭이 최초로 등장한 시기는 12세기였으나 그 민족주의가 대두한 것은 19세기의 일이다. 그리고 지역으로서의 '우크라이나'는 국가로 건설되지 못한 채 20세기를 맞이했다.

러시아에 의한 우크라이나 합병

발트 3국의 가장 남쪽에 자리한 리투아니아와 그 서남쪽에 위치한 폴란드는 오랫동안 러시아인과 독일인의 침략을 받아왔다. 그러나 중세 시대에 두 나라는 때때로 발트해에서 흑해까지 지배할 만큼 세력을 떨친 적이 있었다. 더욱이 15세기에 양국은 동군연합을 맺어 야기에오 왕조를 출범시키고 우크라이나와 벨라루스를 지배했다.

이 무렵 우크라이나를 포함하여 러시아 남부로부터 캅카스 일대로 흘러든 코자크(카자흐)라 불리는 사람들이 사회를 형성했다.

'자유로운 농민'이라 불리는 이들은 이름 그대로 러시아 본토에서 강화되고 있는 농노제를 거부하는 농민과 범죄자 및 몰락한 귀족 등으로 구성된 독특한 군사 조직을 만들고 이를 민주적으로 운영해나갔다. 이후 코자크는 폴란드의 억압을 피해 러시아의 차르에게 자치를 보장받는 조건으로 복종을 맹세했다. 이것이 1654년의 페레야슬라프 협정이다.

그러나 17세기 들어 우크라이나는 대전환에 휩쓸렸다. 폴란드의 지배에서 벗어나기 위해 독립 투쟁을 벌이고 있는 우크라이나를 지원하여 모스크바 대공국이 폴란드와 맞붙은 결과 드네프르강을 사이에 두고 우크라이나 서부는 폴란드가 차지하고 동부는 러시아가 차지하게 되었다. 러시아령 우크라이나에서는 자치가 계속되었다.

18세기 초, 러시아가 일으킨 북방 전쟁을 틈타 우크라이나는 독립을 이루고자 스웨덴과 손을 잡고 러시아에 대적했으나 패배했다. 이로써 우크라이나에 대한 러시아의 속박은 강화되었고 코자크인은 자유를 잃었다. 나아가 18세기 말에는 폴란드가 분할되면서 폴란드령 우크라이나 영토마저 러시아가 차지하면서 우크라이나의 전 영토가 러시아에 편입되었다.

철저한 탄압과 러시아화

러시아 제국의 통치 아래 우크라이나인은 자국어 사용을 금지당하는 등 철저한 러시아화에 맞닥뜨렸다. 이에 러시아, 독일, 오스트리아 등 3국에 의해 분할된 폴란드 영토 가운데 비교적 자유로웠던 오스트리아령 갈리치아 지방이 우크라이나 민족주의의 거점이 되었다. 그러나 제1차 세계대전 당시 갈리치아 지방은 러시아군에 점령되었고 우크라이나의 민족주의는 철저한 탄압을 받았다.

1917년, 러시아의 2월(양력 3월) 혁명과 함께 우크라이나인의 정치 조직이 결성되면서 우크라이나는 독립을 선언했다. 그러나 10월(양력 11월) 혁명 후 러시아 혁명정부는 군대를 보내 우크라이나를 탄압했다. 독일군의 침입에 이어 혁명군과 반혁명군의 내전에 휘말리고, 나아가 오스트리아령 갈리치아에 있던 우크라이나인의 독립 활동까지 뒤얽혀 우크라이나는 극심한 혼란에 빠졌다. 결국 우크라이나에도 소비에트 정권이 들어섰고, 1922년에는 마찬가지로 소비에트 정권이 성립한 벨라루스와 자캅카스('캅카스 너머'라는 뜻으로, 캅카스 산맥의 남쪽을 뜻한다)와 함께 소비에트 연방의 일원이 되었다.

1920년대는 제정 시대에 대한 반동으로 우크라이나어의 부활 등 우크라이나화가 강력히 추진되었다. 그러나 1930년대에는 다시 러시아화가 강제되었다. 그동안 소련 정부는 우크라이나의 곡물을 강제 수탈했고, 이에 대한 항의로 우크라이나의 농민들이 '생산수단'이기도 한 가축들을 죽임으로써 인위적인 대기근이 발생했다. 그 결과 수백 명에서 1000만 명에 이르는 농민들이 굶어 죽은 것으로 전해진다. 오늘날 우크라이나에서는 이 사건을 홀로도모르라 부르고 있으며, 유럽 각국에서는 제노사이드(집단학살)로 인정하고 있다.

우크라이나의 독립: 크림 반도를 둘러싼 다툼

스탈린이 사망한 이듬해인 1954년, 우크라이나의 민족주의가 고조되자 소련은 300년 전의 페레야슬라프 협정을 기념하는 명목으로 크림 반도를 우크라이나에 할양했다. 이후 우크라이나화가 진행되는 동시에 우크라이나인의 민족주의가 활발해졌다.

1986년 우크라이나에서 발생한 체르노빌 원자력발전소 사고로 인해 페레스트로이카가 가속화되었지만, 국토의 동부에는 러시아인이 많고 서부에는 우크라이나인이 많다는 지정학적 상황이 반영되어 이 무렵부터 우크라이나의 공산당은 키이우파(우크라이나)와 모스크바파(러시아)의 대립이 격화되었다. 그리고 1991년 드디어 우크라이나는 독립을 달성했다. 러시아가 주도하는 독립국가공동체(CIS)에 가입하는 동시에 서방국과도 긴밀한 관계를 맺기 시작했다.

1997년 러시아는 쟁점 지역인 크림 반도가 우크라이나령임을 인정했다. 또한 우크라이나는 크림 반도가 우크라이나의 유일한 자치공화국임을 헌법으로 정하고 있다. 그러나 푸틴 대통령이 우크라이나의 러시아 연방 편입을 무리하게 추진한 것은, 형식적인 주민투표를 거쳤을 뿐 과거 절대주의 시대에 강대국이 약소국을 압박해 영토를 빼앗는 행위와 다를 바가 없다.

우크라이나와 서부 국경을 맞대고 있는 트란스니스트리아는 드네스트르강을 따라 형성된 가늘고 긴 모양의 국가다. 국제적으로는 우크라이나와 루마니아 사이에 위치한 몰도바 공화국의 일부지만, 우크라이나 문제가 부상하면서 우크라이나 동부에 거주하는 러시아인이 우크라이나로부터 분리 독립을 주장하는 것과 같은 구도로 러시아 편입을 주장하고 있다.

인접한 몰도바 공화국의 몰도바인은 기본적으로 루마니아인과 같은 민족으로, 중세에는 루마니아인의 국가 몰다비아 공국이 존재했으나 19세기 초에 러시아가 몰다비아 공국 동쪽을 점유하여 '베사라비아'라고 명명했다. 러시아 혁명 후에는 소련과 루마니아 간에 베사라비아를 둘러싼 복잡한 힘겨루기가 벌어졌으나 소련은 루마니아의 몰다비아 재통일을 철저히 막았다.

그러나 페레스트로이카가 추진되는 가운데 몰다비아 민족주의가 다시 부활했으며, 소련 붕괴 후 몰도바 공화국이 독립했다. 몰도바 동부는 러시아인이 많이 거주하는 지역으로, 트란스니스트리아로 독립하려는 움직임을 보이고 있다. 양쪽의 민족 구성은 크게 다르지 않지만 트란스니스트리아는 몰도바보다 경제력이 있고 친러시아 세력이 압도적이기 때문에 러시아에 의한 제2의 크림반도로 발전할 가능성이 있다. 한편 몰도바 내부에도 친러시아 경향이 있기 때문에 우크라이나처럼 심각한 문제로 발전하지 않을 것이라는 전망도 있다.

9장

캅카스, 러시아, 튀르키예

체첸인은 왜 미국에서 테러를 일으켰는가?

2013년 미국 보스턴에서 마라톤 경기가 개최되었을 때 폭탄 테러 사건이 발생했다. 그리고 사건 용의자로 지목된 사람은 체첸인이었다. 체첸인은 미국과는 아무 연관성이 없는 러시아 남부의 '캅카스(캅카스는 러시아식 발음, 영어로는 코카서스)'에 사는 민족이다. 캅카스가 러시아 남부에 있다고는 해도 그 위치를 바로 떠올릴 수 있는 사람은 많지 않을 것이다.

캅카스는 흑해와 카스피해로 둘러싸여 있으며, 전반적으로 산이 많으며 종교 및 언어가 다른 민족이 많은 편으로, 사회 전개가 매우 복잡한 양상이다. 역사적으로 오스만 제국이나 사파비 왕조의 페르시아, 나아가 러시아가 이 지역으로 진출하기도 했다. 현재는 캅카스 산맥을 사이에 두고 북쪽은 러시아령이고 남쪽은 러시아에서 독립한 3개의 공화국(조지아, 아르메니아, 아제르바이잔)의 영토로 나뉘어 있다. 체첸인은 러시아 영내의 소수민족이다.

앞으로 설명하겠지만, 체첸인의 역사는 소련(러시아) 역사의 어두운 일면이라 할 수 있다. 체첸인의 요구는 무엇이며 체첸인을 포함한 이 지역의 역사는 어떠한지 자세히 살펴보기로 하자.

동서로 가로지르는 산맥에 의해 분단된 남북 캅카스

먼저 지도에서 캅카스의 위치를 확인해보자. 캅카스는 흑해와 카스피해 사이의 지역을 말한다. 최근 뉴스 보도를 보면 러시아와 함께 독립국가공동체CIS를 구성하는 조지아(2009년 탈퇴), 아르메니아, 아제르바이잔 3국과 캅카스 내 러시아 '자치주' 사이에 적대적 긴장 관계가 형성되어 있다는 사실을 알 수 있다. 조지아는 러시아어로 '그루지야'라고 하는데, 2008년 러시아와 전쟁을 치른 뒤 조지아 정부가 국제사회에 국호를 영어명으로 불러줄 것을 요청함에 따라 '조지아'로 불리고 있다.

캅카스 지방은 흑해에서 카스피해까지 1200여 킬로미터에 달하는 산맥이 가로지르며 최고 5000미터가 넘는 높이의 험준한 산세를 이루고 있다. 이러한 자연환경이 이 지역에 사는 민족들의 복잡한 상황을 낳았다고도 할 수 있다. 말하자면 저마다 압박을 피해 이 지역에 모여든 사람들이 지형적 특성을 활용해 각자의

현재의 칵카스 지방

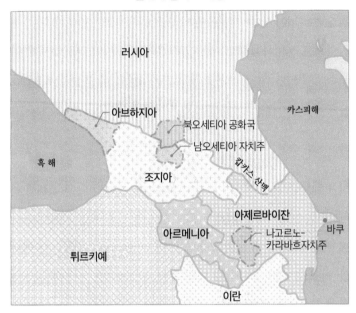

종교와 문화를 지키면서 고립된 삶을 살아온 것이다.

현재 동서로 뻗은 대칵카스 산맥과 소칵카스 산맥의 남쪽과 북쪽은 정치 상황이 크게 다르다. 과거에는 남북 칵카스 모두 러시아에 병합된 채로 소련 시절까지 이어졌으나 현재 남부에는 조지아, 아르메니아, 아제르바이잔 3개 국가가 존재하고, 북부에는 러시아의 여러 자치주(국가를 이루기에는 인구 등의 규모가 작았다)가 존재하고 있다. 다만 이들 자치주가 완전히 분리된 것은 아니며, 꽤 복잡한 문제를 안고 있다.

남캅카스: 조지아, 아르메니아, 아제르바이잔

먼저 캅카스 산맥의 남부부터 소개하겠다.

이 지역에도 복잡한 민족 갈등이 존재하지만 그 이상으로 복잡한 문제는 군사와 자원 문제다. 카스피해는 중앙부에서 캅카스에 걸쳐 바쿠 유전이 펼쳐져 있다. 또한 캅카스 서북부에도 마이코프 유전이 있어 이 지역을 지나는 파이프라인은 매우 중요할 수밖에 없다. 게다가 이 부근은 냉전 시대 중동 지역을 향한 소련의 최전선이었다.

캅카스 산맥 주변은 19세기 초 러시아가 남하 정책을 강행하면서 러시아령이 되었다. 러시아라는 국가는 모스크바나 상트페테르부르크를 중심으로 운영되는 것 같지만 우크라이나와 캅카스 지방도 중요한 경제 중심지다. 러시아 혁명이 일어났을 때 이 지역에 소비에트 정권이 수립되었다는 사실이 대표적인 증거다.

소련이 붕괴된 후 캅카스 남부의 조지아, 아르메니아, 아제르바이잔도 독립을 쟁취했으나 이들 3국이 언제나 협조적 관계를 유지해온 것은 아니다. 그 최대의 원인은 이 지역에 존재하는 많은 소수민족으로, 민족 각자의 이해가 얽혀 있는 가운데 거대한 러시아가 영향력을 행사하는 바람에 상황이 한층 더 복잡해진 것이다.

여러 민족 대립의 장으로 유명한 발칸 반도의 축소판과 같은 곳이 바로 이 지역이다.

종교 분포가 복잡한 조지아 공화국

독립한 3개국 가운데 하나인 조지아는 흑해의 동해안부터 캅카스 산맥 중앙부까지 차지하고 있는데 남부로는 튀르키예와 아르메니아가 이웃해 있고 동부로는 아제르바이잔이 위치해 있다. 기원전 4세기에 이미 작은 국가를 형성했으나 로마 제국이나 사산조 페르시아, 나아가 동로마 제국과 이슬람교 국가의 침략으로 다양한 영향을 받아왔다. 그중에서 두드러진 점은 4세기경 조지아는 남부의 아르메니아와 함께 기독교를 받아들였다는 것으로, 그러한 역사 때문인지 오늘날까지 조지아에는 기독교인이 많다.

조지아 지역이 최초로 통일을 이룬 때는 10~11세기경이며, 12세기에는 셀주크 왕조와 전쟁에 승리하는 등 서아시아의 강대국으로 올라섰으나 몽골의 침략으로 쇠락하고 말았다. 그 후 티무르 제국의 침략이 이어졌으며, 15세기에는 오스만 제국과 사파비 왕조의 각축장이 되었다. 이 과정에서 조지아 일부 지역에서는 이슬람교로 개종하는 무리가 생겨나면서 종교 문제가 더욱 복잡해졌다.

러시아는 18세기 말 예카테리나 2세 시기부터 이 지역에 진출했고, 19세기 알렉산드르 1세가 조지아의 일부 영토를 병합하면서 다른 지역도 서서히 점유해나갔다. 러시아-튀르크 전쟁이 끝난 1878년에는 아르메니아, 아제르바이잔과 함께 캅카스 산맥 남부 지역이 러시아에 귀속되었다.

러시아 지배에 대한 조지아의 저항은 계속되는 가운데 농노 해방과 산업 진흥이 진행되었으며, 20세기 초에는 아제르바이잔 근처 카스피해에서 바쿠 유전이 개발되자 흑해에 면한 조지아 바투미항까지 송유관이 건설되는 등 지역의 중요성이 높아졌다.

이러한 경제 발전의 영향으로 조지아 노동자들의 의식이 높아지면서 20세기부터는 노동 운동이 빈번하게 발생했다. 1917년 러시아 2월혁명 후에 멘셰비키(러시아 혁명 당시의 온건파. 자본가와도 협력하여 점진적으로 개혁을 진행하려는 세력)가 권력을 잡은 후 조지아 공화국이 독립을 선언했다. 그러자 독일군에 이어 영국군이 지원 주둔했다.

이 무렵 러시아에서는 레닌이 이끄는 볼셰비키(급진파. 사회주의 정권의 수립이 가능하다고 주장)가 세력을 확대하여 소비에트 권력을 형성했다. 서유럽의 사회민주주의 세력의 입장에서 조지아는 볼셰비키와 대립하는 멘셰비키가 정권을 잡은 우호국이었다.

1920년 이웃나라인 아제르바이잔과 아르메니아에 소비에트 정권이 수립되자 러시아의 소비에트 정부는 조지아도 '해방'되어야 한다는 목소리가 높아졌다. 이에 1921년 러시아군이 진군하여 조지아, 아제르바이잔, 아르메니아 3국을 묶어 1922년 자캅카스 사회주의 연방 소비에트 공화국을 세웠다. 이어서 러시아, 우크라이나, 벨라루스의 소비에트 공화국과 함께 소비에트 사회주의 공화국 연방(소련)의 일원이 되었다. 그러나 1936년 자캅카스는 다시금 조지아, 아르메니아, 아제르바이잔으로 분열되었다.

조지아는 스탈린의 고향

조지아는 소련의 독재자로 군림한 스탈린의 고향으로 잘 알려져 있다. 그는 조지아의 고리에서 태어났다. 어디까지나 개인적인 견해지만, 스탈린의 독재적인 권력 지향은 조지아인의 반러시아적 풍토에서 양산된 것이 아닐까 싶다. 반러시아 지향이란 다르게 말해 역설적 중앙집권이자 반분권주의라 할 수 있겠다.

1991년 말, 소련 해체와 더불어 조지아의 역사도 크게 바뀌었다. 소련으로부터 분리 독립하기는 했지만 내부의 소수민족 문제를 둘러싸고 강대국 러시아의 압력, 민족 및 종교 갈등이 뒤얽혀 혼란을 겪었으며 현재까지도 해결되지 않은 문제가 많다. 조지아 사람들은 고르바초프와 함께 페레스트로이카를 추진한 셰바르드나제를 대통령으로 세워 이러한 문제들을 해결하고자 했다. 셰바르드나제는 많은 지지자를 거느린 점진주의자로, 강력한 지도력을 발휘하지 못한 탓에 사회 정치적 정체 현상을 빚었고 부패를 해소하지 못했다. 이에 1993년 장미 혁명(반정부 세력이 장미꽃을 손에 들고 의회를 점거한 사건)으로 자리에서 물러났다.

　뒤에서 설명하겠지만, 이 무렵부터 아브하지아·남오세티아 문제가 심각해졌으며 시장 경제로 나아가는 발걸음도 정체되었다. 오늘날 조지아는 안정된 상황이라 할 수 없으며, 그러한 흐름의 배후에는 러시아가 존재하고 있다. 러시아에 대한 조지아인의 반감이 고조되자 2009년에는 CIS(독립국가 공동체)에서 탈퇴했다.

남오세티아 문제: 산맥으로 분단되어 사는 오세트인

현재까지 조지아가 해결하지 못하고 있는 아브하지아 문제와 남오세티아 문제에 대해 살펴보자.

　조지아의 중앙에 자리한 남오세티아 자치주와 캅카스 북부의 북오세티아 공화국은 오세트인이 거주하는 지역으로, 오세트인 중에는 캅카스 산맥 남쪽에 거주하는 이들도 있다. 총인구는 60만 명 정도이며 대다수가 기독교도이고 소수의 이슬람교도가 있다.

　남오세티아가 조지아에 편입된 후 1980년대부터 조지아에서 민족주의가 심해지면서 지역 내 다른 민족에게 조지아어를 강요하는 등 조지아 동화 정책을 실시하기 시작했다. 이에 위기를 느낀 오세트인과 다른 비조지아인들은 각각의 민족국가를 건설하려는 움직임을 보였고, 조지아 정부는 강도 높은 탄압을 전개했다. 한때 평화유지군이 투입된 적도 있었으나 현재까지 완전히 해결되지 못한 상태다.

수난의 아브하지아인과 조지아, 그리고 러시아

아브하지아는 조지아의 서부, 흑해의 북동부를 차지하는 지역으로, 과거 동로마 제국의 지배를 받을 때는 기독교를 수용했으나 16세기 들어 오스만 제국의 지배를 받으면서부터는 이슬람교로 개종하는 사람이 늘기 시작했다. 이후 이슬람교를 믿는 아브하지아인들이 러시아의 이슬람교 박해를 피해 오스만 제국으로 도망치자 아르메니아인이나 조지아인이 들어와 그 빈자리를 채웠다. 러시아 제국의 지배를 받을 때나 그 후의 소련 시대에도 조지아어 사용을 강요당하는 등 아브하지아인의 수난은 계속되었다.

러시아 혁명 당시 아브하지아에 소비에트 정부가 들어서자 멘셰비키가 공격한데다 반혁명군의 공격이 이어지는 등 혼란을 거쳐 다시 소비에트 정부가 권력을 쥐었다가, 최종적으로 조지아와 함께 연방공화국을 수립했다. 그러나 아브하지아의 자치는 전혀 인정되지 않았고, 조지아어 사용을 강요당하고 아브하지아인에 대한 가혹한 탄압이 전개되자 아브하지아인의 불만이 고조되었다.

스탈린 사후에 아브하지아는 자치권을 인정받았으나, 1980년대에 들어서자 이번에는 조지아인의 민족주의 열풍으로 다시 위기감이 조성되었다. 이후 소련이 붕괴되면서 조지아는 독립했으나 아브하지아의 자치 정부는 인정되지 않았다. 1992년 조지아와 무력 충돌을 벌였으나 아브하지아의 자치는 좌절되었다.

조지아에 대한 무력 대응을 거듭하던 아브하지아는 1994년 정전 합의를 통해 유엔평화유지군의 관리를 받게 되었다. 그해 아브하지아

일찍이 기독교를 수용한 아르메니아

현재의 아르메니아에서 튀르키예 동북부 지역에는 우라루트라
는 고대 국가가 있었다. 이 나라는 상업 활동으로 큰 번영을 누렸
으며 이 지역에 정착한 민족은 그러한 전통을 계승했으나 기원전
8세기에 메소포타미아에서 북상한 아시리아의 공격으로 우라루
트는 쇠퇴했다. 결국은 4국(아시리아가 멸망한 후에 성립한 신바빌로
니아, 메디아, 리디아, 이집트)이 대립하는 시대에 그중 한 나라인 메
디아에 의해 멸망했다.

그 후 아케메네스 왕조 시대에 이 땅으로 이주해온 사람들이
아르메니아인이다. 기원전 1세기에는 대아르메니아 왕국을 건설했
지만, 이후 1세기에는 로마와 이란(페르시아) 등 여러 국가의 완충
지대가 되었다. 4세기 초, 아르메니아인은 기독교를 받아들여 세
계 최초로 기독교를 국교화했다. 사산조 페르시아 제국은 이 지역
에 조로아스터교를 강요했고, 7세기 이후에는 이 지역에 진출한

아랍 세력에게 가혹한 세금 징수를 당하는 등 시련도 있었으나 아르메니아인들은 저항했고, 9~10세기경에는 안정되어 번영기를 맞았다.

참고로, 오늘날 예루살렘의 구시가지는 이슬람교도, 유대교도, 기독교, 아르메니아인 지구 등 네 지역으로 분할되어 있다. 이 지역에서 아르메니아 교회가 거점을 인정받고 있다는 사실은 그 신앙의 오랜 역사와 강대했던 세력의 일면을 보여주는 것이다.

아르메니아의 역사는 남방 이슬람 국가로부터의 유린으로 얼룩져 있다. 즉 셀주크 왕조나 일 칸국, 티무르에 이어 마지막에는 오스만 제국의 지배를 받았는데, 그 긴 세월에 걸쳐 수많은 아르메니아인이 오스만 제국의 이스탄불과 그 밖의 지역으로 활발히 진출했다. 타고난 상업적 감각으로 성공을 거둔 아르메니아인도 많으며, 오스만 제국에서도 환영받는 존재가 되었다.

19세기 들어 오스만 제국에서는 그리스와 이집트의 독립, 나아가 러시아의 남하가 심각한 문제로 대두되었다. 이러한 가운데 아르메니아인 사회에서도 민족주의가 싹트면서 독립운동 단체가 조직되자 오스만 제국과 러시아 제국은 이러한 움직임을 철저히 억압했다. 그러던 중 러시아 혁명이 일어나자 조지아와 아제르바이잔에서는 자캅카스 소비에트 공화국이 건설되었고, 소련 정부는 아르메니아의 자립 움직임을 더욱 혹독하게 탄압했다.

1991년 소련의 붕괴와 함께 아르메니아 공화국이 세워진 후, 정부는 튀르키예를 향해 과거 아르메니아의 영토였던 지역을 반환해줄 것을 요구했다. 그러나 튀르키예는 이 요구를 거절했을 뿐만 아니라 오히려 튀르키예인에 대한 아르메니아인의 테러 활동을 성토함에 따라 튀르키예 내 반아르메니아 정서가 나날이 증폭되었다. 두 나라 간의 대립은 여전히 해소되지 않고 있다.

튀르키예는 왜 아르메니아인을 대학살했는가?

19세기 들어 러시아가 본격적으로 남하 정책을 펼칠 때 러시아는 아르메니아를 차지하기 위해 페르시아 제국의 카자르 왕조와 싸웠다. 그리고 19세기 중반에는 페르시아령 아르메니아(아르메니아 동부)를 지배하기에 이르렀다. 아르메니아인은 러시아 지배 아래서도 특유의 상업적 감각을 발휘하여 '캅카스의 유대인'이라는 평판을 얻기도 했다.

이렇게 해서 아르메니아 서부는 오스만 제국이 점유하고 동부는 러시아가 점유하게 되었는데, 문제는 오스만 제국 영역에서 일어났다. 러시아가 오스만 제국 내 아르메니아인과 친밀한 관계를 맺으며 그들의 민족주의를 고양시킨 것이 그 발단으로, 아르메니아인은 적극적으로 폭탄 테러 활동을 전개했다. 여기에 기독교(아르메니아인)와 이슬람교(튀르키예인)라는 신앙 대립이 더해져 오스만 제국은 위기의식을 느끼게 되었다. 이 상황은 오스만 제국에 의한 아르메니아인 학살로 이어졌다. 19세기에 학살된 아르메니아인은 수만 명에 이르는 것으로 알려져 있는데, 이 무렵 많은 아르메니아인이 미국을 비롯한 세계 각국으로 이주했다.

아르메니아인에 대한 박해는 계속되었고 20세기에 들어 한층 복잡한 상황에 빠져들었다. 1905년 아르메니아인이 술탄 암살을 기도하는 사건이 발생했다. 이 당시 '반술탄'을 외치며 튀르키예의 근대화를 지향하는 청년튀르키예(진보와 통일위원회)의 움직임이 활발했기에 아르메니아인은 그들에게 기대를 걸었지만 결국은 이슬람교도에 의한 기독교도 대학살이 자행되었으며 이스탄불에서도 많은 수의 아르메니아인이 목숨을 잃었다.

제1차 세계대전이 시작되자 청년튀르키예도 영국과 프랑스, 러시아와 싸우기 위해 튀르키예인의 민족주의를 이용하고 나섰다. 한편 아르메니아인 중에는 러시아군에 참여해 튀르키예와 싸운 이들도 많았기 때문에 다시금 각지에서 튀르키예인에 의한 아르메니아인 학살이 자행되었다. 아르메니아는 당시 200만 명에 달하는 아르메니아인이 학살되었다고 주장하지만, 튀르키예는 어디까지나 전투행위 중에 발생한 살해일 뿐이며 그 수치도 20만 명 정도라고 반박하고 있다. 이 문제를 놓고 양측은 팽팽히 대립하고 있지만 진상 규명은 이루어지지 않고 있다.

아르메니아 VS. 아제르바이잔, 나고르노-카라바흐 자치주 문제

아르메니아의 이웃나라인 아제르바이잔에도 아르메니아인의 집단 거주지가 있다. '검은 숲의 고지대'라는 뜻의 나고르노-카라바흐라는 지역으로, 기독교를 믿는 아르메니아인과 이슬람교를 믿는 아제르바이잔인이 함께 거주하고 있다. 다만 아르메니아인이 인구의 90퍼센트를 차지하기 때문에 아르메니아는 이 지역의 귀속을 요구하고 있으나 아제르바이잔에서는 당연히 받아들이지 않고 있다.

아르메니아의 이러한 요구는 소련이 무너지기 전인 1988년에 제기된 것으로, 당시 아제르바이잔은 말할 것도 없고 소련 정부도 이 같은 사태가 여러 지역에서 벌어질 것을 우려하여 반대했다. 이듬해인 1989년부터 두 민족은 충돌을 빚기 시작했고 1991년 소련이 붕괴하고 대립 양상이 극에 달하자 각자 무기를 들고 전투를 벌였다. 1992년 아르메니아와 나고르노-카라바흐를 연결하는 회랑을 아르메니아가 점령했고, 이에 아제르바이잔은 항의했으나 사태는 해결되지 않고 있다.

이슬람 국가이면서 서유럽과 친밀한 국가, 아제르바이잔

마지막으로 아제르바이잔에 대해 알아보자.

이 땅에 최초로 세워진 국가는 기원전 4세기의 알바니아(발칸반도의 알바니아와는 다른 나라다)이며, 기원후 4세기에 아르메니아, 조지아와 마찬가지로 기독교를 받아들였다. 그러면서도 사산조 등 이란계 왕조의 지배를 받았기 때문에 조로아스터교 신앙과 관련된 유적을 품고 있다.

7세기 이후 이 지역이 아랍의 지배를 받기 시작하면서 압도적으로 많은 사람이 이슬람교로 개종했고, 그에 따라 기독교도가 많은 아르메니아나 조지아와는 다른 종교 분위기를 띠게 되었다. 물론 이 지역도 서아시아 지역의 여러 세력으로부터 영향을 받았다. 11세기에는 셀주크 왕조, 13세기에는 일 칸국, 나아가 15세기에는 티무르의 지배를 받았다. 이들이 '아제르바이잔인'이라는 민족으로 불리기 시작한 것은 17~18세기경이지만 19세기 들어 영토가 러시아에 귀속되었고, 마침내 러시아 혁명의 혼란기인 1918년에 '아제르바이잔'이라는 이름으로 국가를 건설할 수 있었다. 당시 아제르바이잔 민주공화국은 이슬람교 국가 가운데 처음으로 공화정 체제를 채택했다. 그러나 1920년 소련군의 침공으로 아르메니아, 조지아와 함께 자캅카스 소비에트 공화국이 되었다. 이 공화국은 앞서 말했듯 1936년에 분열되었다.

아제르바이잔은 카스피해 남쪽에 있는 바쿠 유전을 개발해 20세기 초까지 경제적 번영을 누렸다. 이러한 경제적 배경으로 러시아 제국의 경제 선진 지역으로서 많은 외국인 노동자가 유입되어 노동 운동이 활발할 수 있었다.

제2차 세계대전 당시 유전을 노리고 침공한 독일군을 격퇴하여 소련에 석유를 계속 공급할 수 있었다. 종전 후에는 다른 여러 지역에서도 유전이 개발되어 바쿠 유전이 과거만큼 주목받고 있지는 않지만, 소련이 붕괴된 후 서방 각국의 자본이 들어와 다시금 경제적 활기를 띠고 있다. 그러한 이유로 아제르바이잔은 서유럽과 친화적인 편이다.

북캅카스에 자리한 러시아의 7개 공화국－체첸인의 거주지

캅카스 산맥의 남부 지역은 로마나 페르시아 등과 교류하면서 발달한 문명을 받아들여 국가를 형성한 데 반해 북부 지역은 낙후되어 있다. 훈족이나 튀르키예계, 인도 유럽계 유목민이 뒤섞여 있다는 점도 국가 건설이 늦어진 요인의 하나라고 할 수 있다.

18~19세기 러시아가 이 지역에 본격적으로 진출했을 때 체첸인과 다게스탄인(아시아계 아바르족의 후예 등 여러 민족) 등이 저항에 나서며 격렬한 대립이 이어졌다. 19세기 초 이들 민족과 러시아가 벌인 캅카스 전쟁 이후 캅카스 산맥의 북부는 러시아 영토가 되었다.

러시아 혁명이 발발했을 때 캅카스 남부에서는 조지아를 포함해 3개의 사회주의 공화국이 세워지고 이 국가들이 소련을 구성하는 소비에트 연방국이 되었으나, 캅카스 북부의 각 민족은 인구 규모 등 국가를 성립할 정도가 못 되어 러시아 내 자치주로 만족해야 했다.

소련 붕괴 후 러시아 연방 내에서 북캅카스 지방도 '북캅카스 연방 관할구역'으로 재편되었으나 여기에 속한 7개 공화국, 즉 다

북캅카스의 7개 공화국과 그 주변

게스탄, 잉구시, 카바르디노발카르, 카라차예보체르케스카야, 세베로오세티아, 야디게이, 체첸은 서로 복잡한 이해관계에 얽혀 있다. 체첸인과 잉구시인은 종교나 언어 등이 같아 같은 민족으로 여겨질 정도였으나, 러시아 제국에 병합될 당시 체첸인은 러시아에 저항한 반면 잉구시인은 투항하고 지배를 받아들임으로써 나라 간 갈등의 씨앗이 되었다. 그중에서도 체첸인의 움직임은 러시아뿐만 아니라 중앙아시아의 이슬람계 국가에도 영향을 미쳤다.

체첸인이 세계 각지에서 테러를 일으키는 이유

북캅카스 지역의 역사에서 체첸은 눈에 띄는 존재다. 체첸인은 19세기 전반 러시아에 병합될 때 격렬한 저항을 펼쳤고, 그 과정에서 이슬람교의 수피 교단(알라와의 합일을 지향하며 청빈한 삶을 추구하는 사람들) 중 하나가 세력을 얻었다. 러시아에 대한 그들의 저항 운동을 뮤리디즘이라 하는데 이러한 전통은 오늘날까지 이어지고 있다.

앞서 말했듯, 러시아 제국에 편입될 때 체첸인과 잉구시인은 서로 다른 태도를 취했으나 소련 시대에 두 지역은 체첸·잉구시 자치주로 통합되었다. 그리고 제2차 세계대전 말기 스탈린은 체첸인과 잉구시인이 나치에 협력할 것을 우려해 두 민족을 중앙아시아로 강제 이주시켰다. 스탈린 사망 후 이들은 명예를 회복하고 조국으로 돌아올 수 있었으나 정부에 대한 불만이 해소되지는 않았다.

1991년 체첸·잉구시 공화국이 독립을 선언했다. 하지만 공화국 내 소수파였던 잉구시인은 분리 독립을 주장했으며 결국 두 민족은 결별했다. 체첸은 실질적 독립을 이루었고 잉구시는 러시아 연방으로 머물렀다. 이렇게 해서 체첸 공화국이 성립되었으나 내부적으로 독립파와 친러시아파 사이에 갈등이 깊어지면서 국가 분열의 지경에 이르렀다. 그러자 1994년 보리스 옐친 대통령은 친러시아파를 지원하기 위해 체첸에 군대를 파병했고, 이것이 제1차 체첸 전쟁이다. 1997년까지 사태가 진정되지 않자 러시아는 1999년 재차 체첸으로 군대를 파병했다. 그러한 시기에 이치케리야 체첸 공화국이라 불리는 과격파 집단이 형성되더니 알카에다 계열의 이슬람 과격파와 연합하여 산악 지대부터 다게스탄 지역에 이르기까지 거점을 늘려가며 러시아에 게릴라전으로 대항했다.

아직 이치케리야 체첸 공화국을 인정하는 국가는 없으나 이들은 세계 각지에서 테러를 감행하는 방식으로 자신의 존재를 알리고 있다. 2002년 모스크바의 극장 점거 사건, 2004년 친러시아파 대통령 암살 사건, 2007년 모스크바–상트페테르부르크 간 열차 폭파 사건, 그리고 2013년 보스턴 마라톤 폭탄 테러 사건이 모두 체첸인 테러리스트의 범행으로 알려져 있다.

푸틴 대통령은 9·11 테러 이후 '테러와의 전쟁'이라는 국제 분위기에 편승해 이들을 혹독하게 탄압하고 있다.

10장

이스라엘 VS. 아랍 제국
과격파 조직 IS는 이렇게 시작되었다

2011년 튀니지에서 시작된 민주화 운동, '아랍의 봄'은 주변 각국으로 확산되었으나 모든 나라에서 별 성과를 거두지 못했다. 시리아의 경우 아사드 정권의 독재에 대한 반정부 세력의 저항이 격렬하여 내전으로 치달았다.

그런데 이 지역에 갑자기 '이슬람국가IS, Islamic State'가 출현하면서 문제가 복잡하게 꼬였다. 시리아에서부터 이라크 일대를 장악한 이들은 한 세기 가깝게 명맥이 끊어져 있던 '칼리프(무하마드의 후계자)'를 선언하면서 이슬람 부흥을 꾀하고 있다. IS는 이슬람 세계의 다수파인 수니파의 급진 세력으로 알려져 있지만, 실제로는 이슬람교 내에서도 여러 분파와 대립하고 있다.

2015년 당시 IS의 근거지로 세계의 시선을 끌었던 지역은 과거

'역사 속 시리아'라 불리며 유대교와 기독교라는 유일신교를 키운 지역이다. 같은 유일신교인 이슬람교는 이 시리아의 남방 아라비아반도에서 태어난 종교로, 유대교와 기독교로부터 영향을 받았다.

'아랍의 봄'의 무대가 유대교와 기독교를 키운 지역이며 나아가이슬람 초기 국가의 중심지였다는 게 우연인지 필연인지 모르겠으나, 기이한 인연이라는 느낌을 지울 수 없다. 이제부터 그 대립의 역사를 살펴보도록 하자.

'역사 속 시리아'는 어디인가?

먼저 '역사 속 시리아'가 정확히 어디인지를 살펴보자. '역사 속 시리아'라 할 수 있는 지역은 현재의 시리아, 요르단, 레바논, 이스라엘(가자를 포함한 팔레스타인)이 있는 곳으로, 지중해의 동해안 지역이다. 이 지역은 서북쪽에 있는 소아시아, 동쪽에 있는 메소포타미아, 남쪽에 있는 이집트를 연결하는 교통의 요충지다.

기원전 2000년경 주변 세력이 본격적으로 이 지역으로 침입하기 시작했으며, 기원전 13세기 초 소아시아에서 온 히타이트와신왕국 18왕조가 이 지역의 카데시에서 벌인 전투가 널리 알려져있다.

기원전 13세기 이후 이 지역에 거주한 민족들은 다양한 분야에서 두드러진 활약을 선보였다. 레바논을 중심으로 여러 도시를 건설하며 지중해 무역에서 활약한 페니키아인, 시리아를 거점으로 내륙 아시아 무역에서 활약한 아람인, 그보다 약간 늦은 시기에 팔레스타인에 고대 히브리 왕국을 건설한 유대인의 활동 등이다. 그리고 이들에게 마음의 안식처라 할 수 있는 신전이 자리한 예루살렘은 3000년의 역사를 자랑하는 도시다.

기원전 8세기의 아시리아 제국 그리고 기원전 6세기에는 아케메네스 왕조의 페르시아 제국이 이곳에서 흥기하여 고대의 '세계 제국'을 이루었다. 유대교의 정체성이 확립되는 시기도 바로 이 무렵이다.

현재의 시리아 지역

그 후 이 고대 제국은 알렉산더 대왕에 의해 재통일되었다. 그로 인해 탄생한 헬레니즘 세계 그리고 헬레니즘 문화를 계승한 로마 제국에서 기독교가 탄생했다. 이 유대교와 기독교의 영향 아래 남방 아라비아 반도에서 무하마드에 의해 이슬람교가 탄생한 것은 7세기의 일이다.

그 후 시리아에서는 동로마 제국에 이어 여러 이슬람 왕조가 흥망성쇠를 거듭했다. 11세기 말 1차 십자군 원정으로 예루살렘 왕국과 유럽인에 의한 식민 국가가 탄생하는데, 이들 식민 국가는 점차 이슬람 세력에 의해 자취를 감추었다.

이 땅의 지배자는 십자군 원정이 시작될 무렵의 셀주크 왕조부터 이집트의 아이유브 왕조와 맘루크 왕조, 나아가 몽골 제국(일 칸국) 순으로 바뀌었다. 14세기 이후에는 오스만 제국이 이곳을 다스리게 되면서 20세기 초까지 이어졌다.

아랍의 민족주의는 어렵다?

오랫동안 오스만 제국의 지배 아래 안정을 유지하던 아랍·이슬람 세계는 19세기 들어 유럽에서 시작된 민족주의 물결에 휩쓸렸다. 그 최초의 움직임이 일어난 곳은 바로 이집트다. 나폴레옹이 이집트로 진군하자 이 움직임에 자극을 받은 태수 무함마드 알리가 종주국인 오스만 제국에게 독립을 요구함으로써 실질적인 독립을 쟁취한 것이다. 이로써 무함마드 알리 왕조가 시작되었다. 무함마드 알리는 독립을 쟁취하던 기세를 몰아 수단과 아라비아 반도로 진출하여 영토를 확장했고, 이것이 아랍의 민족주의를 자극하는 계기가 되었다.

그러나 아랍 세계의 민족주의는 수많은 문제를 포함하고 있다. 아랍의 학자들은 강력한 오스만 제국의 부흥이라는 형태의 이슬람 국가 건설에는 찬성하지 않았으며, 아라비아어를 사용하는 사람들(즉 '아랍')의 통일이라는 방향에서도 견해가 분분했다. 또한 무함마드 알리가 이끄는 이집트에서는 각 지역(이집트나 시리아 등)의 전통을 감안한 국가 건설에 대해 의견을 하나로 모으지 못해 아랍 스스로 미래 국가에 대한 전망은 불투명해졌다. 이슬람교 자체가 보편적 성격을 띠고 있어 서구적인 민족주의를 이식하기가 쉽지 않았다.

광범위한 '아랍'의 통일을 추구하는 진영에서는 제2차 세계대전 후 이집트의 나세르가 범아랍주의를 제창했으나 끝내 결실을 맺지 못한 채 아랍 세계는 각각 지역의 전통 등에 기대어 국가를 건설하기에 이르렀다. 이것은 이 지역에 진출한 프랑스나 영국, 러시아가 의도한 것이기도 하다.

강대국의 무책임한 행동이 초래한 혼란

제1차 세계대전이 발발하자 특히 영국은 이 지역의 사람들을 적극적으로 설득하여 아랍이 오스만 제국에 맞서 싸우게 했다. 그때 아랍을 대표하는 가문은 예언자 무함마드를 시조로 하는 아랍의 명문 하심 가로, 당시 이 가문 출신이자 메카의 태수였던 후세인 이븐 알리는 오스만 제국을 따르는 척하면서 서서히 오스만에 대한 불만을 키워 시리아에서부터 이라크(메소포타미아), 그리고 아라비아 반도를 아우르는 '범아랍 국가'를 건설하려는 포부를 지니고 있었다. 영국은 이러한 측면에서 후세인에 접근했고 장차 아랍의 독립을 약속하는 후세인-맥마흔 협정을 맺었다. 결국 1916년 후세인은 영국의 지원을 등에 업고 오스만 제국에 반란을 일으켰다. 영화 「아라비아의 로렌스」는 당시 영국 군사 고문인 주인공이 아랍을 움직이던 이야기를 담고 있다.

한편 영국은 프랑스·러시아와 사이크스-피코 협정을 맺어 종전 후 중동 지역의 분할을 약속했고, 나아가 밸푸어 선언에서는 유대인에게 국민국가('내셔널 홈')의 건설을 약속했다. 즉 영국은 아랍과 프랑스 및 러시아, 유대인을 상대로 3중 외교를 전개한 것이다.

제1차 세계대전 후 후세인의 아들 파이살이 시리아 왕국의 국왕으로 취임했지만, 프랑스의 압력으로 시리아 왕국은 붕괴되었고 레바논을 포함한 시리아는 프랑스의 위임통치령이 되었다. 그로 인해 파이살은 다마스쿠스에서 추방되었고, 그에게 손을 내민 나라가 영국이었다.

영국은 자국의 위임통치령인 메소포타미아에 파이살을 국왕으로 하는 이라크 왕국을 건설했다. 본래 후세인의 차남인 압둘라가 이라크 왕으로 정해져 있었으나 파이살이 취임하게 되자 압둘라는 당시 건립된 요르단(트랜스 요르단)의 왕으로 취임했다. 시간이 흘러 다른 나라들(시리아와 이라크는 후술)에서는 하심 가의 왕통이 끊겼지만 요르단에서는 현재까지 하심 가가 국왕 지위를 유지하고 있다.

사이크스-피코 협정의 구상

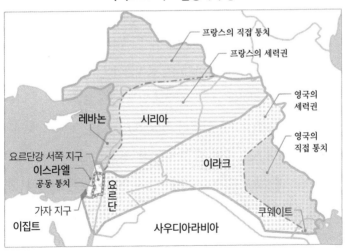

본래 이 지역에서 가장 중요한 인물은 앞서 언급한 하심 가의 후세인 이븐 알리다. 그는 이슬람 세계의 명문 출신으로서 오스만 제국 당시에는 고위 관직인 메카의 태수까지 지냈으며, 마침내 오스만 제국과 결별하고 1916년 메카를 중심으로 헤자즈 왕국을 세우고 국왕이 되었다. 사우드 가문이 이에 맞서 공격하자 1924년 헤자즈 왕국은 멸망했으며, 후세인 이븐 알리는 메카를 떠나 실의에 빠져 지내다가 1931년 죽음을 맞았다.

아랍의 하심 가와 사우드 가의 대립

18세기 아라비아 반도에서는 와하브파라는 단체가 주도하는 복고주의 운동이 일어났다. 이는 기독교 세계의 청교도주의와 비슷한 것으로, 당시 일반화되어 있던 성자 신앙(이슬람교에는 성직자가 없는 반면 사람들에게 존경받는 자질을 갖춘 인물이 추앙된다) 등을 배제하고 코란의 근본으로 돌아가려는 움직임이다. 이를 지지한 것이 현재 사우디아라비아의 당주인 사우드 가문으로, 그들의 지도 아래 아라비아 반도에 와하브 왕국이 세워졌다.

오스만 제국 입장에서 볼 때 와하브 왕국은 성가신 존재였기에 오스만 제국은 이집트군을 파견하여 와하브 왕국을 해체시켰다. 이 당시 사우드 가는 쿠웨이트 수장의 보호를 받고 있었다. 1990년 이라크가 쿠웨이트를 침공했을 때 사우디아라비아는 쿠웨이트를 전폭적으로 지원했으며, 그런 차원에서 미국에게 군대 기지를 내주었다. 이는 엄격한 이슬람 국가인 사우디아라비아 내부에 큰 충격을 안겼다.

사우드 가문의 압둘아지즈 알사우드가 하심 가문의 후세인이 건국한 헤자즈 왕국을 무너뜨리고 메카와 메디나의 지배자가 된 것은 1932년의 일이다. 물론 이 나라에서는 와하브파가 국교로 지정되어 매우 엄격한 종교적 계율을 따라야 했다. 이에 더해, 고대 중국 주나라의 '봉건제'가 그대로 재현되고 있다는 점은 이 국가의 특색이라 할 수 있다. 국왕 다음가는 관료는 말할 것도 없고 지

제1차 세계대전 후의 중동 지역

방의 관리까지 전부 사우드 가 출신이 차지하고 있다.

사우디아라비아와 이라크는 쿠웨이트를 둘러싸고 격렬하게 대립했지만, 이라크 정세가 불안정한 상황에서 IS의 행보는 사우디아라비아에게 여간 신경 쓰이는 문제가 아닐 수 없었다. 게다가 사우디아라비아의 북쪽 국경은 사이크스-피코 협정에 따라 시리아(현대 시리아와 더불어 요르단 등을 포함한 역사적 지역)와 메소포타미아(이라크) 간에 그어진 국경선이다.

바아스당의 독재가 계속되는 시리아

앞서 말했듯, 제1차 세계대전 후 하심 가의 파이살을 국왕으로 한 시리아 왕국이 세워졌으나 이 나라는 곧 붕괴되어 프랑스의 위임통치를 받았다. 이후 1946년에 독립을 이루지만 이슬람교의 한 종파인 알라위파(4대 칼리프 알리를 신봉하는 사람들로, 시아파로 인정되고 있다), 드루즈파(파티마 왕조의 칼리프 싸움에서 생겨난 종파. 이 또한 시아파에 속하지만 이슬람 세계에서는 이단으로 여겨지고 있다) 등의 쿠데타가 이어져 정세가 불안정한 상황에서 **군사 독재정권이 뿌리를 내리기 시작했다.** 1958년에는 이집트와 연합하여 '아랍 연합공화국'을 건설했으나 이집트가 주도하는 것에 대한 시리아인의 거센 반발로 인해 몇 년 뒤 해체되었다.

1963년 혼란이 계속되는 가운데 바아스당은 쿠데타를 일으켜 정

　　　　　　　—경쟁국들을 통해 배우는 세계사

권을 쥐었다. 이 정당은 범아랍주의를 표방하고 아랍의 민족국가 건설을 이념으로 내세웠으나 1967년 3차 중동전쟁에서 골란 고원을 잃고 말았다. 그 후 바아스당 내부에서는 급진파와 온건파의 대립 구도가 형성되었으며, 쿠데타를 거쳐 1970년에 온건파인 아사드(현 아사드 대통령의 아버지)가 권력을 잡았다. 그는 4차 중동전쟁에서 이집트와 함께 이스라엘군에 맞서 선전을 펼쳤고, 내부적으로는 이슬람교 동포단(바아스당의 세속주의를 비판하며 정교일치를 주장하는 집단. 이집트 등을 비롯해 넓은 영향력을 지니고 있다)을 탄압하는 입장을 고수했다.

다만 아사드의 경우 개인의 독재라기보다는 바아스당의 독재체제로 여겨지고 있다. 2000년 그가 사망한 뒤에는 아들이 권력을 계승했다. 2003년의 이라크전, 그리고 2011년 튀니지에서 시작된 아랍 세계의 혼란이 시리아까지 확대되면서 IS의 탄생을 촉발했다.

종교 박물관 레바논, 과격파 조직 '헤즈볼라'

레바논은 '종교의 박물관'이라 불릴 만큼 복잡한 지정학적·역사적 문제를 안고 있는 지역이다.

지리적으로 시리아 지역은 평탄한 반면 레바논 산맥이 있는 이나라의 지형은 험난하며, 그 덕분에 강대국에게 박해를 당하던 소수 세력은 각지에서 스스로의 생존권을 개척하고 유지할 수 있었다. 그래서 고대 말기에 성립한 마론파 기독교(7세기에 이 지역으로 이주한 창설자의 이름을 딴 것으로, 현재는 천주교에 통합되었다) 등의 여러 종파, 이슬람교의 드루즈파 등 다양한 종파가 섞여 있다.

제1차 세계대전 후 이 지역은 프랑스의 위임통치를 받았으나 제2차 세계대전 중인 1943년에 완전 독립했다. 당시 종교 상황을 반영하여 대통령은 마론파, 수상은 수니파, 국회의장은 시아파에서 선출하기로 하는 등 종교적 조화를 도모했다. 수도인 베이루트는 고대 페니키아인 시대를 연상케 할 만큼 발전하여 '중동의 파리'라 불렸지만, 내부 문제와 중동을 둘러싼 국제관계로 인해 대혼란에 휩쓸렸다.

본래 레바논의 독립 운동을 주도한 세력은 베이루트 중심의 기독교인 그리고 이슬람교의 드루즈파였으며, 수니파나 그리스정교도는 베이루트보다는 다마스쿠스, 즉 시리아와 가까웠다고 한다. 그런데도 수니파와 그리스정교도를 굳이 독립 레바논에 포함시킨 데는 종교 갈등을 이 지역에 대한 지배에 이용한 프랑스의 역할이 있었다.

이러한 상황에 더해 1970년대에 들어 요르단에서 추방된 팔레스타인 해방 기구PLO가 유입되는 등 이슬람 인구가 증가하기 시작하자 기독교가 위기감을 느끼기 시작했다. 아울러 빈부격차까지 심각해지면서 1975년 마침내 내전이 발생했다.

여기에 인접국인 시리아(이슬람 드루즈파나 팔레스타인 해방 기구의 방침에 반대했다)나 이스라엘(기독교 마론파를 지원하고 시리아를 친이스라엘 국가로 유지하기 위해)도 참전하게 되면서 내전은 전쟁으로 확대되었다. 그러자 사태를 진정시키기 위해 미국, 영국 등의 다국적군이 파견되었다.

이러한 정세에서 이슬람교 시아파의 헤즈볼라가 레바논에서 큰 세력을 형성했다. '신의 당'이라는 뜻의 헤즈볼라는 레바논에서 서구적인 문화를 배제하고 이란과 같은 이슬람 공화국 건설을 목표로 하는 집단으로, 이란과 시리아의 지원을 받았다. 이란은 같은 시아파라는 이유로 무기 등을 제공했으며 시리아는 아사드 정권에 대항하는 반정부 세력을 억압하는 데 헤즈볼라를 이용한 것으로 보인다.

IS와 마찬가지로 시리아의 헤즈볼라도 과격파지만 수니파와 시아파로 나뉘는 두 진영은 격한 대립을 보이고 있으며, 실제로도 전투를 벌이고 있는 것으로 알려져 있다. 전 세계 많은 나라는 헤즈볼라와 'IS'를 테러 집단으로 규정하고 있다.[현재 IS는 근거지를 잃고 와해되었다—옮긴이] 중동 지역의 혼란은 쉽게 수습되기 힘든 상황이다.

이스라엘과 화해, 상대적으로 안정된 요르단

요르단의 정식 명칭은 '요르단 하심(하시미테) 왕국'으로, 이 지역에서는 사우디아라비아와 함께 왕정을 유지하고 있는 국가다.

무함마드의 정통 계보를 자랑하는 하심 가는 20세기 아랍 민족주의의 깃발을 내걸었지만 메카를 중심으로 한 헤자즈 왕국은 사우드 가에 의해 붕괴되었다. 이후 하심 가의 차남인 압둘라는 영국의 회유책을 받아들여 영국 위임통치령에 세워진 트랜스 요르단(요르단 강의 저편이라는 뜻) 왕국의 국왕이 되었다.

기원전 2세기 무렵 요르단 지역에서는 페트라 유적으로 유명한 나바테아 왕국이 번영했고, 기원후 2세기 초 로마에 편입되었다. 비잔티움 제국에 이어 우마이야 왕조 시대에는 무역 중심지로서 발전을 이루었으나 우마이야 왕조가 멸망한 이후 쇠퇴했다. 오스만 제국 시대인 19세기, 러시아에서 도망친 민족(이슬람을 믿는 체르케스카야인)의 이주를 장려하여 인구가 늘어나면서 활기를 되찾았다.

제2차 세계대전 후 공식적으로 독립한 요르단은 1949년에 요르단 하심 왕국으로 개칭했다. 1948년 발발한 1차 중동전쟁으로 요르단 강 서해안 지역을 점령했으나 3차 중동전쟁 이후 1988년에 영유권을 포기했으며, 1994년 아랍 국가로는 이집트에 이어 두 번째로 이스라엘과의 평화 조약을 맺었다.

2011년 튀니지에서 일어난 재스민 혁명의 여파로 요르단에서도 왕정 비판과 의회주의를 요구하는 시위가 일었다. 왕실의 낭비에 대한 불만이 높기는 했지만 반체제 운동으로 확산되지 못했다. 이러한 정치적 안정 덕분에 팔레스타인, 시리아 난민의 이주지가 되었다.

이스라엘과 아랍의 현재

'역사 속 시리아' 지역은 이슬람 국가 간의 분쟁이 이어지고 있는 지역으로, 1948년의 이스라엘 국가 건설이 그 혼란의 원인 중 하나라는 사실은 의심의 여지가 없다. 1949년 유엔 결의에 따라 유대인 국가가 수립되자 이 지역에서는 수많은 팔레스티나 난민이 발생했다.

이에 아랍 각국은 이스라엘에 전쟁을 선포했고, 전쟁에 패하면 나라를 잃을 수밖에 없는 이스라엘로서는 결코 물러서지 않았다. 1967년 3차 중동전쟁에서 이스라엘은 시리아로부터 골란 고원을, 요르단으로부터 요르단 강 서쪽 지대(1950년까지 요르단 영토)를, 이집트로부터 가자 지구(1950년에 이스라엘의 영유 결정)를, 그리고 시나이 반도(19세기 이후 이집트령)를 점령하여 영토를 확장했다.

승승장구하던 이스라엘도 1973년의 4차 중동전쟁에서는 뼈아픈 패배를 경험한다. 그러나 곧바로 회복하여 반격에 나섰고,

1979년 이집트와 평화 조약을 이끌어냈다. 그러나 문제가 해결된 것은 아니었다. 특히 가자 지구에 많은 팔레스타인 난민이 유입하여 이스라엘에 대한 저항 운동의 중심이 되었다. 1993년 오슬로 합의에서는 '팔레스티나 자치정부'의 수립을 확인했지만, 당시의 대표였던 팔레스타인 해방 기구PLO 대신 이슬람 과격파인 하마스가 권력을 잡으면서 이스라엘과 관계가 악화되었다.

이스라엘과 평화 협정을 체결한 일부 국가도 있지만 대부분의 이슬람 국가는 대립 관계를 유지하고 있다. 1991년 걸프 전쟁이 발발했을 때 당시 이라크 대통령인 후세인이 쿠웨이트 문제와 이스라엘 문제를 함께 논의하자(링키지론)고 제안한 것도 이런 대립 관계를 보여주는 한 사례다. 현재 이스라엘은 이란의 핵시설에 대해서도 촉각을 곤두세우고 있다.

보편적인 이슬람교와 각국의 민족주의

유대교는 유대인의 민족 종교지만 기독교는 과거 중세 유럽에서 민족주의를 넘어서는 보편성을 지니고 있었다. 이슬람교 역시 '이슬람교를 믿는 사람들(무슬림)'의 보편적 국가를 건설하는 데 그 목적을 두고 있다.

그러나 이 책의 곳곳에서 언급한 것처럼 19세기 이후 유럽에서 민족주의가 발흥했고 그 흐름은 국민국가의 정체성 확립으로 이어졌다. 또한 16세기의 종교개혁을 거쳐 17세기 이후 발전한 합리주의 정신이 종교의 비합리성(그 장단점을 떠나)을 극복해왔다. 오늘날 이슬람 세계는 이와 같은 유럽 '근대정신'의 세례를 받아 크게 동요하게 되었다고 볼 수 있다.

이집트의 독립을 비롯해 19세기 이후 아랍 세계도 서서히 민족주의에 눈뜨기 시작했다. 그 흐름은 사우디아라비아의 건국이라는 결과로 나타나기도 했지만, 제2차 세계대전 후 유대인이 이슬람 세계 한복판에서 이스라엘을 건국하는 충격적인 사건이 벌어지기도 했다. 아랍 이슬람 세계에서도 어떠한 국가를 건설해야 하는지에 대한 모색이 시작되었다. 오늘날의 아랍 이슬람 세계는 유럽이 16~19세기에 경험한 다양한 시련을 겪고 있는 중인지도 모르겠다.

중세 유럽에서는 막강한 권위를 지닌 로마 교회가 군림했으나 16세기 들어 각국에서 '국민국가'가 탄생하는 과정에서 세속 권력이 기독교 교회를 억누르기 시작했다. 종교개혁에 의한 신교(프로테스탄트)의 출현은 세속 권력이 종교 문제에 개입할 수 있는 의외의 기회를 제공한 것으로, 이슬람 세계에서 이와 비슷한 현상이 나타날 때까지 혼란은 계속될 수도 있다.

한동안 세계의 화젯거리였던 IS는 좋게 평가하자면 기독교의 청교도주의와 같은 존재라 할 수 있지만, 여성 차별을 비롯해 이슬람교가 창시되던 7세기 서아시아의 가치관을 강요하고 있어 유럽의 근대 이념과는 결코 융합할 수 없다. 이슬람교 내부에서도 이에 대한 갈등이 불거지고 있는 마당에 외부 세계와의 소통은 당분간 어렵다고 봐야 할 것이다.

거대한 종교 권위, 취약한 세속 권력

일반적으로 정치가는 자신에게 권력이 집중되도록 획책하기 마련으로, 반대 세력을 억압(무시)하고 자기의 의사대로 마음껏 실현할 수 있다는 것은 매우 매력적일 것이다. 그러나 그것이 얼마나 위험한지 알기에 인류는 법률이나 의회를 만들어 독재자의 출현과 폭주를 막아왔다. 그럼에도 불구하고 히틀러 같은 독재자가 나타났듯이, 국민이 권력자를 감시하지 않으면 얼마든지 위기 상황이 나타날 수 있는 것이다.

이슬람 세계에 국한된 것은 아니지만, 독재자의 탄생에는 몇 가지 공통된 조건과 환경이 존재한다. 그 요인 중 하나는 오랫동안 식민지·반식민지 상태에 놓여 있었기 때문에 **체제를 비판할 수 있는 '시민' 계급이 성장하지 못한 경우**다. 다른 하나는 **종교적 권위가 막강해서 세속 정치권력을 압도하는 경우**로, 이슬람 세계의 딜레마가 바로 이에 해당한다고 볼 수 있다.

이슬람교는 일단 '코란'이 모든 것의 중심이다. 그런데 코란의 내용만으로는 현실 사회를 설명하거나 규제하기가 어렵다. 그래서 많은 율법학자('울라마'라 한다)가 나타나 코란을 해석했고, 그 해석을 토대로 다양한 학파가 형성되었다. 그런데 각자 자기의 정통성만을 주장한다면 대립과 갈등이 따르는 법으로, 이것이 이슬람 세계에서 여러 세력이 대립하는 중요한 원인이다.

객관적 검증이 가능한 과학기술과는 달리 가지각색의 가치관이 존재하는 인간 사회에서는 타협과 협조가 반드시 필요하다. 유럽의 역사에서는 정교 분리를 통해 이를 실현해왔지만 오랜 시간이 걸렸다.

　이슬람교는 현실과 어떻게 조화를 이룰 수 있는가, 아니면 조화란 불가능한 것인가?

11장

이란 vs. 이라크

국경이 '부자연스러운' 두 나라

2015년 3월, 사우디아라비아 외상과 미국 국무장관의 만남에서 사우디 외상은 '이란에 의한 이라크 합병이 현실화되었다'는 우려를 표했다. 20년 동안 전쟁까지 불사하며 서로를 증오하던 이란과 이라크였으나 이제는 두 나라 모두 '시아파' 정권이라는 점에서 급속히 친밀해지고 있다. 향후 중동 지역 각국의 국제관계는 어떻게 될 것인가?

국경은 기본적으로 인위적인 것이다. 역사적으로 볼 때 하천이나 산맥 등의 자연물을 국경으로 삼는 경우가 많지만(루이 14세가 제창한 '자연 국경론'이 유명하다) 억지로 선을 긋게 되는 경우도 있다. 실제로 지도를 보면 직선으로 그어진 국경이 적지 않다. 이는 대부분 대립 관계의 양국이 협상을 벌인 산물인데, 이 장에서 소개할 이라크의 국경이 바로 그러하다. 이라크의 국경은 제1차 세계대전 중에 영국, 프랑스, 러시아 세 나라가 시리아·메소포타미아 지역의 분할을 논의한 '사이크스-피코 협정'을 토대로 결정된 것이다.

이슬람 과격파 조직 IS는 사이크스-피코 협정을 제국주의 시대 열강에 의한 무책임한 결정이라며 맹렬히 비판했는데, 충분히 일리 있는 지적이다. 이 국경은 결코 필연적이지 않으며, 당연히 이의를 제기할 만한 문제인 것이다. 국경이 '부자연스러운' 이란과 이라크는 어떠한 역사적 과정으로 현재에 이르렀는지 살펴보도록 하자.

이란과 이라크와 미국

1979년 이란에서 이슬람 혁명이 일어나자 팔라비 왕조의 친미 외교는 반미로 돌아섰다. 그 결과 이란·이라크 전쟁이 일어났을 때 미국은 당연히 이라크를 지원했다. 그런데 전쟁이 끝난 후 이라크는 쿠웨이트를 공격했고, 이에 반대했던 미국은 이번에는 걸프 전쟁을 일으켜 이라크를 공격했다. 나아가 2001년 9·11 테러가 발생하자 대량살상 무기의 은폐 등을 구실로 이라크를 공격해 후세인 정권을 붕괴시켰다.

그 후 이라크에서는 후세인 정권에게 박해를 받았던 이슬람교

현재의 중동 지역

시아파가 세력을 잡았으며, 이라크 전쟁 중에 파괴된 도로와 수도 등의 인프라를 재건하기 위해 시아파 국가인 이란으로부터 많은 지원을 받으면서 양국 관계가 급속히 가까워졌다.

이러한 상황은 수니파의 과격 세력을 초조하게 만들었다. IS라 는 무력 집단이 탄생한 직접적인 원인으로 이라크 전쟁을 드는 이유도

이라크의 정세에서 이러한 격변이 있었기 때문이라 할 수 있다. 이슬람 세계에서 원리주의(최근에는 '이슬람주의'라 한다) 경향이 출현한 것은 최근에만 있었던 것은 아니다. 앞서 언급한 사우디아라비아의 와하브파는 18세기에 출현한 수니파의 원리주의 집단이었다.

이슬람 세계에서 대립하고 있는 시아파와 수니파의 내부를 들여다보면 우선 코란 해석에 관한 크고 작은 대립이 있는데, 이것이 정치 세력 갈등의 원인이 되었다. 이는 자신들의 정치적 입장을 코란 문구로써 정당화하기 위해 독자적인 '코란 해석'을 한 것이라 할 수 있다. 아울러 이슬람교에서는 세속주의나 합리주의와 관련해 해결해야 할 문제도 심각하다. 유감스럽게도 어떤 초월적 존재가 등장하지 않는 한 이슬람 세계의 대립과 혼란은 수습되지 않을 듯하다.

참고로, 1979년 미국의 중재로 이집트와 이스라엘이 평화 조약을 체결한 후 이라크와 이집트는 국교가 단절되어 있었다. 즉 미국이 중동 국가들의 관계에도 큰 영향을 미치고 있는 것이다. 물론 그 배후에는 미국 정계에 유태인 로비스트라 불리는 친이스라엘 압력단체가 존재하고 있다.

이란인·튀르키예인의 이슬람화

이슬람의 역사에서 이란과 이라크는 중요한 역할을 해왔다. 이슬람교를 창시한 무함마드가 죽고 난 뒤 30년간 정통 칼리프 시대가 이어질 때 그 거점은 메카와 메디나였으나, 우마이야 왕조가 들어서자 유력자 간의 세력 다툼이 발생하면서 시리아의 다마스쿠스로 수도가 옮겨졌다. 이 과정에서 아랍이 정복한 지역에서는 비아랍인을 이슬람교로 개종시키는 일이 진행되었다. 그들은 의무적으로 『코란』을 아라비아어로 읽어야 했기 때문에 '아랍'이라는 민족(아라비아어를 사용하는 이슬람교도로서, 이라크의 서쪽에 있는 북아프리카 민족이 중심이다)이 형성되었다.

그런데 아바스 왕조가 들어서자 이라크의 바그다드를 수도로

16세기의 이슬람 세계

삼았다. 이곳 역시 아랍 세계로, 이란인에게 이슬람교가 전파되면서 이슬람 세계에서 이란인이 담당하는 역할이 확대되었다.

이란인도 아라비아어의 영향을 받았지만 일상생활에서는 페르시아어를 사용한다. 나아가 이란에서는 10세기경부터 이란 문화가 부흥하여 보편적인 이슬람 세계 속에서도 민족의 전통을 지켜왔다. 이는 많은 이슬람 국가도 마찬가지다.

10세기 이후에는 튀르키예인의 역할도 중요해졌다. 이들 역시 『코란』은 아라비아어로 읽지만 일상생활에서는 튀르키예어를 사용했다. 13세기에는 몽골인이 서아시아까지 서진했고, 그들 중 일부는 이슬람교를 받아들였다.

13세기 말 소아시아에서 발흥한 튀르키예계 오스만 제국은 15세기에 동로마 제국을 무너뜨린 뒤 16세기에는 동유럽 남부, 서아시아, 북아프리카에 이르는 대영토를 일궜다. 이라크도 오스만 제국에 편입되었으나 이란의 사파비 왕조는 오스만 제국에 대항했다. 전통적으로 이란인은 시아파 신앙을 계승해왔기 때문에 수니파인 오스만 제국에 격렬히 저항하곤 했다.

17세기 중반, 이란과 이라크는 국경에 관한 조약을 체결했다. 20세기에 오스만 제국은 소멸했지만 이라크(역사적으로는 메소포타미아)와 이란(페르시아)의 기본적인 국경이 결정되었다. 물론 그 후에도 지역을 둘러싼 분쟁은 계속되었다. 19세기에는 러시아와 영국이 진출했고, 20세기에는 석유 수출의 안전한 항로를 확보한다는 명분 아래 새로운 문제가 불거졌다. 이것은 이란·이라크 전쟁을 촉발한 원인 중 하나이기도 하다.

종전 후 아랍 민족주의의 열쇠, 바아스당과 나세르주의

아랍의 민족주의는 직접적으로는 이란, 이라크와는 거리가 있지만 바아스당과 관련이 있으므로 소개하지 않을 수 없겠다.

앞서 말했듯이 제1차 세계대전 무렵 아랍의 명문 하심 가 출신의 후세인이 영국의 지원 아래 오스만 제국에 대한 '아랍의 반란'을 주도했고, 하심 가의 큰아들이 이라크 국왕에 즉위하면서 1932년 이라크 왕국이 독립했다. 이후 1958년 쿠데타가 일어나 이라크는 왕국에서 공화국으로 바뀌었다. 이때 쿠데타를 주도한 세력이 바아스당이다. 이 세력의 사상을 바아스주의라 하는데, 이는 대중을 기반으로 하는 범아랍주의를 뜻하며 사회주의 요소(소련과는 다르며, 아랍의 정신적 각성을 의미한다)가 강조되는 것이 특색이다.

본래 바아스당은 시리아에서 탄생했으나 내부 정쟁에 패하여 쫓겨난 뒤 이라크에 강한 영향력을 행사하게 되었다. 1968년 이라크에서 쿠데타가 일어나고 바아스당이 다시 정권이 장악했다. 사담 후세인이 제2대 대통령에 취임한 것은 이란에서 혁명이 일어난 1979년의 일이다.

한편 시리아에서는 현재까지 건재한 아사드 정권이 1970년에 등장했는데, 바아스주의는 거부되고 세속주의를 추구했다. 이로 인해 시리아와 이라크의 관계가 악화되었다.

아랍의 민족주의를 이끈 또 하나의 사상이 나세르주의다. 1952년 혁명을 치른 이집트에서는 19세기 초부터 이어진 왕정이 붕괴되고 공화제가 들어섰는데, 이때 나세르가 권력을 쥐었다.

당시 이집트에는 초기 이슬람으로 돌아가자는 원리주의(이슬람주의) 집단 '이슬람교 동포단'이 있었는데(현재도 건재하다), 나세르 정권은 이 집단을 탄압하고 세속주의를 관철했다. 나세르주의는 범아랍주의를 지향한다는 점에서는 바아스주의와 같으나 이집트를 아랍 세계의 중심으로 간주한다는 점에서 다르다. 한때 시리아와 연합했지만 이 이집트 중심주의가 파탄의 원인이 되었다.

1956년 2차 중동전쟁(수에즈 전쟁)에서 나세르는 제3세계의 영웅이 되었으나 3차 중동전쟁에 패하면서 그 기세가 꺾였다. 범아랍주의의 영향력도 점차 시들해지면서 아랍 세계 각 지역에서는 주권국가주의라 할 수 있는 분위기가 자리를 잡는다. 4차 중동전쟁 후 이집트와 이스라엘 간 단독 평화협정 체결이나 1990년 이라크의 쿠웨이트 침공에 대한 반대가 이를 입증한다고 할 수 있다(다만 쿠웨이트 침공을 범아랍주의로 평가하는 입장도 있다).

이란 혁명은 왜 이슬람 세계에 충격을 주었는가?

1935년까지 '페르시아'로 불리던 이란은 기원전 5세기에는 그리스와 페르시아 전쟁을 벌였고, 알렉산더 대왕에 의해 멸망한 역사를 가진 나라다. 이란은 이슬람교 국가지만 페르시아인이라는 민족의식이 매우 강하다.

19세기 들어 러시아와 영국은 이란에 대해 제국주의적으로 진출했다. 이에 대해 이란인은 격렬히 저항하여 19세기 말에는 담배 보이콧 운동(영국의 담배 전매에 저항했다)을 벌였고, 20세기 초에는 메이지 유신에 성공하여 러일전쟁에 승리한 일본의 근대화를 모델로 삼아 입헌 혁명을 시도했으나 실패로 끝났다. 뿐만 아니라 1907년 극심한 사회 혼란 속에서 영국과 러시아는 이란 내 권익을 양국이 양분하기로 함으로써 이란을 실질적 식민지로 삼는 협상을 체결했다.

1925년 카자르 왕조가 무너진 뒤 들어선 팔라비 왕조는 본격적인 개혁을 추진했다. 그러나 제2차 세계대전 중에 이란이 소련과 영국에 등을 돌리고 독일에 우호적인 태도를 취하자 초대 샤(이란 국왕의 칭호)인 레자 팔라비는 영국과 소련의 압력을 받아 퇴위하고 모하마드 레자(팔라비 2세)가 즉위했다. 당시 권력을 쥐고 있던 모사데그 총리는 앵글로-이란 석유회사를 국유화했고, 이를 못마땅하게 여긴 미국에 의해 모사데그는 실각했다.

모하마드 레자는 다시 미국을 등에 업고 서구화를 위한 '백색 혁명'을 추진했다. 그러나 이란을 풍요롭게 해준 석유의 혜택은 특권 계층에만 집중되었을 뿐 일반 시민에게는 미치지 않았고, 이러한 불만은 호메이니를 비롯한 율법학자와 학생 등에 의한 반정부 운동으로 표출되었다. 마침내 1979년 팔라비 왕조가 붕괴되고 이란 이슬람 공화국이 건립되었다. 당시 지도자인 호메이니는 팔라비 시대의 세속주의와 결별하고 엄격한 이슬람교 교리에 바탕을 둔 정치를 전개했다. 이것이 이란 이슬람혁명이다.

이란 이슬람혁명은 이슬람 여러 나라에 충격을 주었다. 20세기 들어 이슬람의 핵심 국가였던 오스만 제국에서는 케말 아타튀르크가 이끄는 혁명으로 술탄제가 폐지되고 튀르키예 공화국이 탄생했으며, 칼리프제도 폐지되고 세속주의가 선언되었다. 현실적인 문제로 많은 이슬람 국가가 더 이상 세속주의 흐름을 거부할 수 없게 된 것이다.

이슬람 국가 간에 발생한 이란·이라크 전쟁의 배경

같은 이슬람 국가끼리 10년 가까이 벌인 이란·이라크 전쟁은 다소 이상한 데가 있다. 이념적으로는 이란의 이슬람주의와 이라크의 현실주의의 대립이라 할 수 있지만, 전쟁의 원인은 그리 단순명쾌한 게 아니다. 일단 티그리스강과 유프라테스강 하류에서 두

강이 합류하여 샤트알아랍강이 되어 흐르는데, 그 근처의 국경이 뚜렷하지 않다는 점도 이란·이라크 전쟁의 한 원인으로 볼 수 있다. 이란과 이라크는 산유국이기 때문에 국경선이 국가의 운명을 좌우할 수도 있다.

전투는 이라크의 기습으로 시작되었다. 국제관계의 측면에서 볼 때 이란은 고립무원의 지경에서 전쟁을 맞이한 셈이다. 주변 각국은 엄격한 시아파 세력이 권력을 장악한 이란을 위험하게 보고 있었기 때문에 대부분의 국가는 이라크를 지원했다.

하지만 이라크의 직접적 위협에 직면해 있던 이스라엘 그리고 이란 혁명의 원인을 제공한 미국이 이스라엘을 매개로 이란 지원에 나서고 국제적으로 고립되어 있는 북한이 이란에 접근하는 등 사태는 기묘한 방향으로 확대되었다. 게다가 시리아는 반이라크 입장에서, 리비아는 반유럽의 입장에서 이란을 지원하는 등 국제관계가 복잡하게 꼬였다.

그렇다 해도 전쟁이 그토록 오래 지속된 이유는 무엇일까?

우선 이란 혁명의 '순수성'은 주변 이슬람 국가에 매우 큰 충격을 주었다. 그러나 다른 관점에서 보자면 이란 혁명은 민중이 전제군주를 무너뜨린 혁명이었다. 당시의 이슬람 국가들은 모두 독재자가 군림하고 있었으므로 독재자에게 일반 민중의 각성은 심각한 위협이었을 것이다.

또한 이란 민족은 인도 유럽계인 데 반해 이슬람 국가는 대부분 셈계 민족(아랍어는 셈계 언어다)으로, 고대부터 각자의 입장을 주장하며 불화를 쌓아온 면이 있었기 때문에 여기서 역사 인식의 문제가 싹텄을지도 모른다.

이란·이라크 전쟁에서 양쪽은 수십만의 병사와 시민이 희생되었다. 역사적으로 전쟁이란 위정자가 결정하고 일반인이 많은 피해를 입는 것이지만, 이 전쟁은 얄궂게도 이라크에 큰 이익을 가져다주었다. 다양한 원조로 모아들인 무기가 종전 후에 쿠웨이트 침공에 활용된 것이다.

이라크가 쿠웨이트를 침공하자 미국을 중심으로 한 다국적군이 조직되어 후세인의 야망을 좌절시켰다. 그럼에도 후세인 정권이 존속되자 미국은 9·11 테러의 범인 체포, 대량 살상 무기 은닉, 이라크 내 인권 억압을 내세워 이라크 전쟁을 일으켰다. 이것이 21세기 중동 대혼란의 원인이 되었음은 물론이다.

꿈의 '쿠르드인 국가'

이란·이라크 전쟁 또는 IS의 테러 활동을 이야기할 때 쿠르드인이 자주 등장한다. 오늘날 중동에서 이 쿠르드인 문제는 이란과 이라크, 그리고 튀르키예와 뒤얽혀 외면할 수 없는 중차대한 현안이 되어 있다.

쿠르드인이라는 말을 들었을 때, 역사에 관심이 있는 사람이라면 십자군 시절 이슬람의 영웅이었던 살라딘을 떠올릴 것이다. 쿠르드인은 인종적으로 이란인에 가까운 민족으로, 오랫동안 나라가 없는 상태로 이란, 이라크, 튀르키예(그 밖에 아르메니아 지역)의 국경지대에 거주해왔으나 독립을 요구하고 있다.

제1차 세계대전으로 오스만 제국이 멸망하자 프랑스와 영국은 사이크스-피코 협정을 토대로 '위임 통치'라는 명분으로 오스만 제국의 영토를 분할했다. 지금의 이란과 이라크의 국경은 이때 결정되었으며, 당시 쿠르드인 국가(쿠르디스탄)가 실현되지 못한 것이 오늘날 이어지고 있는 쿠르드인 문제의 근원이라 할 수 있다.

역사의 다양한 국면에서 쿠르드인은 권력자에게 이용되어왔다. 튀르키예의 영웅인 케말 아타튀르크는 권력을 장악하는 데 쿠르드인을 이용했으나 이들의 독립국가 건설은 거부했다. 영국과 프랑스 등도 쿠르드인 문제를 외면한 채 중동의 영토를 확보하는 데 몰두했다.

현재 많은 쿠르드인이 거주하는 튀르키예에서는 그동안 쿠르드어 교육을 허용하지 않았으며, 이러한 대우가 쿠르드인의 민족의식을 고양시켜 쿠르드인의 테러가 빈번히 발생하게 되었다. 튀르키예 정부는 이에 엄격하게 대응하고 있지만 EU 가입을 희망하는 튀르키예의 상황과 얽혀 현재는 쿠르드인에게 온건한 태도를 취하고 있는 중이다.

　이라크의 후세인 정권도 쿠르드인을 박해했다. 이란·이라크 전쟁 때에는 쿠르드인이 이란 편에 섰다는 이유로 수많은 쿠르드인 주민이 화학 무기에 희생되었다. 이라크 전쟁 이후 쿠르드인의 정치적 입장이 개선되면서 여러 세력의 균형을 맞추기 위한 차원으로 이라크에서 쿠르드인 대통령이 탄생하기도 했지만 IS의 출현 등 장래는 여전히 불투명하다.

　이란의 쿠르드인은 대부분 서북부의 쿠르디스탄(역사적 지명인 쿠르디스탄이 아니다)에 거주하고 있다. 제2차 세계대전 후인 1946년, 소련의 지원을 받아 쿠르디스탄 인민공화국이 수립되었지만 소련의 무관심 속에서 얼마 가지 않아 소멸했다.

—— 경쟁국들을 통해 배우는 세계사

예멘의 내전과 이란

이 원고를 쓰고 있을 즈음, 이란이 이라크를 합병할지도 모른다는 충격적인 소식이 전해지더니 곧이어 예멘의 반체제 세력인 '후티'가 이란의 지원 아래 현 예멘 정권을 무너뜨렸다는 소식이 들려왔다.

이런 소식에서 눈에 띄는 것은 이란의 존재감으로, 아마도 사우디아라비아의 위기의식은 더욱 고조될 것 같다. 사우디아라비아의 이슬람교는 수니파에 속하는 엄격한 와하브파로, 시아파의 과격 세력과 팽팽히 대립해왔다.

예멘은 아라비아 반도의 남부, 사우디아라비아의 남쪽에 위치하는 이슬람 국가다. 지도상으로는 사막처럼 보이지만 몬순의 영향으로 강우량이 많아 **아라비아 반도에서 제일가는 농업국**이다. 역사적으로는 기원전 9세기경에 등장한 시바 왕국이 향료를 수출한 것으로 유명한데, 고대 히브리 왕국의 솔로몬 왕에게 사절을 보낸 시바의 여왕이 이곳을 통치했다고 한다. 기원전 1세기에는 힘야르 왕국이 일어나 시바 왕국을 병합했으며 홍해를 사이에 두고 에티오피아의 악숨 왕국과 교역 분쟁을 했다.

무함마드가 이슬람교를 전파한 7세기에 이 지역에서도 이슬람교를 받아들였으며, 10세기경에는 칼리프의 정통성을 둘러싼 갈등 속에서 시아파의 분파인 **자이드파**가 등장해 이를 따르는 여러 부족이 북예멘을 중심으로 세력을 떨쳤다. 이에 반해 남예멘에는 수니파가 전파되었다. 16세기 오스만 제국이 이 지역을 공격했을 때 대항한 것은 자이드파 세력이다.

1918년 예멘은 오스만 제국으로부터 독립했으나 19세기부터 아덴을 거점으로 예멘에 진출한 영국과는 복잡한 관계에 놓였다. 기본적으로는 **시아파인 북예멘 대 수니파인 남예멘**의 대립이었다.

1962년에 예멘 아랍공화국(북예멘)이 수립되고, 1967년에는 예멘 민주인민공화국(남예멘)이 수립됐다. 1989년 양국이 합병하여 예멘 공화국을 설립했지만 1990년대 중반에 내전이 발생했다. 오래지 않아 내전은 수습되었으나 정치 상황은 아직까지 불안정하다.

12장

아프리카의 분쟁

복잡하게 뒤얽힌 자원·종교·민족

오늘날 거리를 걷다보면 흑인을 자주 볼 수 있지만 반세기 전까지만 해도 일본에서는 흑인을 찾아보기 힘들었다. 뿐만 아니라 그들의 고향인 이른바 '블랙 아프리카'(사하라 사막에서부터 남쪽의 아프리카 각국 및 지역)에는 독립 국가가 거의 없었다. 옛 지도를 보면 황금 해안, 노예 해안, 상아 해안 등 제국주의 시대의 흔적을 지닌 지명이 즐비하다.

제2차 세계대전 후 아프리카에 독립 열풍이 불면서 1957년 가장 먼저 과거 황금 해안이라 불리던 지역에서 가나 공화국이 수립되었다. 그리고 '아프리카의 해'라 할 수 있는 1960년에 17개 국가가 연달아 독립을 이루었다.

얼마 전까지만 해도 아프리카 하면 가장 먼저 '빈곤'을 떠올렸으나 세월이 흐르면서 아프리카의 진면모가 알려지고 있으며, 최근에는 풍부한 자원을 기반으로 빈곤을 극복했다는 소식도 전해지고 있다.

반면 에볼라 바이러스의 대유행이라든가 제국주의 시대의 부정적인 산물이 현대 아프리카를 괴롭히고 있는 것도 엄연한 현실이다. 아울러 아프리카에도 이슬람교가 전파되었는데, 사회적 모순 때문에 이슬람교의 과격한 측면이 강조되고 있기도 하다. 이 장에서는 그러한 아프리카의 면면을 소개하고자 한다.

1960년은 '아프리카의 해'

제2차 세계대전 이전, 비록 조건부라 해도 아프리카 대륙에서 '독립국'이라 부를 수 있었던 나라는 라이베리아(1847년 이래), 에티오피아(세계대전 중에 이탈리아가 합병), 남아프리카연방(영국의 자치령), 이집트(수단과 더불어 영국의 보호국이었다) 정도로, 그 외에는 전부 유럽의 식민지였다.

식민지의 국경선은 각국의 정치적 계산에 따른 선긋기 형태였다. 오늘날 아프리카 지도를 보면 직선 형태의 국경선이 많은 것을 알 수 있는데, 인위적으로 형성되었다는 느낌이 확연하다. 그 중에는 세네갈에 둘러싸인 감비아라는 국가가 있는데, 세네갈인과 감비아인 사이에 별 차이가 없음에도 불구하고 영국과 프랑스의 식민지로 나뉘면서 두 나라로 분열된 것이다.

아프리카 각국의 독립 과정을 간략히 소개하면, 제2차 세계대전 후 주로 지중해에 인접한 지역에서부터 독립이 시작되었고, 사하라 사막 남쪽의 블랙 아프리카는 1957년 가나 공화국을 시작으로 1960년에 17개 국가가 독립을 달성했다. 유엔은 이를 기념해

현재의 아프리카

1960년을 '아프리카의 해'로 평가했다.

이때를 전후로 영국과 프랑스의 식민지는 자취를 감추었으며, 포르투갈과 스페인의 식민지는 1975년경에 독립을 얻어냈다. 남아프리카 공화국이 식민 지배를 받던 시절에 있었던 아파르트헤이트라는 인종 차별 정책은 1991년에 철폐되었다.

아프리카의 국가들은 저마다 문제를 안고 있지만, 전체를 소개하기는 어려우므로 몇 가지 경우만 다뤄보겠다.

나이지리아의 비극: 비아프라 전쟁에서부터 보코 하람까지

나이지리아의 역사를 소개하기에 앞서, 이 나라를 흐르는 중요한 나이저강에 대해 말할 필요가 있을 듯하다. 이 강은 나일강, 콩고강과 함께 아프리카의 3대 하천으로, 그 원류인 아프리카 서부의 기니 고원에서 출발해 동북 방향으로 흘러 말리 한복판을 통과한 다음 동남 방향으로 꺾여 니제르 서쪽 끝을 거쳐 나이지리아로 들어갔다가 기니만으로 빠져나간다.

나이저강이 관통하는 말리에는 과거 황금 수도로 알려진 통북투가 있는데, 나이저강이 중요한 교통로 역할을 했다. 나이지리아 서쪽에 위치한 베냉은 제국주의 시대에 말리와 니제르와 함께 프랑스의 식민지였다. 그래서 이전에는 나이지리아도 니제리아라고 불린 적이 있었다.

나이지리아의 해안에 최초로 발을 디딘 정복자는 포르투갈인이었다. 이어서 영국인과 프랑스인이 진출하여 이곳을 노예무역의 거점으로 삼았다. 그래서 이 해안이 '노예 해안'이라 불리기도 했다.

아프리카로 향하는 유럽인의 영향으로 해안 지대에는 기독교가 전파되었지만, 북부는 중세 이래 아랍 상인들의 카라반 무역의 통로였기 때문에 이슬람교가 세력을 떨치고 있다. 나이지리아를 대표하는 민족인 북부의 하우사족은 이슬람교도가 많은 반면 서남부의 요루바족은 기독교인이 60퍼센트, 이슬람교도 30퍼센트, 토속 신앙 등이 10퍼센트라는 분포를 보이고 있다. 한편 동남부의 이보족은 기독교인이 다수를 차지하고 있다. 이러한 상황에 석유 자원이 얽히면서 나이지리아의 내부 갈등을 더욱 복잡하게 만들었다.

제1차 세계대전에 패한 독일은 해외 식민지 전부를 잃었고, 그 과정에서 나이지리아(당시는 니제리아)에도 약간의 영향을 미쳤다. 동쪽에 이웃한 카메룬이 독일 지배에서 벗어나면서 일부 영토가 나이지리아에 포함된 것이다. 이후 1960년 나이지리아는 크게 3개 주의 연방체로 독립하면서 부족 및 자원 문제 등을 스스로 해결해야 하는 상황에 처하게 되었다.

이러한 나이지리아의 실상을 아프리카가 안고 있는 실질적인 문제로서 적나라하게 드러낸 것이 바로 비아프라 전쟁이다. 이 전쟁의 발단은 이보족이 거주하는 나이지리아의 동남부에서 석유가 발견되자 '비아프라'로 독립하려는 행보를 드러낸 것이다. 연방이 붕괴되는 것을 원치 않았던 영국과 소련은 연방 측을 지원하고 프랑스와 남아프리카 공화국은 비아프라를 지원했다. 포위전에서 발생한 비아프라의 기아 관련 보도사진이 파급을 일으켜 국제 여론은 비아프라를 지원했지만 실질적으로는 연방을 지원하는 국가가 많았기 때문에 전쟁은 비아프라의 패배로 끝났다.

최근 자주 화제가 되고 있는 과격파 조직인 '보코 하람'은 1990년대부터 확대되고 있는 이슬람주의 운동에 바탕을 둔 그룹 중 하나다. 비아프라 전쟁 후 이슬람교도가 많은 하우사족은 기독교가 많은 이보족에 대해 보복 행위를 거의 하지 않아 표면적으로는 안정을 유지하고 있는 것처럼 보였지만 나이지리아의 정치 상황은 여전히 혼란스러웠다. 그런 가운데 '보코 하람'은 이슬람 율법에 따라 엄격한 사회를 건설하자는 과격한 주장을 펼치기 시작했다.

마지막으로, 나이지리아 북부의 니제르에 대해 소개할 차례다. 식민지 시절 프랑스령이었던 이 지역은 1960년에 독립했다. 아프리카 국가 가운데 국경 분쟁이 없는 곳이 없는데, 이 나라도 예외가 아니다. 인구의 약 60퍼센트가 하우사족이고 10퍼센트 정도는 투아레그족이다. 사하라 사막의 대상(카라반) 무역에도 종사한 용맹한 부족으로 유명한 이 부족은 사하라 사막의 서부, 나이저강과 말리, 알제리, 나아가 리비아 영토까지 퍼져 있다. 니제르 지역에 매장된 광산 자원(우라늄)에 관한 이해가 얽히면서 독립 운동이 일어나기도 했는데, 그로 인해 니제르뿐만 아니라 각국의 정치가 혼란에 빠지곤 했다. 제국주의가 남긴 부정적인 유산이라 할 수 있는데, 문제가 그리 쉽게 해결될 것 같지 않다.

에티오피아 VS. 에리트레아, 수단 VS. 남수단

에티오피아는 아프리카에서는 드물게 오랫동안 독립을 유지해온 국가로, 나이든 사람들은 1964년 도쿄올림픽의 마라톤 우승자인 아베베를 먼저 떠올릴지도 모르겠다.

에티오피아는 19세기 말 이탈리아의 침공을 물리치고 독립을 지킨 역사가 있지만, 무솔리니 시절인 1936년에는 이탈리아군에 패하여 식민 지배를 받다가 5년 후 영국의 지원으로 독립을 이뤘다. 이탈리아는 제국주의 시대에 에티오피아의 인접국인 에리트레아('홍해'를 의미한다)를 식민지화했지만 이곳 역시 해방 후 영국의 보호국이 되었다. 에티오피아가 이 에리트레아를 실질적으로 합병하자, 불만을 품은 에리트레아인이 1960년 독립전쟁을 일으켰다. 그리고 1991년에 에리트레아의 해방 세력이 에티오피아의 수도 아디스아바바를 함락하여 완전 독립을 달성했다. 독립 후에도 양국 간에는 국경 분쟁이 이어지고 있는데, 양국 모두 빈곤한 국가인 만큼 군비 부담에 따른 국가 경제의 혼란을 겪고 있다.

에티오피아는 에리트레아 문제와 더불어 소말리아와 국경 지대의 분쟁 그리고 경제 침체로 인해 정치가 불안정해지자 1975년 갑자기 제정을 폐지하고 사회주의 정권을 수립했다. 이 정권은 소련의 지원을 받았지만 1991년 에리트레아의 공격으로 인해 붕괴되었다.

에티오피아는 서쪽으로 수단과 남수단이라는 두 나라와 국경을 맞대고 있는데, 국경 지대의 영토(일레미 트라이앵글)를 두고 남수단, 케냐와 다툼을 벌이고 있다. 이는 20세기 초 영국의 식민지인 동아프리카와 에티오피아 간에 체결된 애매한 조약 때문에 발생한 분쟁으로, 오늘날까지 해결되고 있지 않다. 여기에도 제국주의 열강의 그림자가 크게 드리워져 있다.

'일레미 트라이앵글' 분쟁의 세 당사자 중 하나인 남수단은 2011년 아프리카에서 54번째로 독립한 나라다. 19세기 초에 북수단은 이집트에 점령되었고 남수단은 제국주의 시대에 영국에 점령되었는데, 이집트가 영국의 보호국이 되면서 남·북 수단 모두 이집트·영국의 공동 통치를 받았다. 이때 영국은 남수단을 남쪽의 우간다와 통합하려 했으나 뜻대로 되지 않았다.

1956년 남수단과 북수단은 통합된 상태에서 독립을 맞았다. 그러나 북부의 지배에 불만을 품은 남부에서 독립을 주장했고

1972년 자치를 인정받았다. 그러나 이 지역에서 석유가 발견되자 정부는 자치를 취소하고 지배를 강화하려 했다.

이슬람교를 강요하는 정부의 정책은 기독교인이 많은 남부의 불만을 키웠고, 마침내 내전 상황으로 빠져들었다. 이때 남수단인 250만 명이 학살되었다고 한다. 콩고 민주공화국이나 우간다 군대의 개입, 북쪽 정부의 타협을 통해 2011년 최종적으로 남수단의 독립이 승인되었다. 그러나 곧바로 국경 분쟁이 발생하면서 정치도 불안정해졌다.

자원과 미·소 대립이 뒤얽힌 르완다, 부룬디, 우간다의 분쟁

콩고 민주공화국(한때 '자이르'라 불렸다)은 제국주의 시대에 벨기에의 식민지였는데, 레오폴트 2세의 잔혹한 수탈로 유명하다. 그 동쪽에는 영국령인 우간다와 케냐, 그리고 독일령인 르완다와 부룬디와 탄자니아가 있다. 여기에서는 아프리카 내륙에 위치한 작은 국가 르완다와 부룬디 그리고 우간다를 중심으로 소개하겠다. 이 세 국가들 역시 종교와 민족이 복잡하게 뒤얽혀 있다.

독일의 식민지였던 르완다와 부룬디는 제1차 세계대전 후 벨기에에 합병되었다. 이때는 '르완다·우룬디'라고 불렸다. 벨기에의 지배를 받던 무렵 이곳에 거주하는 사람들은 크게 3개 종족으로 나눌 수 있다. 주로 농사를 짓는 후투족, 수렵 생활을 하는

트와족, 유목민인 투치족이다(사실 투치족과 후투족은 생업만 다를 뿐 같은 민족이다). 벨기에 지배 당시에는 소수파인 투치족이 특별히 중용되었다. 1962년 이 나라는 르완다 공화국과 부룬디 왕국(1966년에 공화제를 채용)으로 분리 독립했다.

르완다 공화국에서 후투족 출신의 대통령이 당선되자 후투족의 박해를 두려워한 투치족 사람들은 난민이 되어 우간다나 콩고 민주공화국 등으로 달아났다. 이들 난민 가운데 르완다 애국전선이 조직되었으며 1990년대에 르완다를 공격하면서 내전이 일어났다. 정부군은 프랑스의 지원을 받아 이들을 제압했지만 1994년 대통령기가 격추되는 사건이 발생하자 과격파인 정부군 민병은 투치족과 온건파 후투족을 공격하여 80만 명의 주민을 학살했다.

이 사건을 계기로 르완다 애국전선은 정부군을 몰아내고 정권을 장악했으며, 당시 150만 명의 난민이 콩고로 건너갔다. 이에 따라 르완다는 잠시 콩고 동부를 점령하기도 했지만 평화 조약을 맺고 철수했다. 현재는 르완다 국내도 안정을 찾은 상태다.

부룬디에서도 투치족과 후투족의 갈등으로 인해 한동안 정치가 불안정했다. 2008년 양자는 화해의 악수를 나눴으나 앞으로도 계속 평화가 유지될 것이라 보장할 순 없다.

마지막으로 살펴볼 나라는 우간다. 영국의 지배를 받았던 이 나라는 르완다나 부룬디와 마찬가지로 1962년에 독립했다.

1971년 군인인 이디 아민이 권력을 장악한 뒤 미국과 영국에 대한 친화 정책으로 반공주의를 표명했다. 그러나 잔혹한 독재 정치를 자행해 수십만 국민을 학살하자 미국과 영국은 우간다와 관계를 단절했고, 이에 우간다는 태도를 바꿔 소련에 접근하기 시작했다.

우간다는 소련에서 원조 받은 무기로 남쪽의 인접국인 탄자니아를 공격했으나 전쟁에 패하여 아민 정부는 실각했다. 이후에도 수단에 거점을 둔 기독교 원리주의 세력인 '신의 저항군'이 정부군을 공격하는 등 정치적 혼란이 계속되고 있지만 20세기 말부터는 경제가 안정되면서 정치적으로도 소강 상태를 유지하고 있다.

우간다, 르완다, 부룬디는 작은 나라지만 내부적으로는 민족 문제와 계속되는 권력 투쟁 그리고 최근에는 자원 문제까지 얽혀 복잡한 상태며, 대외적으로는 미·소 대립이라는 국제 관계에 농락당한 역사를 안고 있다.

남아프리카가 노린 나미비아, 앙골라

나미비아는 과거 독일의 식민지였으며 '독일령 서남아프리카'로 불렸다. 제1차 세계대전 후 국제연맹은 남아프리카 연방에게 나미비아의 위임통치를 맡겼는데, 제2차 세계대전 후 국제연맹이 해체됐다는 이유로 남아프리카 연방이 실질적으로 점령했다.

1960년 국제연합은 남아프리카 연방의 위임통치 종료를 알렸으나 남아프리카 연방(1965년 영국 연방에서 남아프리카 공화국으로 독립함으로써 국제 비판 여론을 피하려 했다. 이후 '남아프리카'로 약칭한다)은 이를 거부했다. 뿐만 아니라 남아프리카 정부는 이 지역에서 아파르트헤이트를 강요했다.

남아프리카의 지배에 저항하는 반정부 세력이 남서아프리카 인민기구SWAPO를 결성하여 무력 해방 투쟁을 전개했으며, 1968년 국명을 '나미비아'(나미브 사막에서 따왔다)로 정했다. 남아프리카 정부는 나미비아에 존재하는 친 남아프리카 세력과 연계하여 나미비아에 대한 계속적인 지배를 도모하는 등 해결의 조짐이 보이지 않는 시간의 연속이었다.

여기에 나미비아 북부에서 일어난 앙골라 내전이 혼란을 가중시켰다. 앙골라는 모잠비크와 함께 포르투갈의 식민지로, 양국 간에도 독립전쟁이 계속되고 있었다. 1974년 포르투갈에서 일어난 카네이션 혁명(제2차 세계대전 이전부터 이어온 독재 체제를 종식시킨 혁명으로, 카네이션이 상징이다)의 영향을 받아 1975년에는 앙골라와 모잠비크 모두 독립을 이루었다.

그러나 앙골라에서 미·소의 대리전이라 할 수 있는 내란이 일어났고, 이것이 나미비아에 심각한 영향을 미쳤다. 앙골라의 독립전쟁을 주도한 세력은 미국과 남아프리카가 지원하는 앙골라

완전독립민족동맹UNITA, 소련이 지원하는 앙골라해방인민운동 MPLA, 자이르와 프랑스가 지원하는 앙골라민족해방전선FNLA으로 나뉘어 대립하고 있었다. 이때 쿠바군이 MPLA를 지원하고 나서면서 국제 갈등으로 번지자 미국과 소련이 혼란을 해결하기 위한 논의를 거듭했다. 1988년 남아프리카가 지배 중인 나미비아의 독립과 앙골라에서 쿠바군의 철수를 '묶음'으로써 평화를 위한 해결책이 마련되어 1990년 나미비아는 독립을 달성했다.

21세기에 들어 앙골라는 다이아몬드(내전 중에는 '분쟁 다이아몬드'로 문제화했다. '더 읽어보기' 참조)와 석유 수출로 경제 번영을 누리고 있지만, 그로 인한 부패와 내전 당시 국토 전역에 묻어놓은 지뢰, 중앙정부에 반발하는 지역 등 새로운 문젯거리에 직면해 있다.

'아프리카의 뿔' 소말리아의 역사와 해적

오늘날 아프리카에는 무법 지대라 할 수 있는 지역이 존재한다. 얼마 전부터 아프리카의 뿔로 불리는 대륙 동쪽의 소말리아 부근으로, 이곳에 해적이 출몰하고 있다. 최근에는 수가 줄었다고 하지만, 본래 해적과 같은 무법자는 권력이 강력한 곳에서는 출현하지 않으므로, 해적의 출현 자체가 불안정한 소말리아의 현실을 반영하고 있다고 할 수 있다.

아프리카의 뿔 주변의 역사 지도도 약간 복잡하다. 제국주의 시절에는 남쪽에서부터 이탈리아령 소말릴란드, 영국령 소말릴란드, 프랑스령 지부티(프랑스 대륙 횡단 정책의 동쪽 기점), 이탈리아령 에리트레아가 있었다. 제2차 세계대전 후에는 에리트레아가 에티오피아에 합병되었다가 1993년에 독립했고, 지부티는 1967년의 국민투표 결과 프랑스령으로 머물렀다가 1977년에 독립했으며, 영국령과 이탈리아령 소말릴란드는 1960년 통합해서 독립했다.

1977년 소말리아는 에티오피아의 오가덴 지방을 요구하며 전쟁을 일으켰다(소련이 당시 사회주의 정권이었던 에티오피아를 지원하자 소련과 대립하던 중국과 미국은 소말리아를 지원했다). 그런데 이 전쟁에 패하면서 소말리아의 정세가 무척 혼란해졌다. 그러한 혼란 속에서 과거의 영국령 소말릴란드가 소말릴란드 공화국으로 독립을 선언했으나 아직은 국제사회로부터 승인을 얻지 못했다.

옛 이탈리아령 소말릴란드의 북부에는 '푼틀란드'라는 지역이 있는데, 이곳도 소말리아로부터 분리 독립하려는 움직임을 보이고 있다.

── 경쟁국들을 통해 배우는 세계사

아프리카의 '분쟁 다이아몬드'

아프리카는 광물 자원의 보고다. 그중에서도 다이아몬드는 제국주의 시절 유럽이 아프리카에 진출하게 만든 주된 요인이었다. 나폴레옹 전쟁의 결과 케이프타운을 손에 넣은 영국이 네덜란드와 벌인 보어 전쟁(남아프리카 전쟁)은 그야말로 금과 다이아몬드를 둘러싼 전쟁이었다.

냉전 시절에는 각각 자기 진영에 무기를 지원하던 미국과 소련이 냉전 체제 이후 더 이상 무상으로 무기 지원을 하지 않게 되었음에도 불구하고 각 국에서 정부군과 반정부군의 전쟁은 계속되었다. 그리고 다이아몬드 광산이 있는 국가에서는 **그 다이아몬드가 반정부 측의 무기 구입 자금원**이 되고 있다.

아프리카 서부에는 시에라리온, 라이베리아, 코트디부아르 세 나라가 나란히 붙어 있다. 라이베리아는 미국 북부에서 활발히 전개된 노예제 폐지 운동으로 인해 건설된 국가로, 국명은 '자유'라는 단어에 유래하고 있다. 이웃나라인 시에라리온은 영국의 노예무역, 노예제 폐지 운동으로 해방된 흑인들이 이주한 지역이다. 그래서 시에라리온의 수도는 프리타운(자유의 거리)이다.

시에라리온은 1961년에 독립했지만 1990년대에 민주화가 추진되는 가운데 잦은 쿠데타로 인해 내란 상태에 빠졌다. 같은 시기 라이베리아와 코트디부아르에서도 내전이 계속되었고, 이들 국가의 반정부 세력이 취급하는 이른바 '분쟁 다이아몬드'가 밀수출되었다.

분쟁 다이아몬드는 직접적으로는 분쟁을 장기화하기 때문에 유엔 등이 규제에 나섰고, 전 세계 다이아몬드 산업계에서는 '분쟁 다이아몬드'가 아님을 인증하는 제도를 갖추기로 합의했다. 분쟁 다이아몬드는 이 세 나라에 국한되지 않으며 앙골라나 콩고 공화국, 콩고 민주공화국(옛 자이르)에서도 문제기 되고 있는데, 상황은 조금씩 개선되고 있는 듯하다.

아울러 반정부 조직이 무기 구입 자금을 조달하는 데 이용되는 물자는 다이아몬드만이 아니다. 금이나 희소금속 등도 그 대상이 되며, 아프가니스탄 등에서 양귀비로 제조한 마약(헤로인) 등도 큰 문제가 되고 있다.

13장

러시아 VS. 영국·미국 그리고 탈레반

아프가니스탄을 둘러싼 '그레이트 게임'

2001년 9월 11일, 미국에서 동시다발로 벌어진 테러는 전 세계에 큰 충격을 주었다. 미국은 이슬람주의 과격 집단인 알카에다의 지도자 오사마 빈 라덴을 테러의 주동자로 지목했으며, 같은 해 빈 라덴의 인도를 거부한 아프가니스탄을 공격했다. 이후 2003년 에는 이라크가 빈 라덴을 돕는 것으로 추정하여 이라크를 공격했 다(걸프전 후의 대량 살상 무기를 숨겼다는 의혹이 전쟁의 구실이었다). 테러를 일으킨 지 10년 만인 2011년, 빈 라덴은 파키스탄과 인도 의 국경 지대에서 미국의 특수부대에 의해 발견되어 사살되었다.

이 국제적인 테러리스트의 부친은 예멘 출신으로, 사우디아라 비아에서 부를 축적해 아들인 빈 라덴에게 거액의 자금을 지원하 고 있었다. 빈 라덴은 고등교육을 받았으나 이슬람교에 깊이 빠지면서 현대 사회의 자본주의나 사회주의, 민족주의까지 거부했다. 특히 그 모든 것의 근원으로 미국을 지목하며 혐오했다.

소련은 1979년부터 아프가니스탄을 침공했는데, 이에 대해 사우디아라비아의 사우드 가는 소련과 싸우는 아프가니스탄의 이슬람교도를 지원해달라고 빈 라덴 일족에게 요청했다. 이는 당시 사우디아라비아에게 골칫거리였던 이슬람 과격파를 자연스럽게 아프가니스탄으로 추방할 수 있는 구실로, 이때 빈 라덴은 아프가니스탄으로 향했다. 당시 아프가니스탄과 이슬람, 그리고 미국과 소련의 의중과 그 역사를 살펴보기로 하자.

이슬람 세계를 뒤흔든 알하람 모스크 점거 사건

소련이 아프가니스탄을 침공한 1979년, 이란에서는 이슬람 혁명이 일어나면서 주변 이슬람 국가들에 큰 파장을 일으켰다. 사우디아라비아는 엄격한 이슬람교인 와하브파를 국교로 삼고 있지만, 20세기 들어 국내에서 생산되는 석유를 수입하는 미국 및 유럽의 자본주의 국가들과 친밀한 관계를 맺고 있었다. 그런 한편 왕족에 의한 독재 체제에 대한 비판이 고조되고 있었다.

혁명으로 권력을 잡은 이란의 호메이니는 이러한 사우디아라비아의 국가 체제를 강하게 비판했다. 반면 사우디아라비아는 이러한 비판에 대응할 여력이 없었다. 바로 호메이니의 발언이 이슬람교도 최대의 성지인 메카에서 벌어진 충격적인 사건, 즉 과격파가 카바의 신전을 지키는 마스지드 알하람(알 하람 모스크)을 점거하고 왕정 타도를 외치는 계기가 되었기 때문이다. 이 사건은 진압되었고 과격파는 공개 처형되었지만 사우디아라비아가 추진 중이던 근대화와 친서유럽 노선에 제동이 걸렸다. 그런 가운데 소련이 아프가니스탄을 침공하는 사태가 벌어졌다. 지원을 요청받은 사우디아라비아는 자금을 지원하고 무자헤딘(성전에서 싸우는 전사)을 보낸다는 명목으로 국내의 과격파를 일소한 것이다. 그 일환으로 빈 라덴도 아프가니스탄으로 향했다. 이슬람교 세계에서는 이러한 인물들의 왕래가 쉽게 이루어지는 편이다.

알카에다는 어떻게 생겨났는가?

아프가니스탄에서 빈 라덴은 미국 중앙정보국CIA으로부터 정보를 지원받았고, 파키스탄군으로부터 군사 훈련을 지원받았다. 전투는 점차 무자헤딘에게 유리해졌고 마침내 소련을 물리칠 수 있었다.

이 과정에서 빈 라덴은 마크탑 알 키다맛MAK이라는 조직을 만들고 자신의 재산을 자금으로 내놓아 무자헤딘을 지원했다. 이 조직이 알카에다를 비롯한 이슬람 과격 테러 조직을 지원하는 기반이 되었다.

이후 MAK 내부에서는 아프가니스탄에 이슬람 국가를 건설하고자 하는 세력과 세계 각지에서 테러 활동을 이어가기를 원하는 세력 사이에 갈등이 생겨났다. 그리고 세계 각지에서 테러를 기도하는 세력이 알카에다를 이루었으며(다만 그 실체는 잘 알려져 있지 않다) 빈 라덴이 막대한 재력을 바탕으로 알카에나의 지도자가 되었다. 이라크의 쿠웨이트 침공 당시 알카에다는 미군에게 협력한 사우디아라비아를 강하게 비판했으며, 이것이 2001년 9·11 테러로 이어졌다.

아프가니스탄은 동서 교통의 요충지였다

아프가니스탄은 보통 사막이 펼쳐져 있는 영토를 떠올리게 되지만 실제로는 대부분 험준한 산지며 초원에서는 목축 활동이 이루어지고 있다. 본격적인 곡물 재배가 불가능하기에 곡물은 대부분 국제 지원에 의존하고 있으며 현금 수입이 손쉬운 아편 재배가 성행하고 있다.

반면 이 나라는 광물 자원으로 많은 주목을 받고 있다(사회가 안정되어 개발이 추진되면 막대한 부를 축적할 수 있다고 한다). 광물 자원 가운데 역사적으로도 유명한 것이 청금석(귀한 청색 안료로 사용된다)이다. 아프가니스탄의 청금석은 고대 이집트 왕 투탕카멘의 마스크에서도 검출된 것으로, 쇼소인正倉院[일본의 나라 시대를 중심으로 전통 미술공예품이 소장되어 있는 창고—옮긴이]의 소장품에서도 청금석이 사용된 사례가 있다고 한다. 즉 고대로부터 아프가니스탄은 중요한 동서 교역로 역할을 해왔다. 과거 알렉산더 대왕은 원정군을 이끌고 이 지역까지 진출했으며 한때는 인도인이 북상하여 이곳에 국가를 건설하기도 했다. 중앙아시아의 여러

현재의 아프가니스탄 주변

민족 중에서 이 지역에 나라를 세웠던 인물이 있었고, 아프가니스탄 스스로 더 강대한 국가에 편입된 적도 많았다. 구체적으로는 10세기 튀르키예계 이슬람 세력이 건설한 가즈나 제국, 이어서 술탄국이 아프가니스탄을 거점으로 활약했다.

이 외에도 몽골 민족, 이란 민족에 의한 지배가 이어졌다. 그러다가 18세기에 아프간인(아프가니스탄의 주된 민족은 파슈툰인이다)이 세운 국가가 등장하는데, 그 최초는 두라니 왕조. 그러나 19세기 들어 서양 열강이 세계 각지로 진출할 때 아프가니스탄도 그 대상에 속했다.

러시아와 영국의 그레이트 게임

19세기 아프가니스탄은 중앙아시아에서 남하하려는 러시아와 인도 북쪽으로 진출하려는 영국의 각축장이 되었다. 아프가니스탄뿐만 아니라 이웃나라 이란도 양국 대결의 장이었는데, 아프가니스탄을 둘러싼 영국과 러시아 양국의 싸움을 '그레이트 게임'이라고한다. 이 표현은 아프가니스탄을 주 무대로 한 싸움을 의미하지만, 더욱 넓게는 캅카스부터 중국에 이르기까지 아시아 전역을 포괄하는 용어이기도 하다. 오늘날에도 그레이트 게임은 계속되고 있다고 할 수 있지만 여기에서는 아프가니스탄에 대해서만 이야기하겠다.

1757년의 플라시 전투에서 프랑스를 이긴 영국은 인도 지배를 확장시켜나갔다. 19세기 중반 북인도에서 세력을 떨친 시크 교단과 벌인 두 번의 전투에서 승리를 쟁취했고, 나아가 1857년 인도 대반란(세포이 항쟁)을 진압하면서 인도 대부분의 영토를 장악했다. 그리고 1877년 인도 제국을 확정지었다. 이 과정에서 영국은 아프가니스탄의 중요성을 확실히 인식하게 되었다.

18~19세기에 러시아는 오스만 제국을 압박하면서 중앙아시아로 진출했으며 지속적으로 남하를 도모하고 있었다. 19세기에 러시아가 이란에서 아프가니스탄으로 침입하려 하자, 영국이 이에 맞서 아프가니스탄을 먼저 공격함으로써(1차 아프간 전쟁) 괴뢰 정권을 수립하는 데 성공했다. 그러나 아프간인의 거센 반발에 부딪혀 결국 철수하는 과정에서 2만여 명의 희생을 치르는 굴욕을 맛보았다. 이후 한동안 영국과 아프가니스탄은 안정된 관계가 유지되었다.

19세기 말 다시 러시아가 적극적으로 남하하자 1878년 대응에 나선 영국이 아프가니스탄에 군대를 파견했다. 이때도 영국은 고전을 면치 못했으나 1881년 아프가니스탄을 영국의 보호국으로 두는 데 합의하고 철수했다. 이 교섭 과정에서 아프가니스탄과 파키스탄(당시는 인도)의 국경이 정해졌다. 이 국경선이 바로 당시 영국 대표의 이름을 딴 '듀랜드 라인'으로, 오늘날까지 양국의 경계가 되고 있다. 이때 파슈툰인(아프가니스탄의 주요 민족)의 거주 지역이 분단되었다.

오늘날 지도를 보면 아프가니스탄의 영토 동북부에 기묘하게 가늘고 긴 지역이 있다. 이 지역은 좁고 험준한 지대인 와칸 계곡으로, 현재는 타지키스탄과 파키스탄, 티베트를 지배하고 있는 중국과 국경을 이루고 있다. 러시아와 영국이 이 지역을 양국 세력의 완충지로 삼은 결과다.

또한 이란(페르시아)과 아프가니스탄의 국경도 영국이 개입했다. 나중에 설명하겠지만, 양국 국경의 남부는 헨리 맥마흔이 조정했다. 중앙아시아의 국경은 오스만 제국과 러시아 등의 열강이 관여하면서 결정된 것이다.

그레이트 게임은 1907년 영·러 협상으로 종결되었다. 이 협상에서 이란(페르시아)에 대한 두 나라의 세력 범위가 약정되었고 아프가니스탄에 대해서는 영국의 우월권이 보장되었다. 아프가니스탄에서도 영국의 지도 아래 근대화를 위한 움직임이 있었으나 지배 세력 내부의 분쟁으로 인해 성과를 거두지 못했다.

제1차 세계대전 후, 영국의 국력이 약해진 틈을 타서 아프가니스탄의 이슬람교도는 영국에 대한 지하드를 외쳤고, 1919년 영국이 이에 응전하면서 3차 아프간 전쟁이 전개되었다. 그러나 아프간인(파슈툰인)들이 단결에 실패하여 전투는 교착의 조짐을 보였

──경쟁국들을 통해 배우는 세계사

고 영국도 전쟁 장기화를 원하지 않았기 때문에 해를 넘기지 않고 평화 조약이 체결되었다. 이로써 아프가니스탄은 외교권을 회복하고 독립을 이룩했다.

파슈툰인의 국가는 어디인가?

오늘날 여러 나라에서 살아가는 민족이 적지 않다. 그 대표적인 예로 자주 언급되는 쿠르드인에 대해서는 앞서 소개했지만, 아프가니스탄의 파슈툰인 역시 그와 비슷한 처지에 있다.

파키스탄 서남부부터 이란 동부, 아프가니스탄 남부를 아울러 '발루치스탄'이라 하는데, 과거에는 이 지역에 나라가 세워져 있었으며 17세기에는 칼라트 왕국이 존재했다. 19세기에 영국이 인도에 대한 지배권을 확대하면서 이 지역을 4개 번왕국으로 분할했고, 이 번왕국들을 묶어서 발루치스탄 수석 판무관령으로 설정했다. 문제는 인도가 독립했을 때 이 지역은 어떻게 처리되는가였다.

인도가 독립하자 발루치스탄은 영국의 직접적인 지배를 받지 않았다면서 독자적인 국가를 건설하려 했다. 1852년 발루치스탄 번왕국 연합이 수립되었지만 파키스탄이 압력을 가하면서 결국 파키스탄에 합병되었고, 1855년에는 번왕국 자체가 소멸했다.

파키스탄은 아프가니스탄의 합병까지 염두에 두었기 때문에 아프가니스탄의 국왕은 파키스탄 내 파슈툰인을 포함해 파슈타니스탄 건설 운동을 지원하며 파키스탄을 견제했다. 그러나 이 노력은 실패로 돌아갔고 이후 아프가니스탄은 큰 변동을 겪었다. 20~21세기 아프가니스탄을 둘러싼 국제 관계는 그레이트 게임의 재현이라 할 수 있다.

소련, 탈레반, 미국이 뒤얽힌 현재의 아프가니스탄

1933년 아프가니스탄 국왕에 즉위한 자히르 샤는 개화한 군주로서 냉전 시대에도 균형 외교를 전개했다. 그러나 1973년 급진적인 개혁을 요구하는 사촌이자 전 총리인 다우드가 주도한 쿠데타로 인해 제위에서 물러났다. 다우드는 공화제를 수립했으나 당시의 아프가니스탄은 도시화가 추진되는 가운데 사회적 갈등이 불거지는 등 혼란의 시기를 맞고 있었다. 이에 1978년 인민민주당이 소련과 손잡고 쿠데타를 일으켜 다우드를 추방하고 아프가니스탄 인민공화국을 수립했다. 그러나 인민민주당 내부의 갈등이 심각해지자 1979년 소련은 온건파인 카르말을 지원하기 위해 군대를 파견했다.

아프가니스탄인은 이러한 소련의 군사 개입에 거세게 저항했다. 파슈툰인을 비롯해 이슬람 세계 각지에서 모인 20만 명에 달하는 무자헤딘이 소련군을 괴롭혔다. 소련과 적대적인 관계의 미국은 그들에게 무기를 지원했으며 파키스탄은 무자헤딘을 지원함으로써 아프가니스탄에 대한 영향력을 강화했다. 소련은 10년에 걸친 전쟁에서 성과를 거두지 못하고 1989년 전면 철수했는데, 이것이 소련 붕괴의 계기가 되었음은 두말할 나위가 없다.

한편 아프가니스탄 내부에서 새로운 문제가 발생했다. 각국에 흩어져 있던 무자헤딘이 귀국하고 1992년 '아프가니스탄 이슬람국'을 선언하긴 했으나 강력한 지도력을 갖춘 정부가 없는 상태에서 내전이 끊이지 않은 것이다. 그러한 상황에서 파슈툰인을 중심으로 파키스탄의 지원을 받은 탈레반('신학생'을 뜻한다)이 급격히 세력을 확장하여 1996년 '아프가니스탄 이슬람 수장국'을 수립하면서 아프가니스탄은 안정을 찾는 듯했다. 그러나 아프가니스탄 이슬람 수장국을 인정하는 국가는 파키스탄과 사우디아라비아 그리고 아랍에미리트 세 나라뿐이었다. 특히 파키스탄으로서는 카슈미르 문제를 고려했을 때 자국의 영향력을 발휘할 수 있는 정권이 아프가니스탄에 들어서는 것이야말로 가장 만족스런 결말이다.

탈레반은 엄격한 이슬람교 율법에 바탕을 둔 정치를 전개했고, 혼란에 지쳐 있던 아프가니스탄인은 처음에는 탈레반 정권의 그러한 엄격함을 환영했지만 오래지 않아 거부감을 느끼고 무자헤딘에서 빠져나온 여러 세력이 북부 동맹을 결성하여 탈레반 정권에 맞서게 되었다.

이 무렵 해외에서 테러 활동을 하던 알카에다의 지도자 빈 라덴은 탈레반을 믿고 아프가니스탄에 입국하여 과거 파슈툰인이 독립운동을 벌이던 지역을 탈레반과 알카에다의 거점으로 삼았다. 2001년 9월 미국에서 대규모 테러가 발생하자 미국은 NATO와 함께 아프가니스탄 전쟁을 선포했다. 이로써 탈레반 정권은 붕괴했고 2004년 국제사회의 지원을 받아 아프가니스탄 이슬람 공화국이 수립되었다.

9·11 테러 이후 오랜 동안 실종 상태였던 빈 라덴은 2011년 미군 특수부대에 발견, 사살되었다. 빈 라덴이 발견된 아보타바드는 제국주의 시절에 영국이 건설한 도시로, 1차 인도·파키스탄 전쟁 때 영국 적십자가 들어와 부상병을 치료하던 곳이었다.

14장

러시아 VS. 중국
유럽과 아시아의 경계는 이렇게 만들어졌다

2013년 10월, 중화인민공화국 베이징 정치의 중추이자 베이징 최고의 관광 명소이기도 한 톈안먼 광장에서 자동차가 폭주하여 다리 난간을 들이받는 사고가 발생했다. 이 사고로 5명이 사망하고 40명의 일반인이 부상을 당했다.

이 사건의 범인은 신장 위구르 자치구의 독립을 요구하는 위구르인으로 알려졌다. 위구르인의 항거는 이전에도 늘 있었으며, 2009년에는 신장의 중심 도시 우루무치에서 한족과 위구르인이 충돌하여 수백 명의 사망자와 1000명이 넘는 부상자가 발생하기도 했다.

중국에서는 중앙아시아를 '서역西域'이라 하는데, 서역이라 하면 사막을 횡단하는 카라반 등 낭만적인 풍경을 떠올리는 사람도 있을 것이다. 그러나 중앙아시아의 현실은 이와 전혀 다르다. 현재 신장 위구르 자치구나 티베트는 중국의 영토지만 위구르인이나 티베트인 입장에서 중국인은 '침략자'이며, 근래에 많은 한족이 유입되는 데 불만이 고조되고 있다. 또한 이슬람교도가 많은 위구르인은 이슬람 국가의 민주화 운동 또는 복고주의 운동의 영향을 받아 독립을 요구하는 주장이 강해지고 있다.

내륙 아시아는 이들 여러 민족과 중국, 또는 강대국 러시아와 국경 분쟁이 잦은 지역이다. 거대한 유라시아 내부의 국경이 어떻게 결정되어 왔는지 그 역사를 살펴보자.

유목민의 세상, 농경민의 세상, 러시아인의 세상

고대 중국의 국경선은 만리장성이었다. 기본적으로 만리장성은 농경 지대와 초원·유목 지대의 경계로서, 장성의 북쪽은 유목민의 세상이었다.

중국은 재화를 쫓아 서쪽으로 진출했지만 영토화한 지역은 간쑤성의 둔황, 그보다 약간 서쪽에 위치한 타클라마칸 사막 정도다. 송나라 때에는 북방 민족의 침입을 받아 만리장성 남쪽의 토지를 빼앗기고, 마지막에는 몽골(쿠빌라이 칸)에 의해 중국 전체가 지배를 받기도 했다. 명나라 때는 기본적으로 한나라 시대 이후의 영토에서 크게 변하지는 않았지만, 만주인이 세운 청나라의 건륭제 때는 거듭된 원정으로 티베트에서 중앙아시아까지 영토를 확장했다.

같은 시기, 러시아 제국은 모피나 금을 쫓아 시베리아 방향(러시아인의 감각으로는 우랄 산맥에서 동쪽)으로 향했기 때문에 중국과 국경 문제가 발생했다. 국경에 관한 최초의 결정으로 청 강희제와 러시아 표트르 대제 시대인 1689년에 체결된 네르친스크 조약이 유명하다.

유럽인이 보기에 명·청 시대의 중국이 누린 안정과 번영은 매우 놀라운 것이었다. 그러나 16~17세기 이후 북방에서는 과거의 유목민을 대신하여 러시아의 진출이 두드러졌다. 18세기 후반에는 영국이 자유무역을 요구하며 중국의 남쪽을 압박하기 시작했고, 19세기 아편전쟁 이후 중국은 크게 동요하기 시작했다. 그 과정에서 영토 문제에 관해서도 불만이 제기되었다.

19세기에 빠르게 추진된 러시아의 동방 진출

16세기 러시아가 본격적으로 시베리아 지역으로 진출했을 때 그 지역에는 시비르 칸국이 존재했다(이 국명이 '시베리아'라는 명칭의 유래다). 16세기 후반에 이반 4세(뇌제)는 스트로가노프 가에 시베리아 개발권을 내주었고, 카자크의 예르마크는 스트로가노프 가와 손잡고 시비르 칸국의 수도를 함락시켰다.

18세기에는 광산 개발도 활발해지지만, 농노제를 피해 서시베리아로 옮겨 간 농민들에 의해 서시베리아는 곡창지대가 되었다. 19세기 말에 시베리아 철도 건설에 돌입한 것은 이 곡물을 수송하기 위해서였다.

이렇게 러시아의 시베리아 진출이 본격화되면서 중국과 러시아가 최초로 체결한 조약이 앞서 언급한 1689년의 네르친스크 조약이다. 두 나라의 국경은 아르군강과 실카강으로 흘러드는 케르비치 강, 와싱안링 산맥(스타노보이 산맥)을 연결하는 선으로 결정되었다.

세월이 한참 흘러 1858년 청나라가 애로호 전쟁(2차 아편전쟁)과 태평천국의 난으로 혼란한 와중에 러시아는 청나라에 아이훈 조약을 강요했다. 이 조약으로 러시아는 아무르강의 왼쪽을 획득하고 그 지류인 우수리강 동쪽(연해주)을 양국의 공동 관리지로 정했다. 그리고 1860년 베이징 조약을 맺어 러시아가 연해주를 완전 병합했다.

러시아는 계속해서 동쪽으로 진출했다. 18세기에 베링은 두 번에 걸쳐 베링 해협부터 알래스카까지 탐험했다. 러시아는 알래스카의 식민지화를 추진했지만 크림전쟁으로 인한 재정난을 극복하기 위해 1867년 알래스카를 미국에 매각했다.

아울러 일본의 마쓰마에 번은 17세기부터 사할린(가라후토)에

러시아의 동방 진출

진출하여 어업의 근거지로 삼았다. 러시아는 중국을 고려해 조심스럽게 사할린에 진출하고 있었으나, 19세기 초 러시아와 미국 회사의 선박이 사할린 남단에 있는 일본의 어장 시설을 습격했다. 이는 일본이 나가사키에서의 무역 교섭을 거부한 데 분노한 레자노프가 일으킨 사건으로 알려져 있다.

그 후 1855년에 체결된 러·일 통상우호 조약에서는 이 섬의 영유권에 대해 언급하지 않았고, 1875년 쿠릴·사할린 교환 조약으로 러시아가 사할린 전체를 영유하게 되었다. 이후 러일전쟁이 끝난 뒤의 포츠머스 조약에서 일본과 러시아는 사할린을 남북으로 분할 영유하기로 합의했으나 제2차 세계대전 후 소련이 섬 전체를 빼앗았다.

제2차 세계대전 직후 혼란한 가운데 소련은 쿠릴 열도까지 점령했지만 북방 4도(에토로후·구나시리 등)가 쿠릴 열도에 포함되는지에 대한 해석이 양국 간의 현안으로 남았다. 북방 4도 문제를 둘러싼 교섭에 관해서는 러시아의 크림 반도 병합 문제가 얽혀 있어 일본 정부도 유럽과 미국에 쉽게 동조하기 어려워 신중하게 대응하고 있다. 국제 관계란 정말 복잡한 것이다.

러시아 vs. 중앙아시아

네르친스크 조약으로 아르군강 동쪽 국경은 정해졌지만 이곳에서부터 서쪽 몽골 고원에 이르는 국경이 정해지지 않았기 때문에 1727년 캬흐타 조약을 맺어 외몽골 지역의 경계를 확정지었다. 이 두 조약으로 러시아와 청의 관계는 안정을 찾은 반면 중앙아시아 쪽에서는 분쟁이 발생했고, 19세기 후반 아편전쟁에 패한 중국이 혼란에 빠져 있을 때 국경이 확정되었다.

1864년에 체결된 타르바가타이 조약에서는 캬흐타 조약의 경계선부터 서쪽 외몽골까지, 1881년의 일리 조약에서는 일리 지방(신장의 서북부, 타르바가타이 조약 국경의 서쪽)의 국경이 확정되었다. 나아가 1882~1885년의 파미르 조약과 카슈가르 조약으로 신장의 서부 경계를, 티베트·인도 조약에서는 신장의 서부에서부터 티베트에 걸친 경계를 확정했다. 티베트의 서쪽은 카슈미르 지방으로, 이곳에서는 중국과 러시아 간의 국경이 아닌 중국과 인도 간의 국경 문제가 대두된다.

러시아와 중국의 국경은 이렇게 정해졌지만 러시아는 서쪽 중앙아시아로도 꾸준히 진출했다.

현재는 중앙아시아에 위치한 옛 소련에 속해 있던 나라들에 대해 살펴보자. 러시아 남쪽에는 영토가 가장 넓은 카자흐스탄이 있고, 그보다 더 남쪽에는 서쪽에서 동쪽으로 투르크메니스탄,

현재의 중앙아시아 국가들

우즈베키스탄, 타지키스탄, 키르기스스탄이 있다.

우즈베키스탄과 카자흐스탄의 남부에는 아무다리야강과 시르다리야강에 둘러싸인 지역이 있는데, 고대에는 소그디아나라고 불렸으며 티무르 제국이 붕괴된 후에는 우즈베키스탄 계통 3대 칸국(히바·부하라·코칸트)이 있던 지역이다. 러시아가 19세기 중반부터 후반까지 이 지역을 병합했다.

다만스키섬(전바오섬) 사건: 사회주의 국가 간의 핵전쟁 위기

중국에 문화대혁명(1965~1976)의 폭풍우가 거세게 몰아치던 1969년, 중국과 소련의 국경인 아무르강의 지류인 우수리강에 있는 다만스키섬에서 발생한 군사 충돌이 중앙아시아 국경 지대까지 확대되었다. 중화인민공화국이 탄생하면서 중국과 소련은 한동안 우호 관계를 유지했으나 1956년의 스탈린 비판(스탈린 정치에 대해 흐루쇼프의 비판으로, 중국은 스탈린의 역사적 업적을 높이 평가했기 때문에 이에 반발했다) 이후 양국의 관계는 서서히 악화되었다.

양국은 같은 사회주의 국가지만 둘 다 핵을 보유한 나라였기에 다만스키섬에서 발생한 충돌은 핵전쟁의 위기까지 치달았다. 그러던 중 베트남의 호찌민 주석이 사망하자 소련의 수상인 코시긴이 하노이를 방문해 조문하고 돌아가는 길에 베이징에 들러 확전을 피하자는 의견을 교환함으로써 위기를 넘겼다. 1972년 미국 대통령 닉슨의 중국 방문이 실현된 것도 이러한 상황을 감안한 것이라 할 수 있다.

베이징 조약 등으로 국경선이 정해졌음에도 불구하고 이러한 충돌이 발생한 이유는 하천의 어디를 국경으로 할지, 또한 하천 안에 존재하는 여러 개의 모래톱(섬이라 부르는 게 적합할 만큼 규모가 큰 모래톱도 있다)의 영유권을 어떻게 할지 등에 대한 확인이 없었기 때문이다. 양국의 국경 교섭은 지지부진한 양상을 보이다가 1986년 고르바초프 시대를 맞아 양국은 국교를 정상화하면서 본격적인 국경 협상에 나섰다. 1991년에는 극동의 국경 대부분을 매듭지었고, 소련이 붕괴된 후인 1994년에는 중앙아시아 지역의 국경을, 2004년에는 나머지 부분을 서로 확정지으면서 국경 문제가 해소되었다.

100개 이상의 민족이 살고 있는 중앙아시아의 다섯 나라

소련이 붕괴한 후 중앙아시아에서는 다섯 국가가 탄생했다. 앞서 언급한 카자흐스탄, 투르크메니스탄, 우즈베키스탄, 타지키스탄, 키르기스스탄으로, 각 민족의 이름으로 지어진 국가명이다. 사실 이들 명칭은 소련 시절에 편의적으로 붙여진 것으로, 실제 이 지역에는 100개 이상의 민족이 거주하고 있다. 그러므로 국경선은 별 의미가 없었지만 더 '나은 방안이 없다'는 이유로 현재까지 유지되고 있다.

다섯 나라 중 투르크메니스탄(영세중립국)과 카자흐스탄의 정치는 비교적 안정되어 있지만, 키르기스스탄, 우즈베키스탄, 타지키스탄 세 나라는 이슬람 과격파와 아프가니스탄 정세와 관련하여 불안정한 상황이 이어지고 있다. 특히 세 나라의 국경 지대인 페르가나 계곡은 광물 자원에 대한 기대로 정치적 긴장감이 이어지고 있다. 1999년에는 일본인 광산기사가 납치되는 사건이 발생하기도 했다(나중에 안전하게 풀려났다).

또한 이들 나라는 민주주의적인 기반이 취약하고 경제적으로도 불안정한 상태다. 러시아의 독립국가 공동체 일원으로 가입하고 있지만 미국이 아프가니스탄을 공격하기 시작한 2001년 키르기스스탄, 우즈베키스탄, 타지키스탄은 미군에 기지를 제공하면서 서유럽 각국과 우호적 관계를 기대하고 있다.

15장

중국 VS. 인도 VS. 파키스탄

히말라야 산맥 주변의 이슬람과 힌두

'시킴'이라는 이름을 들어본 적이 있는가? 홍차를 좋아하는 사람들에겐 고급 홍차를 떠올릴 수도 있겠으나 시킴은 인도 동북부에 위치한 지역으로, 이곳 남부에 '다르질링'이라는 고장이 있다. 그 한가로운 풍경을 보고 있노라면 도저히 인도와 중국의 분쟁 지역이라고 생각하기 어려울 정도다. 과거 시킴은 네팔과 부탄 사이에 있던 왕국이었지만 19세기 말 영국의 보호국이 되었다. 이후 1947년 인도의 독립과 함께 영국의 권리가 인도에 계승되어 인도령이 되었고, 1975년에는 인도를 구성하는 여러 개 주의 하나가 되었다.

네팔, 시킴, 부탄의 북쪽은 티베트이고 그 남쪽은 인도다. 히말라야 산맥을 따라 늘어선 이 세 나라는 인도와 중국 사이에 있었다.

중국(청나라)은 자국의 속국인 티베트, 그리고 티베트의 속국인 시킴(티베트 사람들이 이곳으로 망명했다)을 중국령으로 인식하고 있었다. 그러나 인도는 종주국이었던 영국이 인도와 마찬가지로 식민지로 삼았던 시킴이었기 때문에 인도가 계승하는 게 마땅하다고 여겼다. 그런가 하면 부탄의 동쪽과 네팔의 서쪽인 카슈미르 지방에서도 인도와 중국은 국경 문제로 대립하고 있다.

1954년 저우언라이와 네루는 회담을 열어 역사적인 '평화 5원칙'을 발표했다. 그러나 중국의 경직된 태도로 인해 1962년 무력 충돌이 발생했고, 현재까지 긴장 상태가 계속되고 있다.

이 장에서는 영국의 식민 지배가 끼친 영향과 중국과 인도 간 대립의 역사를 살펴보자.

제국주의 시대의 중국과 인도

오늘날 인도와 중국은 신흥국으로서 경제력과 군사력을 주목받고 있지만, 제국주의 시대에는 선진 열강의 식민지(혹은 반식민지)가 되어 주권을 잃는 수난을 겪었다. 실제로 영국의 빅토리아 여왕은 영국이 인도를 완전히 장악하고 세운 인도 제국의 국왕으로 취임했다. 중국 역시 아편전쟁 이후 잇따라 굴욕적인 상황에 처했고, 20세기 초에는 조차租借[조약에 의해 타국으로부터 유상 또는 무상으로 영토를 차용하는 행위—옮긴이]의 형태로 일본을 포함한 열강에게 영토를 빼앗기면서 청 제국은 주권을 잃은 것이나 다름없는 상황에 이르렀다.

1911년 신해혁명으로 청나라가 무너지고 중화민국이 들어섰으나 세계대전이 벌어지는 동안 국민당과 공산당의 대립이 계속되었고, 그 사이 일본의 침략이 거세졌다. 마침내 제2차 세계대전 후 내전에서 승리한 공산당의 마오쩌둥은 중화인민공화국 성립을 선언했고, 마오쩌둥에게 패한 국민당의 지도자 장제스는 타이완으로 건너가 중화민국을 유지했다.

한편 인도에서는 영국이 식민지 지배를 지속하기 위해 영어를 공통어로 정하고 인도 전역으로 보급했다. 아이러니하게도 영어의 전파는 전체 인도인 간 의사소통을 가능하게 만들어 인도인의 단결을 촉진하는 결과로 이어졌으며, 이는 다시 독립 운동을 전개하는 기반이 되었다.

그러나 인도에는 힌두교와 이슬람교라는 전혀 다른 형태의 종교가 존재하고 있었으며 양쪽 모두 많은 신자를 거느리고 있었다. 독립 운동을 전개하는 과정에서 양자의 갈등이 깊어졌고, 결국에는 인도와 파키스탄이라는 두 나라로 분열하여 독립했다(파키스탄 영토는 인도를 사이에 두고 동서로 분단되었는데, 나중에 동파키스탄이 방글라데시로 분리 독립했다).

중국·인도의 국경 부근

이 장에서는 이와 같이 독립을 이룬 중화인민공화국, 인도 공화국, 파키스탄 이슬람 공화국 간의 국경 문제를 살펴보기로 하자.

인도 VS. 중국: 티베트를 둘러싼 다툼

인도와 중국 간의 첫 번째 갈등은 티베트다. 제국주의 시대에 영국은 인도를 지배하고 난 뒤 아프가니스탄에서 중앙아시아 지역으로, 나아가 티베트까지 진출하려 했다. 이에 20세기 초 영허즈번드가 이끄는 영국군이 티베트를 침공해 라싸를 점령하고 티베트 지배의 초석으로 삼았다. 그러자 티베트의 지도자인 달라이 라마와 2인자 판첸라마는 각각 인도와 중국에게 보호를 요청했다.

1914년 티베트와 영국은 심라 조약(심라는 인도 북부의 도시)을 체결하는데, 이때 티베트는 중국의 종주권을 인정하는 동시에 독립국임을 확인받았다. 심라 조약에서 티베트와 인도의 국경으로 간주된 것이 이른바 맥마흔 라인이다. 그러나 중국은 조약의 결과를 인정하지 않았고, 이는 반세기가 지난 1959년 중·인 간 국경 분쟁의 원인이 되었다.

이에 앞서 1954년 중국과 인도는 '중화인민공화국과 인도 공화국의 중국 티베트 지방과 인도 간의 통상·교통에 관한 협정'을 체결했다. 그 전문前文에 기록된 것이 평등 호혜·내정 불간섭·평화 공존·영토 주권의 존중·상호불가침을 약속한 '평화 5원칙'으로, 같은 해 중국의 저우언라이가 인도를 방문하여 네루와 회견했을 때 국제 관계의 기본으로서 세계에 어필한 것이다.

그러나 현실은 이상과 달랐다. 협정 체결 5년 뒤인 1959년 양국 간에 무력 충돌이 발생했고, 1962년에는 상황이 더욱 심각해졌다. 1959년의 국경 분쟁은 중국의 지배에 저항하여 티베트인들이 봉기했을 때 달라이 라마 14세가 인도에 망명한 사건이 발단이었다. 동부 롱주에서 인도군이 중국을 침범한 데 이어서 서부 콩카 고개에서도 무력 충돌이 발생하는 등 긴장이 고조되었지만 전쟁으로 번지지는 않았다. 그러던 중 1962년 카슈미르 지방에서 다시 분쟁이 발생했다. 카슈미르 지방은 히말라야 산맥의 서쪽, 인도에서는 서북부라기보다는 북부라고 할 수 있는 지역이다. 이 지역을 두고 인도와 파키스탄이 분쟁하고 있지만, 사실 신장 위구르 자치구(중앙아시아)와 티베트를 자국 영토로 간주하는 중국으로서도 이곳은 무시할 수 없는 '국경 지대'였다. 먼저 중국이 카슈미르에 군을 투입하면서 본격적인 전투가 벌어졌는데, 이 전선에서 중국은 압도적인 군사력을 드러내 인도에 큰 상처를 안겼다. 중국군은 인도가 실질 지배하고 있던 카슈미르의 동쪽 아커사이친 지방을 점령하고, 동부 지역, 부탄에서부터 미얀마를 향한 국경 지대, 이른바 맥마흔 라인을 둘러싸고 격전을 벌였다.

그러나 중국은 맥마흔 라인 남쪽을 새로운 영토에 포함시키지 않고 군을 철수시켰다. 그 결과 부탄과 미얀마 사이의 중국과 인도 국경은 확정하지 않은 채 현재에 이르고 있다. 한편 인도는 이 지역의 중요성을 인정하고 인프라 확충에 주력하고 있다.

중·인 국경분쟁 이후 중국은 아커사이친에 자국민을 이주시켜 지배를 강화했고, 티베트와 신장 위구르 지구를 연결하는 간선도로도 건설했다. 현재 카슈미르 지방은 인도, 파키스탄, 중국 간의 긴장 지대로 남아 있다.

참고로, 중국·인도·파키스탄의 핵 개발은 국경 분쟁과 밀접한 관계가 있다. 이 세 국가 중 중국이 1964년에 가장 먼저 핵실험에 성공했다. 이는 중·인 국경 분쟁 후 2년 만의 변화로, 인도가 위협을 느꼈음은 말할 나위가 없다. 인도는 1971년에 발생한 3차 인도·파키스탄 전쟁 3년 뒤인 1974년 원폭 실험에 성공을 거뒀고, 파키스탄은 1998년에 핵 개발에 성공했다.

핵 개발은 세 나라만의 문제가 아니다. 냉전 시대에는 핵무기가 억지력을 발휘한 측면이 있었으나, 긴장 관계에 있는 국가 간의 핵개발 경쟁은 국제 관계에서 무시할 수 없는 문제다.

인도 VS. 파키스탄: 카슈미르 지방을 둘러싼 다툼

종교가 다르다는 이유로 1947년 분리 독립한 인도와 파키스탄이지만, 당시 인도에도 이슬람교도가 있었고 파키스탄에도 힌두교도가 존재했기 때문에 그리 간단히 해결될 문제는 아니었다. 앞서 중·인 국경 분쟁에서도 이슈가 되었던 카슈미르 지방이 가장 심각한 양상을 드러냈다.

카슈미르의 역사 또한 영국의 인도 지배와 밀접한 관계가 있다. 영국은 인도를 식민지화하는 최종 단계에서 서북 인도의 편자브 지방에 강한 세력을 형성한 시크교단과 두 번의 전투를 치렀다. 19세기 중반에 벌어진 이 싸움에서 영국을 지원한 잠무 지방의 귀족은 카슈미르의 토지를 받아 번왕(마하라자)이 되었다. 그러나 그는 힌두교도였던 반면 주민 대다수는 이슬람교도였다. 번왕으로서는 이것이 1세기 후에 인도와 파키스탄 간의 분쟁의 씨앗이 될 줄은 꿈에도 몰랐을 것이다.

번왕과 다른 종교를 지닌 카슈미르 주민들은 인도나 파키스탄이 아닌 독립 국가를 원했다. 그래서 귀속 결정을 미루고 있던 중에 파키스탄군이 침입한 것이다. 이에 번왕은 인도 귀속을 결정하고 인도에 군사 지원을 요청함에 따라 1차 인도·파키스탄 전쟁이 발발했다. 전투는 이듬해까지 이어졌고 인도가 카슈미르의 60퍼센트 영토를 점령한 상태에서 잠정 휴전이 선언되었다.

이어서 1965년, 파키스탄이 인도가 지배하는 지역에 무장 집단을 보내면서 다시금 인도·파키스탄 전쟁이 전개되었다(2차 인도·파키스탄 전쟁). 이 싸움에서 인도군이 압도적 우세를 보여 파키스탄은 휴전 협정을 수락하지 않을 수 없었다.

3차 인도·파키스탄 전쟁의 발단은 파키스탄 내부의 동서 대립에 따른 것이다. 서파키스탄에 대해 자치를 요구하던 동파키스탄에서 1969년 아와미 연맹(벵갈의 자치 요구를 내세운 정당)이 선거에서 승리했다. 그러자 서파키스탄 정부는 1971년 동파키스탄에 군대를 투입해 독립 움직임을 봉쇄했으나, 인도군이 개입하여 동파키스탄에 진주한 서파키스탄군을 물리쳤다. 서파키스탄과 인도 국경에서도 소규모 전투가 있었지만 이 전투는 단기간에 종결됐고, 1972년 동파키스탄은 방글라데시로 독립을 실현했다.

—— 경쟁국들을 통해 배우는 세계사

카슈미르 지방만큼은 아니지만 방글라데시와 인도에도 힌두교도와 이슬람교도의 거주지가 혼재되어 있다는 게 양국의 문제로 남아 있다. 2015년 양국은 수많은 '월경지' 문제를 해결함으로써 영토 문제 해결의 한 표본을 제시했다.

현재의 카슈미르 지방은 인도가 실질 지배하는 잠무 카슈미르, 파키스탄이 실질 지배하는 길기트발티스탄 주 아자드 카슈미르 지역, 중국이 지배하는 아커사이친 세 지역으로 나뉘어 일단 안정이 유지되고 있다. 그리고 카슈미르 분쟁은 '각 관련국들의 조작'이라는 의견이 있기는 하지만 세 국가 모두 핵보유국이라는 점에서 결코 안심할 수 있는 상황은 아니다. 더욱이 최근에 새로운 불안이 보태지고 있다. 아프가니스탄에서 귀국한 무자헤딘이 카슈미르의 독립을 주장하며 무장 투쟁에 나서기 시작했는데 파키스탄이 이를 지원하고 있다는 것이다.

파키스탄으로서는 인도의 시선이 카슈미르를 향하고 있어야 자국의 안전에 유리하겠지만, 각국의 다양한 도전에 휘둘려온 카슈미르에서 더 이상 희생자가 발생하지 않기를 바랄 뿐이다.

16장

동남아시아의 분쟁

대항해 시대 식민지 지배의 결과

2015년은 제2차 세계대전이 끝난 지 70주년인 해이자 1955년 반둥회의가 개최된 지 60년째가 되는 해이기도 하다. 사실 반둥회의는 첫 회가 개최된 이후 60년 동안 한 번도 개최된 적이 없다가 2015년에 두 번째 회의가 개최된 매우 기묘한 회의다. 게다가 명칭은 똑같이 반둥회의지만 1회와 2회의 내용은 크게 다르다. 1회는 종전 10주년을 맞아 아시아·아프리카 각국의 대표가 모여 반제국주의, 반식민지주의를 주장하는 국제 연대의 성격으로, 여기에서 발표된 '평화 10원칙'은 평화 공존·내정 불간섭 등의 보편적인 내용이었다. 그런데 '독립의 시대'가 지나자 아시아·아프리카 각국의 이해 대립이 표면화하면서 반제국주의, 반식민지주의 이념이 희박해졌다. 그로 인해 10년 뒤인 1965년 알제리에서 개최될

예정이었던 두 번째 대회는 무산되었다.

2015년에 개최된 반둥회의는 크게 다른 성격을 드러냈다. 회의 주제는 '세계의 평화와 번영을 위한 남남南南 협력 강화'였으나 빠르게 성장한 중국의 존재감에 압도되는 내용이었음을 부정할 수 없다. 또한 1회는 정치적 협력이 목표였던 반면 이번에는 경제 문제가 중심 주제로 다뤄졌다.

대항해 시대에 차례로 열강의 식민지가 되었던 동남아시아 지역의 역사, 그리고 2015년 반둥회의에 이르기까지 그 흐름을 살펴보자.

인도네시아는 네덜란드가 만들었다?

태평양 지역의 지도를 보면 폴리네시아, 미크로네시아, 멜라네시아 등 '네시아'라는 명칭이 자주 등장하는 것을 알 수 있다. 이는 '섬'을 의미하는 그리스어 접미사로, 인도네시아는 '섬들의 인도'라는 뜻이다. 즉 대륙인 '인도'에 대해 붙여진 국명이다. 인도네시아는 수마트라섬과 자바섬을 중심으로 1만4000여 개의 크고 작은 섬으로 이루어진 국가로, 2억 3000만 인구 대부분이 이슬람교도다. 이렇게 면적이 넓으면서 육지와는 말레이시아, 동티모르, 파푸아뉴기니와 국경을 맞대고 있다. 이들 국가는 모두 제2차 세계대전 후에 독립했으며, 동티모르는 21세기에 접어든 2002년에 독립했다.

고대 역사에 대해서는 생략하겠다. 다만 13세기부터 16세기 초까지 지금의 말레이시아와 인도네시아, 필리핀 남부의 일부까지 지배한 마자파히트라는 왕국이 있었다. '최후, 최대의 힌두 국가'로 소개되곤 하는 이 왕국은 16세기부터 국력이 쇠약해졌다. 반대로 그동안 서서히 신자를 늘린 이슬람교의 마타람 술탄국(마타람 이슬람)이 자바섬을 중심으로 세력을 키워갔다. 이 시기는 유럽 각국이 잇따라 동남아시아에 진출하던 무렵으로, 유럽인들은 마자파히트 왕국 각지에 거점을 건설하기 시작했다.

대항해 시대에 최초로 동남아시아에 진출한 유럽인은 포르투갈인이었다. 그러나 16세기 들어 포르투갈 본국의 침체로 인해 주춤하는 사이에 네덜란드가 인도네시아 지역에서 세력을 확장했다. 결과적으로 인도네시아라는 국가는 이 지역을 식민지화함으로써 하나로 통합한 네덜란드에 의해 탄생했다.

네덜란드는 17세기 초부터 이 지역에 본격적으로 진출하기 시작했다. 당시 자바섬의 서부에는 반튼 왕국이라는 이슬람 국가가 있었는데, 이곳을 점령하여 수도 자카르타를 '바타비아'라는 이름을 붙이고 이 지역을 지배 거점으로 삼았다(오늘날에는 자카르타로 부르는데, 이는 제2차 세계대전 중 일본이 점령했을 때 개칭한 것이다). 네덜란드는 당시 세력을 넓히고 있던 포르투갈을 밀어냈으며(동티모

현재의 인도네시아

르는 포르투갈령으로 남았다) 나아가 1623년에는 말루쿠 제도에서 영국과 벌인 전쟁(암보이나 사건)에서 승리를 거둠으로써 인도네시아 전역으로 지배력을 넓혔다. 이 무렵 마타람 왕국까지 점령하고 내륙으로 지배를 확대했다.

같은 시기 영국은 말레이 반도에서 세력을 확장하고 있었다. 그리고 19세기 초 나폴레옹 전쟁으로 네덜란드가 프랑스에 합병되었기 때문에 프랑스와 싸운 영국이 동남아시아 각 지역도 지배하기 시작했다. 1814년 네덜란드와 영국 간에 체결된 런던 조약에서 영국은 말레이 반도에 대해, 네덜란드는 수마트라섬에 대해 영향력이 있음을 확인했다. 그런데 1919년 영국의 식민지 행정관 래플스가 싱가포르를 획득했고, 이에 대해 네덜란드는 강경한 대응을 보였다. 양국은 논의를 이어가다가 1924년 서로의 지배 영역을 확정짓는 영·란 협약을 체결했다.

1830년대부터 네덜란드는 인도네시아에서 강제 재배 제도를 실시한다. 이는 원주민에게 커피, 사탕수수, 향료 등 상품 작물을 재배하도록 강요하는 것으로, 곡물 농사를 짓는 토지에까지 상품 작물을 강요한 탓에 농민의 삶은 궁핍해지고 농촌은 피폐해졌다. 반면 네덜란드는 상품 작물 재배로 벌어들인 수익을 기반으로 산업혁명을 추진했다.

멀리 떨어진 섬들에서 민족주의는 어떻게 시작되었는가?

일반적으로 '민족주의'란 공통 언어를 중심으로 형성된 역사적 문화를 공유하는 집단에서 싹트는 의식이다. 따라서 언어와 문화가 다양하고 크고 작은 수많은 섬으로 이루어진 국가에서 공통적 이념이 형성되는 경우는 드물다.

20세기 들어 네덜란드가 채택한 식민지 윤리 정책이라는 교화 정책 덕분에 인도네시아인 지식층들이 등장하기 시작했다. 그와 더불어 강제 재배 제도 등 가혹한 통치에 불만을 품고 식민 체제를 비판하는 세력이 등장했다. 이때 이슬람교가 중요한 역할을 담당했다. 20세기 민족주의 운동이 싹트기 시작할 무렵 이슬람교를 중심으로 한 조직(이슬람 동맹) 외에 인도네시아 공산당 등도 결성되었다. 제2차 세계대전 당시에는 일본의 지배를 받았지만 종전 후 민족 운동을 펼치던 수카르노가 '무르데카(독립)'를 이끌어 1949년 인도네시아는 독립을 쟁취했다.

그러나 언어와 문화가 다양한 인도네시아를 하나로 통합하기란 쉬운 일이 아니다. 인도네시아는 의회주의 정치를 채택했는데, 수카르노는 지도민주주의指導民主主義를 실천하여 국내의 다양한 주의와 주장을 민족주의Nationalisms, 종교Agama, 공산주의Komunisme 등 세 가지로 정리한 나사콤NASAKOM 체제를 국가의 기본으로 삼았다. 그러나 실제로는 수카르노 개인이 군대와 공산당의 정치적 균형 위에 군림한 것으로, 1965년 이후 이 균형이 무너지자 그는 권력을 잃었다.

수카르노는 아시아 민족주의의 총아가 되어 1955년 아시아·아프리카의 신흥국을 불러 모아 제1회 아시아·아프리카 회의를 개최했다. 그는 국내 문제 외에도 서파푸아(이리언 자야)를 병합하고, 말레이시아 연방 건립은 영국의 식민지주의라 비난하며 말레이시아에 군대를 파견했으며, 1965년에는 유엔을 일시 탈퇴하기도 했다.

'화인'과 '화교'의 차이

인도네시아와 말레이시아, 싱가포르에서는 '화인華人'이라 불리는 중국인의 존재를 무시할 수 없다. 2015년에 사망한 싱가포르의 지도자 리콴유도 화인이었다.

'화인'과 '화교'의 개념을 혼동하는 이들이 많은데, 화인과 화교는 같은 중국인이지만 법적인 입장이 다르다. 화교는 중국 국적을 지니고 해외에서 돈벌이를 하는 사람을 뜻하며, 화인은 새로운 세계에 터전을 잡아 그곳 '국민'으로 살아가는 중국인이다. 어쩌면 '화인'은 역사의 변화에 휩쓸려버린 존재라 할 수 있다. 아프리카에서 흑인을 강제로 잡아들여 파는 노예무역과 노예제도는 오래전에 폐지됐지만 19세기에 세계 각국에서는 산업혁명이 진행되고 있었기 때문에 여전히 노동력 수요가 높았다. 그런 가운데 흑인을 대체할 노동력으로 인도인이나 중국인이 '계약 이민'이라는 형태로 바다를 건너게 되었다. 이를 '쿨리 무역'이라 하는데 그중 다수의 중국인이 동남아시아로 이주했다.

19세기 초 영국의 식민지가 된 싱가포르는 개발이 이루어지지 않은 상태인데다 인구도 적었기 때문에 많은 중국인이 유입되었다. 나중에 소개하겠지만, 말레이시아가 독립할 무렵 당연히 싱가포르도 포함되어야 한다는 의견이 있었으나 말레이시아는 말레이인이 다수를 차지하는 반면 싱가포르는 화인이 압도적으로 많았기 때문에 분리 독립으로 결정되었다. 섬나라이자 도시 국가로서 첫걸음을 뗀 싱가포르의 지도자 리콴유는 그러한 화인들 가운데 걸출한 인물이라 할 수 있다.

싱가포르는 '도시 국가'지만 세계 굴지의 경제력을 자랑할 뿐만 아니라 아름다운 거리, 예의바른 국민성 등으로 유명하다. 이것이 모두 리콴유의 지도력 덕분이라는 사실이 놀라울 따름이다(물론 정부에 대한 비판이 허용되지 않으며 사상 서적의 판매를 규제하는 등 경제·효율을 우선한 교육에 대한 평가는 분분하다). 민주주의의 비효율적인 면과 정권 비판에 질린 여러 나라의 지도자들에게는 표본으로 삼고 싶은 인물일지도 모르겠다.

리콴유로 대표되는 신흥국 지도자들의 강압적인 정치는 개발 독재라고도 불리는데, 인도네시아나 말레이시아도 이에 해당한다. 흥미로운 점은 인도네시아라는 '대규모의 섬나라'와 싱가포르와 같은 '도시 국가'에서 공통적으로 개발 독재가 가능했다는 것이다. 아무튼 인도네시아의 민족주의와 그 내부의 다양성을 조화시키기란 꽤 어려운 문제가 아닐 수 없다.

개발 독재의 배경에는 깊은 역사적 문제가 존재하며, 리콴유는 그러한 문제를 현실적으로 해결했다고 평가할 수 있다.

해협 국가 말레이시아

이제 인도네시아 외에 이 지역 국가들의 역사에 대해 차례로 살펴보도록 하자. 먼저 말레이시아다.

'말레이시아'란 믈라유의 나라를 의미한다. '믈라유'란 산스크리트어(고대 인도의 문장어)로 산맥이 있는 토지라는 뜻으로, 고대에 인도 상인들이 말레이 반도를 가리키는 말로 사용했다고 한다.

과거에는 수마트라섬의 팔렘방을 중심으로 스리위자야 왕국이 번창했다. 깨달음을 얻기 위해 인도를 여행한 중국의 승려 의정義淨은 스리위자야를 '마라유摩羅瑜'(팔렘방을 가리키는 것으로 알려져 있다)라 썼다. 이는 인도네시아에 존재했던 스리위자야 왕국의 후예가 말레이 반도로 이주하여 믈라카를 건국했다는 전설과도 관련이 있어 보인다.

말레이시아의 역사는 1400년경 믈라카 왕국의 성립기를 시작점으로 볼 수 있다. 이 나라(이 무렵은 항구를 중심으로 한 도시 국가였다)는 향료 무역의 중계지로 번영을 누렸는데, 전성기에는 말레이 반도 대부분과 믈라카 해협을 사이에 두고 수마트라섬의 중앙부까지 지배하는 해협 국가로 성장했다.

대항해 시대를 맞아 1511년 이 지역에 진출한 **포르투갈**이 믈라카를 점령했다. 이때 믈라카의 국왕은 말레이 반도 남단의 조호르로 거점을 옮기고 조호르 왕국을 세웠다. 이어서 포르투갈보다 늦게 진출한 네덜란드인과 협력하여 믈라카에서 포르투갈을 몰아냄으로써 조호르 왕국과 네덜란드는 우호적인 관계를 형성했다.

18세기 들어 말레이 반도 남부에서 술탄(이슬람에서 군주의 칭호)이 지배하는 소왕국이 난립하기 시작했다. 그중 한 곳에서 내란이 발생하자 조호르 왕국은 영국의 힘을 빌려 안정시키고자 했다. 19세기 나폴레옹 전쟁의 결과 영국이 네덜란드의 식민지를 지배하게 되면서 믈라카를 점령했다. 나폴레옹 전쟁을 전후로 영국은 네덜란드와 동남아시아를 분할하기로 약속하고 소왕국의 내란을 이용해 말레이 반도에 대한 지배력을 확대할 계획이었다. 이러한 상황에서 영국의 식민지 행정관인 래플스는 싱가포르에 요새를 건설하는 것을 수용하게 함으로써 영국은 싱가포르까지 손에 넣었다. 그러고 나서 1826년, 이미 손에 넣은 페낭과 믈라카, 싱가포르를 합하여 '해협 식민지'로 삼고, 1858년에는 식민지인 인도의 관할 아래 두었다.

다소 복잡한 과정을 거쳐 19세기 후반에는 해협 식민지와 말레이 연합주로 통합된 4개의 술탄 국가, 그리고 조호르 등 그 밖의 말레이 반도 전역을 통합해 영국령 말레이가 탄생했다. 이 무렵 보르네오섬에는 브루나이 왕국이 있었는데, 이 나라의 혼란을 수습하고 해적을 토벌하는 과정에서 활약을 펼친 영국인 브룩이 브루나이에서 사라와 등을 획득하여 브룩 왕국을 세웠다.

이후 제2차 세계대전이 발발하자 일본이 이 모든 지역을 점령했다가 종전 후 영국령 말레이가 부활했다. 영국은 이 지역의 독립을 위한 준비를 시작했으나 화인과 말레이인의 갈등이 불거졌다. 먼저 1948년 싱가포르를 제외한 영국령 말레이에서 말레이 연방이 수립되었으며, 몇 가지 문제가 있기는 했지만 1957년 정식으로 독립했다. 싱가포르도 1963년 리콴유의 지도 아래 독립을 달성했다.

원래 말레이 연방의 지도자인 압둘 라만은 싱가포르와 브루나이 등을 포함한 말레이시아 연방을 제창했으나 1963년 브루나이가 불참한 상태로 말레이시아 연방이 성립되었고, 1965년 싱가포르도 연방에서 탈퇴했다.

참고로, '말레이시아'라는 명칭이 처음 사용될 당시에는 동인도제도 전역을 의미하는 것이었다. 그래서 필리핀이 독립할 때 새로운 국명을 '말레이시아'로 하자는 의견도 있었다고 한다. 그러나 말레이 연방이 먼저 '말레이시아'라는 명칭을 사용하여 현재에 이르고 있다.

인도네시아 VS. 뉴기니

대항해 시대에 네덜란드와 포르투갈이 뉴기니섬에 진출했지만 기

후가 좋지 않아 본격적인 개발은 이루어지지 않았다. 제국주의 시절에 다시 열강이 진출하여 섬의 서쪽 지역을 네덜란드가, 동쪽 절반의 북쪽을 독일이, 그 남쪽을 영국이 영유했다. 이후 영국령 지역은 호주가 계승했다.

제1차 세계대전에서 독일이 패하자 동부 뉴기니는 독일이 차지했던 태평양의 다른 섬들과 함께 호주가 위임 통치하게 되었다. 하지만 제2차 세계대전에서 일본이 이 지역을 공격하면서 일본군과 호주군의 전투가 전개되었다. 종전 후에는 호주의 통치를 받는 유엔 신탁통치령이 되었고, 그 상태에서 여러 제도를 정비한 뒤 1975년 정식으로 독립했다.

그러나 뉴기니에는 800개가 넘는 언어가 존재하고, 부족의 단결의식이 강한 반면 갈등도 적지 않았기 때문에 정치가 불안정했다. 또한 최근에는 광물 자원이 풍부한 부건빌섬의 독립 문제가 심화되는 등 불안 요소가 많아지고 있다.

인도네시아에서 서뉴기니는 이리안자야(현재는 서이리안 주)라고 불린다. 제2차 세계대전 후 1949년에 네덜란드는 인도네시아의 독립을 인정한 반면 서뉴기니는 네덜란드령 그대로 유지하다가 1961년 서파푸아 공화국으로 독립을 인정했다. 그러자 인도네시아가 무력 침공을 전개했고, 이 문제를 조정하기 위해 나선 인물이 미국의 케네디 대통령이었다. 그는 일단 서뉴기니를 유엔의 관리 아래 두었다가 1963년부터는 인도네시아가 관리하도록 하고, 6년 뒤에 주민투표로 귀속을 결정하기로 합의했다.

그런데 1965년 인도네시아에서 쿠데타가 일어나 군부가 정권을 잡자 서뉴기니의 반정부파 주민을 탄압하기 시작했다. 1969년 뉴기니는 형식적으로 인도네시아에 편입되었으나 이 지역에는 파푸아뉴기니와 연합하기를 강력히 원하는 이들이 있어 아직까지도 인도네시아 정부와 격렬하게 대립하고 있다.

인도네시아 VS. 아체-수마트라섬 내부의 대립

네덜란드가 수마트라섬에 진출할 때 섬 북부에 거주하는 이슬람교도인 아체인이 거세게 저항했고, 영국은 이를 지원했다. 영·란 협약에 따라 수마트라섬의 지배권이 네덜란드로 넘겨지자 네덜란드는 아체인을 탄압하기 시작했다.

그런데 이번에는 튀르키예(당시 이슬람교 국가의 중심적 존재였다)와 미국 등이 아체인을 지원하면서 전투가 장기화되었으나 결국 20세기 초에 진압되었다. 제2차 세계대전 당시 일본군이 이 지역에 진출했을 때 아체인은 일본군을 해방자로 맞아들여 네덜란드와 싸웠다.

종전 후 독립한 인도네시아는 아체를 북수마트라 주로 삼아 인도네시아에 통합했다. 아체 주민들은 이를 외국에 의한 점령으로 받아들여 저항 운동을 전개했다. 마침내 인도네시아 정부는 아체를 특별주로 바꾸고 자치권을 허락했으나 아체인의 저항은 계속되었고 1976년 독립을 선언하기에 이르렀다. 그러나 아체에서 산출되는 석유와 천연자원이 문제를 복잡하게 만들었다. 인도네시아 정부가 이들 자원의 채굴권을 외국 기업에게 내주고 얻은 이익을 아체에 환원하지 않은 문제로 아체인의 불만이 고조되었다.

21세기에 들어 인도네시아 정부는 아체에 대해 더욱 광범위한 자치권을 인정했지만 대립은 여전히 계속되고 있다. 그러한 가운데 2004년 대규모 지진과 그에 따른 해일이 발생하여 아체가 큰 피해를 당하자 아체 해방세력과 인도네시아 정부는 일시 휴전하기로 했다. 아체 측은 무장해제에도 응하고 평화협정에도 조인했지만 전면적인 해결에는 이르지 못해 갈등의 씨앗은 여전히 존재하고 있는 듯하다.

인도네시아 VS. 동티모르

티모르섬은 인도네시아 지역 전체에서 보면 약간 동쪽에 있는 섬이다. 이 섬의 동부(동티모르)는 16세기 이후 포르투갈의 식민지로, 인도네시아가 독립할 때까지도 포르투갈의 지배를 받고 있었다. 그런데 포르투갈에서 살라자르 정권이 붕괴하고 민주화가 진행되자 포르투갈은 해외 식민지에 대해서도 자결권을 인정했다. 여기까지는 좋았으나 동티모르 내에 여러 정치 세력이 생겨나고 그중에서 '티모르 사회민주협의회'(수년간 준비 기간을 거친 뒤에 독립하자는 세력)와 '동티모르 독립혁명전선'(즉시 독립을 주장하는 세력) 사이에 내전이 벌어졌다. 그러자 공산 세력의 확대를 꺼리는 인도네시아가 개입해 우파 세력을 지원했고, 1976년 내전을 제압한 다음 인도네시아의 27번째 주로 합병했다. 일본과 미국을 비롯한 서방 국가들이 이러한 행보를 묵인하는 가운데 인도네시아는 반대 세력을 탄압하여 20만 명의 동티모르인이 학살되었다고 한다.

1998년 인도네시아의 수하르토 정권이 붕괴하고 하비비 정권이 들어서자 동티모르에게 특별자치권을 부여하는 사안에 대한 국민투표를 허용했고, 결과가 부결되어 2002년에 독립이 실현되었다.

독립한 지 4년 만인 2006년, 티모르섬 내부의 외지 영토인 서부 지구 출신 군인들이 서부 지구 주민에 대한 차별대우에 불만을 품고 파업을 시작했다. 정부는 그들을 해고했으나 군대 내에 그들을 동정하는 세력이 있어 수도가 혼란에 빠졌다. 이 혼란을 수습하기 위해 호주의 군대가 주둔하는 등 안정되기까지는 아직 문제가 남아 있다.

말레이시아로 둘러싸인 극소 국가, 브루나이 왕국

보르네오섬의 북동부에 작은 국가 브루나이가 있다. 주민은 말레이 반도와 수마트라섬에서 이주해온 말레이인이 약 70퍼센트이고 화인이 약 20퍼센트를 차지한다.

브루나이 왕국의 역사는 오래되었지만 10세기경부터 그 존재가 알려져 보르네오섬을 중심으로 각지의 항구를 연결하는 교역지로 번영했다. 15세기 무렵에 이슬람교를 받아들였으며 같은 이슬람교국으로서 필리핀 남부를 중심으로 하는 술루 술탄국과 경제적 이익을 다퉜는데, 보르네오 북부 주변에서 자주 격돌했다.

18세기에는 필리핀을 거점으로 한 스페인과 인도를 거점으로 한 영국이 이 지역에 적극적으로 진출했다. 당시 이 지역에는 해적이 자주 출몰했는데 브루나이 왕국은 영국의 협조를 얻어 해적을 토벌했다. 토벌전에서 공로를 세운 영국인 브룩과 영국 북보르네오 회사는 브루나이의 동서 지역, 즉 사라왁과 사바를 실질 영유하기 시작했다. 브루나이 자체도 19세기 말에는 영국의 보호국이 되었다.

제2차 세계대전 중 잠시 일본이 브루나이를 점령했지만 종전 후 다시 영국의 보호를 받게 되었고, 1959년 국방·외교·치안을 제외한 자치권을 인정받았다. 이 무렵 북보르네오에서 독립국 건설의 움직임이 있었지만 브루나이는 이에 동조하지 않았다. 나아가 말레이시아 연방을 결성하자는 요청 또한 거부했는데 그 배경에는 석유와 천연가스의 이익이 존재했다. 완전한 독립은 1984년에 이루어졌다. 이 나라는 왕족이 통치한다는 점에서 사우디아라비아 체제와 유사하다.

앞서 언급한 필리핀 남부의 술루 술탄국 역시 15세기경부터 이슬람교가 널리 확대되었다. 16세기에 필리핀이 스페인의 지배를 받게 되자 해적 행위를 통해 격렬히 저항하여 스페인에 타격을 주었다. 19세기 말부터는 미국의 지배에 저항했으나 양차 세계대전 사이에 미국에 굴복하고 말았다. 이렇듯 외세에 저항했던 이슬람교 전통은 '제마 이슬라미야' 등 이슬람 과격파 조직의 토대가 되었다고 할 수 있다.

발리섬 폭탄 테러 사건과 '제마 이슬라미야'

인도네시아의 중앙부에 위치한 발리섬은 '남국의 낙원'이라는 이미지가 강하다. 그런 만큼 2002년과 2006년 이곳에서 벌어진 **폭탄 테러 사건**은 매우 충격적이었다. 범인은 이슬람의 과격파 조직인 '제마 이슬라미야'와 연관된 것으로 밝혀졌다. 이 조직은 아프가니스탄에서 활약한 무자헤딘의 잔존 조직으로, 타이 남부에서부터 말레이시아, 싱가포르, 인도네시아, 브루나이, 필리핀 남부를 포함하는 이슬람 국가 건설을 목표로 하고 있다.

인도네시아를 여러 번 방문한 사람이라면 모를까, 대부분의 사람은 **인도네시아와 이슬람교를 연관 짓기 어렵다.** 이슬람교라고 하면 먼저 중동 지역이 떠오르고 이어서 '사막'을 생각하게 되는데, 인도네시아는 적도 밑에 있는 열대 지방이기 때문이다.

이슬람교는 '사막의 종교'라기보다는 '상인들의 종교'다. 그리고 그 상인들은 낙타를 타고 다니며 육상 교역을 했을 뿐만 아니라 아라비아해나 인도양에서는 다우선Dhow[고대 인도양에서 항해하던 선박—옮긴이]을 타고 인도에서부터 동남아시아와 중국에까지 진출했다.

말레이시아나 인도네시아는 인도 문화로부터 많은 영향을 받았지만 상인들의 활동으로 인해 일찍이 이슬람교가 전파되어 있었다. 그런 가운데 발리섬은 풍요로운 곡창지대였을 뿐만 아니라 계절풍과 섬 주변의 산호초 때문에 무역항에 맞지 않아 외부로부터 고립되어 있었다. 따라서 인도의 힌두 문화 전통이 유지될 수 있었으며, 여기에 자바섬 전통의 애니미즘과 조상

숭배 신앙이 어우러져 독특한 문화를 낳았다. 이슬람교 원리주의자의 입장에서 이러한 자바의 문화는 받아들일 수 없는 것으로, 이것이 과격파가 테러를 일으킨 이유일지도 모르겠다.

17장

중국 VS. 한국 VS. 일본
'동아시아 세계'의 탄생과 대립

과거 제국주의 시대에는 힘 있는 나라들이 강한 군사력을 앞세워 주변 각국을 억압하거나 막대한 자본을 투입해 상대국의 경제를 뒤흔드는 일이 비일비재했다. 그런데 21세기인 오늘날 중국이 그러한 제국주의 시대의 외교를 펼치고 있어 시선을 모으고 있다.

과거에는 동아시아에 '중화제국'이 존재했다. 중국은 기원전 3세기에 이미 세계 어느 곳에서도 비슷한 예를 찾아볼 수 없는 강력한 중앙집권 국가를 형성했으며, 그보다 앞서 약 600년 동안 공자나 맹자를 비롯한 제가백가에 의해 사상의 전성기를 구가했다. 이에 비하면 일본이나 한국, 베트남 등의 후진성은 부정할 수 없는 것으로, 중국 황제에 공물을 바치고 주변국의 군주로 인정받는 식의 조공 무역을 통해 중국을 배우고 나라를 세우는 게 자연스러운 흐름이었다.

그러나 현재 중국은 독재 체제와 제국주의적인 외교를 지향하고 있는 듯하다. 14억이 넘는 방대한 인구와 정치 및 경제적으로 큰 존재감을 지닌 이 나라가 국제 관계에 미치는 영향력은 무시할 수 없다.

이 장에서는 중국, 일본, 한국 등으로 이루어진 '동아시아 세계'의 교류와 대립의 역사를 소개하고, 어떻게 현재에 이르는 관계가 형성되었는지 함께 살펴보도록 하자.

중국을 중심으로 한 '동아시아 세계'의 탄생

먼저 중국이 광대한 영토를 보유한 국가가 되기까지 역사를 거슬러 올라가보자.

기원전 8세기부터 기원전 3세기까지 550년 동안 계속된 춘추전국시대의 대혼란을 수습하고 기원전 221년 중국을 하나로 통일한 나라는 진나라였다. 진나라의 최우선 과제는 침략하는 주변 민족들로부터 영토를 지키는 것으로, 진나라 시대에 가장 큰 위협은 몽골 고원의 흉노족이었다. 그리고 기마 전술이 뛰어난 그들을 방어하기에 가장 효과적인 방법은 만리장성을 건설하는 것이었다. 아이러니하게도 만리장성을 건설하는 데 동원된 농민들의 반란으로 진나라는 멸망에 이르렀다.

진나라에 이어 한나라가 들어섰고, 기원전 2세기 후반 7대 황제가 된 한 무제는 주변 지역을 대상으로 적극적인 확장 정책을 전개했다. 지금의 한국 영토에 낙랑군과 대방군 등 4개의 군을 설치하는데, 군이 설치되었다는 것은 중국의 직접 지배 아래 들어갔음을 의미한다. 베트남에도 일남군 등 9개의 군이 설치되어 중국의 지배를 받게 되었다. 이로써 한자와 유교 등 중국의 문물이 전파되는 '동아시아 세계'가 형성되기 시작한 것이다.

동아시아의 격동의 시대

6~7세기 중국에서 수나라와 당나라가 번성할 무렵 '동아시아 세계'는 격동의 시대였다. 일본에서는 쇼토쿠 태자(최근에는 그 실재가 의문시되고 있다)에 의해 국가가 건설되었고, 왜倭 5왕의 조공 이후 한동안 단절되었던 중국과의 관계가 부활했다. 수나라에서 당나라 시대로 넘어가면서 중국의 체제도 재편되었고, 그 영향으로 한국과 일본도 변화하기 시작했다.

한반도에서는 고구려가 수나라의 공격을 물리쳤지만, 그 후 당나라와 신라가 연합하여 백제를 무너뜨렸다. 이때 일본은 백제를 재건하기 위해 함대를 파견했지만 백촌강 전투에서 당나라와 신라가 연합한 함선 공격에 패해 일본의 대륙 정책이 좌절되었다. 7년 후 나당 연합군이 또 다시 평양성을 포위 공격하여 고구려를

한국의 삼국 시대

무너뜨렸다.

　마지막에는 신라가 당나라와 싸움에서 승리하여 한반도를 통일했
다. 이때 북쪽으로 도망친 고구려 유민이 세운 나라가 발해다. 현
대 중국의 역사학자들은 이 발해국이 고구려 유민이 아닌 중국
인이 세운 나라라고 주장하고 있다.

　또한 삼국 통일의 과정에서 많은 백제 난민이 일본으로 이주했
다. 모든 과정이 평화적이었던 것은 아니지만 그들이 일본의 국가
건설에 공헌한 것은 분명하다. 일본과 한반도의 역사를 살펴보면
현재 일본에서 혐한 분위기가 조성되는 것은 이상한 일이다. 역사

삼국의 통일과 발해

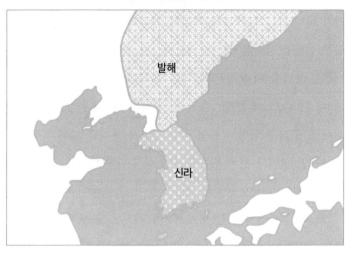

를 알게 되면 오늘날의 다양한 차별과 편견의 불합리함을 깨달을
수 있다.

각각의 변화를 이룩한, 10세기의 동아시아 세계

8세기 후반, 안사의 난이 발생한 이후 당나라는 혼란에 빠져들었
고, 10세기 초 황소의 난을 거친 후 멸망했다. 이어서 반세기 동
안 이어진 군벌 정권의 시대(5대 10국)를 거쳐 송나라가 세워졌다.
그러나 송 왕조에는 정치적 굴욕이 이어져 정복 왕조라 불리는
금과 요, 그리고 마지막에는 몽골(원)의 지배를 받았다.

한편 한반도에서는 918년에 고려가 건국되었다. 한국에서는 신라가 아닌 고려를 첫 통일 왕조로 간주하는 견해가 있기도 하다. 물론 삼국을 통일한 것은 신라였지만 발해를 고구려 후예가 세운 나라로 보았을 때 통일신라시대는 발해와 신라의 '남북조 시대'이기 때문이다. 발해 문제는 중국, 한국, 북한 사이에 현안으로 대두된 상태로, 고려를 한반도의 첫 통일 왕조로 본다면 발해의 유민을 받아들인 고려가 한국 민족을 최초로 통일한 나라인 것이다. 고려는 13세기 중반에 몽골의 침략을 받아 그 속국이 되었다.

그런데 일본에서는 견당사遣唐使가 폐지된 후 중국과 정식 교류도 끊어졌다. 이른바 왕조 교체와 같은 변동은 없었지만 당시까지의 귀족 사회에서 무사가 등장하는 시대로 바뀐 것이다. 12세기 후반에는 가마쿠라 막부가 들어서는데, 일본 정부가 대륙과 정식 국교를 맺지 않았다는 점에서 일본은 고립되어 있었다고 할 수 있다.

그러나 송나라의 경제 발전은 일본에도 영향을 미쳐 다이라노 기요모리平淸盛[일본 헤이안 시대 말기의 무장—옮긴이]는 오와다노 토마리大輪田泊(고베)를 건설하여 대륙과 경제 관계를 강화하려 했다. 가마쿠라 막부는 이전의 정책을 이어받아 송나라와 국교를 맺지는 않았지만 상인이나 승려의 교류는 활발했다.

같은 시기, 10세기에는 베트남에서도 새로운 움직임이 있었다. 한나라에 이어 당나라의 지배를 받던 베트남이 속박에서 벗어나기 위해 전투를 벌인 것으로, 10세기 말 성립한 응오 왕조와 딘 왕조 때에 이르러 독립을 이루었으며 11세기에 리李 왕조에서 장기 정권이 수립되었다.

몽골의 확대에 의한 변화와 활발한 동서 교류

그 이후 동아시아 세계에 큰 변화를 일으킨 존재는 몽골(원)이다.

정복에 나선 칭기즈칸은 서방 세계로 영역을 확대했으며 그 손자인 쿠빌라이 칸은 한국을 지배했다. 남송마저 멸망시킨 몽골은 인도를 제외한 대부분의 아시아 대륙 그리고 동유럽까지 지배했다. 나아가 해양 진출까지 도모했으나 잘 알려져 있듯 13세기 후반 두 번에 걸친 일본 원정에는 태풍과 완강한 저항으로 실패했다. 몽골이 광대한 제국을 형성한 덕분에 동서 지역의 교류가 활발해지기 시작했다.

일본은 몽골의 침입에 저항하여 물리치기는 했지만 은상恩賞 문제를 비롯한 여러 문제가 발생하여 가마쿠라 막부는 멸망하고 무로마치 막부가 들어섰다. 한국에서도 고려가 멸망하고 조선 왕조가 창건되었다. 1368년 중국에서는 몽골 세력을 몰아내고 명나라가 등장했다.

14세기에 왜구라 불리는 일본인이 한국과 중국의 해안 지역을 공격하며 해적 행위를 일삼아 두려움의 대상이 되었다. 명에서 제

3대 영락제가 정화鄭和에게 남해 대원정을 명하는 등 왜구 대응을 강화하자 일본인의 해적 행위가 줄어들었고, 한국에서는 왜구 토벌로 공을 세운 이성계가 세력을 키워 조선 왕조를 수립했다.

왜구가 감소할 무렵 무로마치 막부는 명나라에 조공 무역을 시작했다. 일본의 역사에서 오랜만에 공적 관계가 부활한 것이다. 15세기에는 막부의 권세가 약화되자 무역 도시인 사카이堺 등의 상인들이 무역을 담당하기 시작해 16세기까지 지속되었다.

나아가 14세기에 류큐에 통일 정권(류큐 왕국)이 탄생하면서 명나라와 일본의 교역이 활발해졌다. 상인들은 인도차이나 반도에서부터 자바, 수마트라까지 진출했고, 류큐 왕국은 번영을 누렸다.

그러나 16세기에 도요토미 히데요시豊臣秀吉가 권력을 잡자 당시 눈에 띄게 쇠락하고 있는 명나라를 무너뜨리고 일본을 아시아의 중심 국가로 세우겠다는 야망 아래 조선과 명나라에 원정군을 보냈으나 실패하고 말았다. 히데요시는 일본에 기독교가 전파되는 것을 경계한 반면 상인들의 활동은 장려하여 에도 시대 초기에 해외 도항이 금지될 때까지 해외 진출이 활발했다.

에도 시대에 일본은 청, 조선, 네덜란드와 관계를 유지했으나 그 밖의 대외 관계는 엄격히 제한하여 19세기 중반까지 이른바 '쇄국' 체제를 유지했다.

제국주의 시대의 동아시아 세계

18세기 후반 영국에서 시작된 산업혁명은 공업화뿐만 아니라 교통 혁명과 통신 혁명을 수반했다. 그에 따라 세상은 비약적인 속도로 변화했으며 그 변화의 규모 또한 엄청났다. 이러한 유럽 세력이 진출하기 전부터 동아시아 세계는 큰 변화를 맞고 있었다.

중국은 18세기까지만 해도 세계에서 가장 큰 번영과 안정을 누리는 나라였다고 할 수 있다. 선교사에 의해 유럽의 선진적인 문물이 전해지고 있었지만 당시 중국인은 중화제국이 세계의 중심이며 외국으로부터 배울 만한 게 없다는 태도를 견지하고 있었다. 그러한 중화제국에게 아편전쟁의 패배는 예상치 못한 일로서, 강화조약에 따라 홍콩을 할양하는 굴욕을 맛보았다. 나아가 2차 아편전쟁이라는 애로호 전쟁, 청일전쟁의 패배로 인해 중국은 근대화의 필요성을 절감하게 되었다.

중국의 아편전쟁 패배는 일본에도 매우 큰 충격을 주었다. 에도 막부 말기, 페리호가 내항한 사건으로 문호를 강제 개방함으로써 동아시아에서 일본이 가장 먼저 근대화에 성공했을 뿐 아니라 나아가 한국과 중국을 침략하기 시작했다. 침략을 당한 한국이나 중국 입장에서는 영원히 잊을 수 없는 치욕이었다. 당시 일본 주전론자들 사이에서는 가만히 있다가는 서양 열강에게 어떤 일을

일본의 영토 팽창

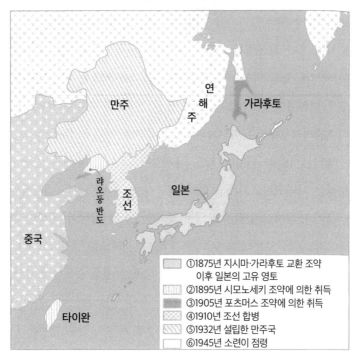

만주
연해주
가라후토
랴오둥반도
조선
일본
중국
타이완

① 1875년 지시마·가라후토 교환 조약 이후 일본의 고유 영토
② 1895년 시모노세키 조약에 의한 취득
③ 1905년 포츠머스 조약에 의한 취득
④ 1910년 조선 합병
⑤ 1932년 설립한 만주국
⑥ 1945년 소련이 점령

당할지 알 수 없다는 위기감이 팽배했던 시대이기도 했다.

청일전쟁과 러일전쟁에 승리를 거두면서 더욱 기세등등해진 일본은 1910년 조선을 합병하고, 1932년 만주국을 세웠다. 1937년부터는 중일전쟁, 1941년부터는 세계를 상대로 전쟁을 벌였으나 패배했다.

이 무렵 소련은 사회주의 국가로 크게 성장했으며, 두 개의 한국(남한과 북한), 두 개의 중국(중국과 타이완)이 등장하는 등 동아시아의 역사 지도가 크게 바뀌었다.

한국과 중국은 1992년 국교를 수립하여 경제 교류를 중심으로 친밀한 관계를 유지해왔다. 반면 한국과 북한의 대립 관계(전쟁 상태)는 1953년 이후 근본적으로 변화가 없는 상태로, 그런 이유로 한국과 미국은 군사 중심의 강한 연대를 유지하고 있다. 이는 중국에게 매우 고민스러운 문제다.

중국은 1980년대 사회주의 시장 경제(간단히 말하면 국가가 관리하는 자본주의)를 도입하여 빠르게 부국강병을 실현했다. 그런 과정에서 수많은 문제가 나타나자 이를 은폐하기 위해 엄격한 정보 통제와 애국 교육(반일 교육)으로 국민의 단결을 도모하고 있다.

대외 문제를 부추겨 국내의 모순을 덮어버리는 시도는 역사상 자주 시도되었던 것으로, 역사가 보여주는 역설적인 교훈이다. 과연 내부 갈등이 드러나지 않게 하기 위한 민족주의 고양 또는 적극적인 대외 정책은 불가피한 것일까?

중국과 한국, 일본 세 나라는 경제를 중심으로 긴밀한 관계를 맺고 있기 때문에 충돌 상황이 쉽게 벌어지긴 어렵다. 경제 분야에서의 이해와 대립은 피할 수 없겠지만 군사력이 개입되지 않는 관계가 유지되기를 바란다.

역사는 증오나 적대감으로는 어떠한 유익함도 얻을 수 없다는 사실을 가르쳐준다. 동아시아가 세계 다른 지역보다 먼저 민족주의로부터 탈피한 세상을 선보일 수는 없을까? 적어도 EU와 같은 발상이 등장한다면 그 첫걸음을 내디딜 수 있지 않을까 기대해 본다.

현재까지도 남아 있는 공통의 문화, 한자

오늘날 동아시아 지역에서는 일본, 중국(중국과 타이완), 한국(한국과 북한) 각국 간에 긴장된 관계가 형성되어 있다. 국가적 차원에서 일촉즉발이라 할 수 있는 분위기가 감돌고 있으며, 시민사회 내에도 적대감을 부추기는 움직임이 일부 존재하고 있다. 멀리 떨어진 '나라'는 객관적으로 바라보더라도, 이웃나라와 관련된 영토 문제나 역사 인식 등은 감정을 배제하고 객관적으로 바라보기가 어려운 게 현실이다.

사실 남쪽의 베트남을 포함하여 동아시아 지역은 귀중한 문화적 공통점이 있다. 그중 가장 두드러지는 것이 '한자漢字'인데, 그 본가라 할 수 있는 중국은 물론 한국, 일본, 베트남 등 네 지역에서 전혀 다르게 '발전'했다는 점이 매우 흥미롭다.

본가인 중국에서는 현재 간체자가 일반화되어 역사 연구에서는 빼놓을 수 없는 고대 문헌을 읽지 못하는 중국인이 다수를 차지하고 있다. 한반도에서는 15세기에 만들어진 한글이 일반화되어 한자가 잊히고 있지만 한국어로 구사하는 낱말 중에는 한자어에서 유래한 것이 상당히 많다. 그리고 일본은 한자를 토대로 가타카나와 히라가나를 만들었지만, 동아시아 국가 중에서는 고대 한자에 가장 익숙한 입장이라 할 수 있다. 베트남은 프랑스의 식민 지배를 받게 되면서 한자를 로마자로 바꾸었다. 그러나 사용되는 낱말을 보면 한국어와 마찬가지로 한자가 차지하는 영향력이 얼마나 큰지 알 수 있다.

한자 외에도 유교나 불교 등 공통되는 요소가 많기 때문에 이들 나라는 '동아시아 문명권'이라는 하나의 세계를 주장할 수 있는 지역이다. 그러나 2000년 세월에 걸쳐 대립과 항쟁을 이어오는 동안 각자 민족의식이 심어 졌고, 오랜 시간에 걸쳐 형성된 것이니만큼 쉽게 응어리가 해소되기는 어려 워 보인다. 사실 위정자들에게는 그 응어리야말로 자국 민족을 단결시키는 좋은 재료일 수도 있다.

18장
라틴아메리카 각국의 분쟁
인디오, 백인, 흑인이 뒤섞인 독특한 세계

1978년 제264대 교황으로 즉위한 요한 바오로 2세는 폴란드인으로, 455년 만에 처음으로 이탈리아인이 아닌 슬라브계 교황이 탄생했다는 사실로 화제가 되기도 했다. 그 후 2005년 즉위한 베네딕트 16세는 독일인으로, 약 720년 만에 생전에 퇴위하여 사람들을 놀라게 했다. 이어서 2013년에 새롭게 선출된 프란치스코 교황은 아르헨티나 출신(이탈리아계 난민)으로 최초의 라틴아메리카 출신 교황이라는 사실로 다시금 세계의 이목을 모았다.

이들 세 교황은 이탈리아인이 아니다. 오랫동안 이탈리아인이 로마 교황에 선출되었다는 점을 고려할 때 세계의 종교 상황이 변화되고 있음을 알 수 있다.

프랑스를 선두로 유럽에서는 종교적 이탈, 즉 기독교로부터 이탈하는 현상이 진행되고 있다. 특히 프랑스는 합리주의 사상이 강한 나라로서 프랑스 혁명도 교회 대 세속 세력의 대결이라는 관점으로 접근할 수 있다. 반면 남미 대륙에서는 여전히 천주교 세력이 강하기 때문에 이 지역 출신의 교황이 탄생한 것은 어쩌면 자연스러운 현상이라 할 수 있을 것이다.

아르헨티나 북쪽에 위치하는 브라질은 남미 대륙 최대의 면적을 자랑하는 나라로서 월드컵 축구와 올림픽을 개최할 정도로 발전했다. 게다가 21세기에 두드러진 경제 발전을 이룬 국가 BRICS(브라질, 러시아, 인도, 중국, 남아프리카 공화국)의 일원이기도 하다. 이 장에서는 경제 발전으로 주목을 받고 있는 라틴아메리카가 안고 있는 몇 가지 문제에 대해 소개한다.

동서 양쪽에서 진행된 라틴아메리카 이주

요즘 젊은 세대는 「엄마 찾아 삼만리」라는 만화영화를 잘 모를 것이다. 이는 이탈리아의 소년 마르코가 헤어진 엄마를 찾아 아르헨티나로 향하는 감동적인 여정을 담은 작품으로, 이탈리아가 근대 국민국가로 '통일'을 이룬 직후 민족주의가 발흥하는 시기를 배경으로 하고 있다. 만화영화의 원작인 소설 「아페닌 산맥에서 안데스 산맥까지」도 많은 이탈리아인이 일자리를 구하기 위해 아르헨티나로 향하던 당시의 풍경을 담고 있는 작품으로, 소년 마르코의 엄마도 그 대열에 포함되어 있었다.

19세기 유럽 세계는 국민국가로 나아가고 있었으므로 각국은 앞 다투어 경제력을 비롯한 국력을 키우기 위해 노력했다. 반면 라틴아메리카는 선진국에 식량 및 원료를 대주는 공급지이자 선진국에서 생산된 공업 제품의 시장으로서 자리매김하고 있었다. 당시 일본에서도 신세계를 찾아 떠나는 사람들이 나타나기 시작했으며 1908년 여객선 가사토마루笠戸丸가 800명 가까운 일본인을 브라질로 실어 날랐다. 그렇게 떠났던 이들의 자손이 일본으로 돌아와 현재 군마현群馬縣의 오이즈미정大泉町에 모여 살고 있다.

라틴아메리카와 앵글로 아메리카의 차이

아메리카 대륙에 인류가 이주하기 시작한 것은 지금으로부터 9000여 년 전 알래스카와 시베리아가 육지로 연결되어 있던 시대로 추정된다. 그들의 후예가 마야 문명과 아스테카 문명, 잉카 제국을 이루었지만, 이들은 콜럼버스를 비롯해 이후 나타난 스페인인과 포르투갈의 정복자(콘키스타도레스)들에게 정복당했다.

콜럼버스 이후 이 지역의 원주민은 인디오라고 불렸다. 이는 스페인어로 '인도인'이라는 뜻으로, 콜럼버스가 도착한 땅을 인도로 믿어 의심치 않았다는 사실을 말해준다. 한편 미국을 중심으로 하는 북아메리카 원주민은 인디언으로 불렸는데, 이는 인도인을 뜻하는 영어식 표현이다. 멕시코 북쪽 지역에서는 미국이라는 신생국의 시민들이 서부 개척, 즉 '매니페스트데스티니Manifest Destiny(명백한 운명)'이라는 명분 아래 서부로 진출하여 인디언의 거주지를 서서히 빼앗았다.

여기에서 아메리카 대륙은 남과 북으로 대별되었다. 미국과 캐나다처럼 영국인이 중심이 되어 이주 개척한 뒤 국가를 건설한 지역은 앵글로 아메리카라고 부르는 데 반해, 스페인이나 포르투갈이 식민지화하여 이들 국가의 영향을 받은 멕시코 이하 남부 지역(물론 예외적인 국가와 지역도 있다)은 라틴아메리카라고 부른다.

군인이 주도한 라틴아메리카 각국의 독립

유럽인은 처음에 향료나 귀금속 등 진기한 물건을 구할 목적으로 해외로 진출하기 시작했으며, 이를 위해 적극적인 식민 활동에 나서기 시작했다. 라틴아메리카에 살고 있던 원주민은 말과 총을 이용한 유럽인(스페인인)의 공격에 굴복할 수밖에 없었고 농장과 광산에 동원되어 강제 노동을 했다. 가혹한 노동 그리고 구대륙에서 전파된 인플루엔자 등의 질병으로 인해 원주민 인구가 감소하자 유럽인은 노동 인력을 충원하기 위해 아프리카 대륙에서 많은 흑인을 데려왔다. 이에 따라 라틴아메리카는 인디오와 흑인, 백인 혼혈이 뒤섞인 독특한 세계를 이루게 되었다.

── 경쟁국들을 통해 배우는 세계사

처음에 신대륙은 콘키스타도레스라 불리는 '모험가·정복자'들이 통치했지만, 스페인 정부는 신대륙을 지배하기 위해 총독 체제 아래 고급 관료와 성직자들을 파견했다. 이들을 페닌슐라pen-insular[반도에서 태어난 사람이라는 뜻—옮긴이]라고 부르는데, 이에 반해 현지에서 태어난 백인들을 크리올료criollo(나중에 이 용어

현재의 라틴아메리카

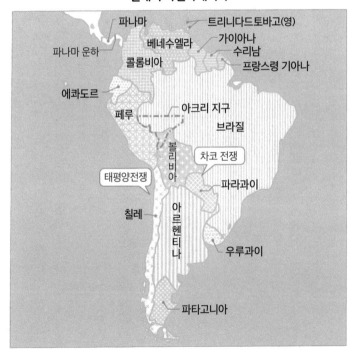

파나마
트리니다드토바고(영)
파나마 운하
베네수엘라
가이아나
수리남
콜롬비아
프랑스령 기아나
에콰도르
페루
아크리 지구
브라질
볼리비아
차코 전쟁
태평양전쟁
파라과이
칠레
아르헨티나
우루과이
파타고니아

는 흑인에 대해서도 사용하게 된다)라 하는데, 크리올료는 계몽사상 등을 배워 19세기에 독립 운동의 지도자가 된다. 특히 독립 과정에서 발생한 권력의 공백기에 군사력을 갖춘 정치적 우두머리(군벌)가 등장하는 것이 인상적인데, 그들을 카우디요Caudillo라고 한다.

16~18세기의 라틴아메리카

누에바
에스파냐
부왕령

영국령
온두라스

아이티

자메이카

누에바
그라나다
부왕령

기아나

브라질

페루 부왕령

리오데라
플라타
부왕령

파타고니아

부에노스아이레스

── 경쟁국들을 통해 배우는 세계사

18세기 말부터 프랑스 혁명과 나폴레옹 전쟁 등으로 본국이 혼란스럽자 식민지도 그 영향을 받아 독립하려는 움직임이 나타나기 시작했다. 라틴아메리카에서 최초로 독립한 나라는 카리브해의 아이티로, 당시 이 지역의 독립 운동은 민족주의를 토대로 발흥한 것이 아니었다.

멕시코 이남의 독립전쟁은 계몽사상에 심취한 군인들이 지휘했고, 그들은 스페인의 부왕령(총독이 통치하는 영역)을 중심으로 독립국가를 건설하기 시작했다. 그 대표적인 지도자로는 아르헨티나 출신으로 부친이 군인이었던 산마르틴과 베네수엘라의 명문가에서 태어난 시몬 볼리바르를 들 수 있다. 물론 이 둘만 군인이었던 것은 아니지만, 여기에서는 부왕령과 관련하여 이 두 사람의 활약상을 소개하겠다.

스페인에서 독립한 라플라타 제국

페루 부왕령은 잉카 제국이 번성했던 지역으로, 남미 대륙의 태평양 연안 중앙부에 위치한다. 16세기 중반 이후 포토시로 대표되는 은광이 개발되면서 스페인의 경제 기반을 뒷받침했다. 그러한 사정으로 페루에 부임한 총독이 남아메리카 대륙 전체를 지배했다.

18세기 들어 누에바 그라나다(콜롬비아, 에콰도르, 베네수엘라)

부왕령과 리오데라플라타 부왕령(아르헨티나, 파라과이, 우루과이, 볼리비아)이 등장하면서 페루 총독이 감독하는 영역은 줄어들었으나 페루는 여전히 중요한 거점이었기 때문에 이 지역의 방어는 굳건했다. 그런 이유로 페루는 가장 마지막에 해방되었다.

아르헨티나, 파라과이, 우루과이를 라플라타 제국이라고 한다. 라플라타강 주변 영토를 식민지로 건설했기 때문에 이 세 나라는 서로 협력하며 발전해왔다.

라플라타강 하류 지역에 현재 아르헨티나의 수도인 부에노스아이레스가 건설된 것은 1530년대의 일이다. 그러나 원주민의 습격으로 수도가 취소되었고, 훗날 라플라타강 중류 지역에 파라과이의 수도인 아순시온이 건설되었다. 부에노스아이레스는 약 1세기 후에 재건되지만 주변에 본국이 원하는 광물 등이 없어 침체된 상태였다가, 18세기에 경제 정책이 바뀌어 본국과 직접 무역이 허용되면서 교역량이 증가했다. 그러한 가운데 포르투갈의 식민지인 브라질이 남하할 것에 대비하여 라플라타강 맞은편에 요새 몬테비데오가 건설되었는데, 이곳이 훗날 우루과이의 수도가 되었다.

이 세 나라는 서로 협력하면서 개척을 추진했지만, 당시 갈등이 없었던 것은 아니다. 파라과이 지구에서는 온화한 성격의 원주민과 백인이 융화하여 혼혈화되었으나 라플라타강 하류 지역에서는 혼혈화가 거의 이루어지지 않는 등 다른 풍토가 형성되었다. 파라과이와 하류 지역(라플라타 지방) 양쪽에 '총독'이 배치되고, 나아가 이 부왕령에 볼리비아가 포함되면서 갈등이 격화되었다.

1806년 영국은 스페인령인 라플라타 부왕령을 공격했으나 현지 군대가 승리를 거두면서부터 갈등 양상이 심화되었다. 스페인 총독이 거느린 정규군 또한 강력했지만, 스페인에서 활약하다가 아르헨티나로 돌아온 산마르틴은 현지 사람들에게 자신감을 심어주었으며 끝내 본국 정규군을 상대로 대승리를 거두었다.

그 기세를 몰아 식민지의 자치 의회는 산마르틴에게 알토페루(볼리비아)를 공격하도록 명령했다. 알토페루를 정벌하기 위해 산마르틴은 안데스 산맥을 넘어 먼저 칠레를 해방시키고 이어서 페루를 해방시켰다. 그러나 알토페루 정규군과의 싸움에서 병력이 부족해지자 그는 시몬 볼리바르에게 지원을 요청했고 1822년에 직접 만나기도 했으나 볼리바르의 지원을 얻지 못했다. 자리에서 물러나 유럽으로 돌아간 산마르틴은 프랑스에서 은둔 생활을 하다가 삶을 마감했다.

산마르틴의 뒤를 이은 시몬 볼리바르는 1824년 아야쿠초 전투에서 스페인의 정규군을 물리치고 알토페루를 해방시켰다. 이 지역은 시몬 볼리바르를 기념하는 뜻에서 '볼리비아'라 불리게 되었다.

또한 '아르헨티나'라는 명칭은 '은銀'을 뜻하는 라플라타의 라틴어 표기에서 유래한 것이다.

시몬 볼리바르가 해방시킨 '그란콜롬비아'

남아메리카 대륙의 서북부, 에콰도르, 콜롬비아, 베네수엘라는 과거 그란 콜롬비아라는 하나의 국가였다. 왜냐하면 이 세 나라를 포함한 지역은 '누에바 그라나다 부왕령'이라는 정치 단위로 통합되어 있었기 때문이다. 그리고 이 지역의 해방과 독립을 실현한 사람이 바로 베네수엘라 카라카스의 명문가 출신인 시몬 볼리바르다.

시몬 볼리바르는 일찍이 계몽사상에 심취하여 유럽으로 건너갔으나 나폴레옹이 황제에 오르는 것을 보고 배신감을 느꼈으며 자신은 신대륙 해방에 목숨을 바치기로 결심한 것으로 알려져 있다. 이윽고 볼리바르는 군인으로서 실력을 발휘했지만 스페인 정규군에 패하고 한때 자메이카로 망명하는 시련을 겪기도 했다.

1819년 볼리바르는 스페인 정규군을 물리치고 콜롬비아를 해방한 뒤 베네수엘라와 에콰도르를 포함하는 국가 그란콜롬비아를 발족시켰다. 그는 산마르틴과는 협력하지 않았지만 훗날 알토 페루를 해방하는 등 대부분의 남미 대륙을 해방시키는 데 성공했다. 그러나 남미 국가들의 협력이 요구되는 이상을 실현하지 못한 볼리바르는 실의에 빠져 생애를 마쳤다. 나아가 그가 세운 그 란콜롬비아도 훗날 3개국으로 분열하는 등 라틴아메리카가 안정 을 찾기까지는 오랜 시일이 걸렸다.

그란콜롬비아의 한 나라인 에콰도르는 아마존 밀림 지대의 국경 문제로 페루와 갈등을 빚어왔다. 양국의 국경 문제는 뿌리 깊은 것으로, 1942년 미국과 브라질 등이 보장해주는 형태로 매듭을 지었다. 그러나 1978년 에콰도르가 페루를 공격하면서 1981년 무 력 충돌로 이어졌다.

양국의 분쟁은 유엔 등의 국제무대에서도 계속되었는데, 에 콰도르가 페루를 견제하기 위해 볼리비아 및 베네수엘라와 긴 밀한 관계를 맺으며 공세를 펼치는 등 긴장 상태가 계속되었다. 1998년 에콰도르가 아마존 지역의 영유권을 포기하면서 평화 합 의를 이루어 우호 관계를 되찾았다.

군벌의 세력 다툼과 자원·국경을 둘러싼 분쟁

독립 이후 칠레, 볼리비아, 페루 3국은 정치가 혼란스러워지자 카 우디요(군벌)들의 세력 다툼이 이어졌다. 특히 칠레 북부의 안토파 가스타 지방은 세 나라 간의 국경이 확정되지 않은 상태였는데 초석, 구아노(비료의 원료가 되는 바닷새의 배설물), 구리 등의 광물 자원이 주목을 받으면서 이곳을 둘러싼 3국 간 갈등이 깊어졌다.

발단은 칠레의 초석 회사를 둘러싼 칠레와 볼리비아의 갈등으로, 1879년 칠레가 안토파가스타에 군대를 파견하자 극비리에 상호 방위 협정을 체결 중이던 볼리비아와 페루가 이에 대응했다(태평양전쟁). 전쟁 초기에는 고전했지만 강력한 해군을 보유한 칠레가 페루의 리마를 점령했고 전투는 칠레의 승리로 끝났다. 1883년 강화조약으로 칠레가 이 지방을 합병했고, 내륙국이 된 볼리비아는 라파스에서 항만 도시 아리카까지 연결하는 철도를 건설하고 항구의 자유 사용권을 허용받았다. 그러나 내륙국이 된 볼리비아의 불만이 해소된 게 아니기 때문에 문제가 완전히 제거되었다고 볼 수 없는 상황이다. 1975년 볼리비아는 칠레에게 회랑 지대의 반환을 요구했으나 교섭이 결렬되면서 양국은 국교가 단절되었다. 페루에서도 이러한 교섭은 옛 페루령을 칠레에 내주는 것이라며 불만을 드러내고 있다.

칠레의 영토에 관해 소개할 이야기가 하나 더 있다. 칠레는 남북으로 길쭉한 모양을 이루고 있는데, 19세기 중반에 남부 마젤란 해협까지 남하하여 영토를 확장했으며 이곳에 거점 도시 푼타아레나스를 건설했다. 1881년 칠레는 아르헨티나와 국경 확정 조약을 맺으면서 이 해협을 항행 자유 구역으로 조율했다. 마젤란 해협은 파나마 운하가 개통되기 전까지 반세기 넘게 대서양과 태평양을 연결하는 중요 항로였다.

마젤란 해협의 남쪽에는 아르헨티나 영토가 일부 있다. 그 남쪽 섬들 사이에는 비글 해협이 위치하는데, 이 주변에서 석유가 발견되자 이 지역의 영유권 문제가 대두되었다. 아르헨티나는 국제사법재판소 판사의 판정을 거부했지만 1979년 바티칸의 중재로 조율되어 현재 비글 해협 주변의 몇몇 섬은 칠레령이 되었다.

볼리비아 VS. 브라질 VS. 파라과이: 내륙 국가의 고뇌

태평양전쟁에서 칠레에게 패하여 태평양의 창구를 잃은 볼리비아는 내륙 지역인 브라질과 파라과이와도 영토 분쟁을 치르고 있다.

볼리비아와 파라과이 간에 발생한 전쟁은 차코 전쟁이라고 하며, 차코는 파라과이강 동쪽에 위치한 지명이다. 그리고 파라과이와 아르헨티나 사이에 남북으로 흐르는 필코마요강이 국경을 이루고 있다.

아르헨티나령 차코는 1884년 아르헨티나가 인디오를 제압한 뒤 자국 영토로 통합한 곳으로, 현재 문제가 되는 지역은 파라과이령인 북부 차코다. 전쟁에 패한 볼리비아는 태평양으로 향하는 창구를 잃었기 때문에 파라과이강에서부터 라플라타강을 경유하여 대서양으로 나가는 노선을 얻기 위해 이 지방을 노리기 시작했는데, 이 지방에서 석유가 발견되면서 갈등은 더욱 치열해졌다.

잠시 휴전 시기가 있었지만 1928년 시작된 전쟁은 1935년까지 이어졌으며 총 10만 명이 전사한 것으로 알려져 있다. 1938년 평화협정에서 파라과이는 주장해온 자국 영토를 대부분 획득했다. 그러나 전쟁으로 인한 적지 않은 여파로 인해 양국의 정세는 오랫동안 불안정했다.

볼리비아는 아크리 지방을 두고 브라질과도 대립했다. 정글을 이루고 있는 이 지방은 1867년 브라질과 체결된 국경 조약에서 볼리비아령으로 확정되었으나 이 지역에서 고무를 채취하는 업자들이 볼리비아에 대항하여 여러 번 반란을 일으켰고, 그때마다 브라질에서는 이 지역에 군대를 보냈다. 나아가 이 지역에 거주하는 브라질 사람이 늘어나자 브라질이 영유권을 주장하고 나섰으며, 교섭을 통해 브라질이 볼리비아로부터 영토를 사들이기로 합의되었다.

가이아나 VS. 베네수엘라

가이아나, 수리남, 프랑스령 기아나는 기아나 3국으로 불리기도 한다. 기아나는 원주민어로 '습한 곳·물이 많은 곳'이라는 뜻이다.

과거 네덜란드와 영국, 그리고 프랑스가 이 지역을 놓고 다투다가 결국은 나폴레옹 전쟁을 거쳐 세 지역으로 분할되었다. 이후 영국령은 가이아나로 독립하고 네덜란드령은 수리남으로 독립했지만, 프랑스령은 아직 식민지 상태가 이어지고 있다.

이 세 나라 사이에는 지금까지도 국경 갈등을 빚는 곳이 있다. 일단 가이아나와 서쪽의 인접국인 베네수엘라는 1899년에 국경을 확정지었으나 베네수엘라는 이에 대한 불만을 품고 있었다. 영국과 전쟁을 치를 것이 두려워 문제 삼지 않고 있었으나 1966년 가이아나가 영국에서 독립하자 베네수엘라는 가이아나를 공격했다. 결국 1982년 이 지역은 가이아나령으로 확정되었지만 베네수엘라를 납득시킨 것은 아니었다.

이러한 갈등 속에서 가이아나에 민족의식이 자라기 시작했다. 나아가 가이아나에서 금이나 보크사이트 등의 광석이 채굴되면서 브라질과 수리남, 프랑스령 기아나 간의 갈등이 끊이지 않고 있다.

19장

태평양을 둘러싼 분쟁

열강이 지구 전역을 지배한 제국주의 시대

태평양의 일부인 남중국해에 불온한 공기가 감돌고 있다. 중국이 이 해역의 관할권을 주장하고 있기 때문이다. 지도를 보면 중국 영토에서는 혓바닥처럼 부자연스럽게 펼쳐진 해역으로, 이곳이 중국 관할이라는 게 의아하게 생각된다. 하지만 역사를 되돌아보면 지금부터 약 150년 전 제국주의 시대에 태평양에서는 이러한 일들이 버젓이 이루어지고 있었다. 최근 중국의 이러한 행동을 바라보는 과거 제국주의 열강의 심정은 복잡할 것이다.

제국주의 시대에 해양력의 중요성을 지적한 군인이자 학자인 앨프리드 머핸이라는 인물이 있다. 그는 『해양력이 역사에 미치는 영향The Influence of Sea Power upon History』이라는 책에서 고대 로마의 포에니 전쟁부터 미국의 독립전쟁에 이르기까지 해양력이 어떠한 기능을 했는지 분석했다. 약 150년 전의 군사 기술과 국제 관계를 오늘날의 상황과 단순 비교하기는 어렵지만, 경제 활동에서 '바다'의 역할은 150년 전과는 비교할 수 없을 만큼 중요해졌으며, 군사 기술과 전술도 새로운 시대에 맞춰 변화했다.

현재 중국의 노골적인 움직임은 남중국해 주변에 한정되어 있지만, 바다 세계의 태평양 주변 국가들 모습도 크게 달라지고 있다. 이 장에서는 태평양 지역에 위치한 '국가'의 역사를 살펴봄으로써 육상에서 패권을 다투는 것과는 다른 면모를 확인할 수 있다.

폴리네시아, 멜라네시아, 미크로네시아의 차이

태평양의 섬들과 주민은 대략 거주민의 차이를 통해 대략 세 갈래로 나뉜다. 그에 관한 자세한 소개는 생략하고 그 지역과 범위만 확인해보자.

먼저 폴리네시아다. 폴리네시아란 '많은 섬'이라는 뜻으로, 남국의 낙원이자 미국의 50번째 주 하와이를 중심으로 서쪽으로는 호주 대륙 동쪽의 뉴질랜드, 동쪽으로는 모아이 상으로 유명한 칠레령 이스터섬을 연결한 삼각형(폴리네시아 트라이앵글) 안에 포함되는 섬들이다. 그중 유명한 섬은 타히티, 사모아, 통가 등이다. 에콰도르령 갈라파고스는 폴리네시아에 포함되지 않는다.

이 지역은 과거 프랑스와 독일, 미국 등의 식민지였다. 프랑스령 타히티섬의 서남쪽에 있는 모르로아 환초環礁는 핵 실험장으로 이용되기도 했다.

멜라네시아는 동경 180도 서쪽의 적도 남쪽에 위치한 섬들로, 원주민의 피부색이 거무스름해서 그리스어로 '검은 섬'을 뜻하는 멜라네시아라는 이름이 지어졌다. 파푸아뉴기니, 피지 제도, 바누아투 등의 나라가 멜라네시아에 속하며, 호주나 뉴질랜드가 영국의 식민지였던 관계로 이들 섬 중에도 영국의 식민지가 많다.

그리고 미크로네시아는 '작은 섬들'이라는 뜻이다. 이 섬들은 동경 180도와 130도 사이의 적도 북쪽에 위치하는데, 일본의 오키노토리시마 암초 등은 포함되지 않는다. 미국령인 괌이나 사이판이 이에 포함되며 독일의 식민지가 된 곳이 많다. 제1차 세계대전 후에는 일본이 이 지역에 진출했다.

대항해 시대, 탐험의 무대가 된 태평양

'태평양'의 영어 표기는 'the Pacific Ocean', 즉 평화의 바다라는 뜻이다. 태평양을 최초로 본 유럽인은 스페인의 정복자 발보아이고, 이어서 이 바다를 항해한 사람은 마젤란이다. 마젤란은 좋은 날씨에 순조롭게 항해하여 필리핀에 도착하게 된 감사의 뜻으로 이 바다에 '평화의 바다'라는 이름을 붙였다. 그러나 그 이름과

태평양의 섬들

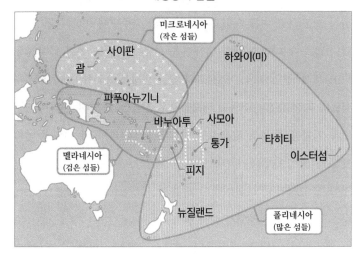

달리 이후 태평양은 숱한 전쟁의 무대가 되었다.

마젤란의 항해를 시작으로 16~17세기에 많은 탐험가가 태평양 탐험에 나서면서 폴리네시아인과 멜라네시아인 등 원주민이 살고 있는 섬들을 방문했다. 18세기에 영국의 캡틴 쿡(제임스 쿡)은 세 번에 걸친 대탐험을 완성했는데, 북쪽으로는 베링 해협을 건너 북극해에 도달했고 남쪽으로는 남극해에 도달함으로써 태평양 전체의 구조를 확인했다. 당시 그는 일본 근해도 지나갔다. 그러나 일본의 개항은 19세기에 미국의 압력으로 이루어졌다.

참고로, 하와이 제도를 발견한 사람도 캡틴 쿡이다. 그는 하와

이 제도를 발견한 후 자신을 후원해준 귀족의 이름을 따서 '샌드위치 제도'라고 이름 지었으나 그곳에서 원주민에 의해 죽음을 맞았다. 호주에 대한 영국의 영유권을 선언한 사람도 캡틴 쿡이었다.

19세기 중반, 미국은 멕시코와 벌인 전쟁에 승리하여 서해안까지 영토를 확대했으며, 이윽고 태평양으로 진출했다. 당시 미국에서는 고래 기름을 등유로 사용하고 있었는데, 대서양에서 이뤄진 남획으로 인해 고래잡이가 어려워지자 태평양으로 눈길을 돌리게 된 것이다. 그러면서 하와이에도 진출해 카리브해에서 그랬듯이 사탕수수 농장을 경영하기 시작했다.

제국주의 시대에 태평양도 열강의 분할을 피할 수 없었다. 1898년 미국은 하와이 서북쪽에 있는 미드웨이를 병합한 다음 친밀한 관계를 유지하던 하와이마저 통합했다. 같은 해 미국은 쿠바의 독립을 지원한 스페인과 전쟁을 벌여 이긴 뒤 필리핀과 괌을 사들였다.

한편 이 시대에 태평양에서 마음의 평화를 추구하던 인물도 있었다. 바로 프랑스령 폴리네시아 중 타히티에서 지내면서 많은 명작을 남긴 고갱이다. 만년에 그는 프랑스 관리들이 '평화의 바다'의 식민지 원주민을 가혹하게 탄압하는 데 분노하여 저항 운동에 가담하던 중 삶을 마감했다.

일본은 17세기 초 다테 마사무네의 명령으로 하세쿠라 쓰네나

가가 스페인 함선을 타고 태평양을 횡단해서 로마를 방문한 것이 태평양과 관계된 최초의 사건이다. 19세기 초에는 존 만지로가 미국 어선의 후원 덕분에 미국 문물을 체험할 수 있었으며, 에도 막부 말기에 일본으로 돌아와 해외 사정을 소개했다. 표류하다가 러시아로 건너간 다이코쿠야 고다유 같은 사례도 있지만, 기본적으로 일본은 쇄국 기조를 유지했기 때문에 태평양과 별다른 인연을 쌓지 못했다. 그러는 동안 유럽인은 태평양을 탐험하여 그 전체 윤곽을 명확히 그리고 있었다.

세계대전 중 태평양의 섬들

제1차 세계대전 중에 독일군은 보급뿐만 아니라 두루 불리한 국면에 처해 참패를 경험했다. 중국 대륙의 칭다오 요새 전투에서 일본에 패했을 때는 많은 포로가 일본으로 끌려가기도 했다.

반면 태평양 지역의 경우 독일은 독일령 섬들에 배치되어 있던 독일 함선을 집합시켜 폴리네시아의 프랑스령 섬을 공격하면서 태평양을 횡단, 칠레 연안에서는 영국 함대를 물리쳤다. 그러나 독일 함대는 머지않아 태평양에서 매우 불리한 상황에 처했고, 독일로 귀환하기 위해 남미의 혼 곶을 돌아 대서양에 들어섰으나 포클랜드 앞바다에서 영국 함대에 참패했다.

전승국이 된 일본은 태평양 지역의 독일령을 계승했다. 그러나 세계 대공황 이후 일본의 대륙 정책에 불만을 품은 미국 등이 대일 수출입을 금지했고, 이로 인해 일본은 동남아시아에서 활로를 개척하려 했다. 결국 미국과 해전을 피할 수 없게 된 일본은 1941년 에토로후섬 히토캇푸만에서 연합 함대를 출격시켰고, 12월 8일 진주만을 공격하면서 미·일 전쟁이 개시되었다. 당시 일본은 말레이 해전에서 영국 함대를 괴멸시키는 등 여러 전투에서 기세를 올리고 있었으나 1942년 미드웨이 해전에 패하면서 전세가 급변했다. 일본은 미국과 호주의 해상 교통로를 차단하기 위해 멜라네시아 지역으로 전선을 확대했으며 호주와도 전쟁을 벌였다. 그러

태평양에서의 열강의 세력

나 1942년 후반부터 미국·영국·네덜란드·호주 연합군에 서서히 밀리기 시작했다.

마침내 미국이 사이판을 점령한 뒤 일본 본토는 미군의 직접적인 공습을 당하게 되었고 1945년 히로시마·나가사키의 원폭 투하로 인해 8월 15일 항복을 선언했다. 패배한 일본은 동남아시아 여러 식민지는 물론 태평양 지역에 점유하고 있던 모든 영토를 포기했다.

오늘날의 태평양

제2차 세계대전에서 일본을 격퇴한 미국은 종전 이후 태평양에서 큰 영향력을 행사하게 되었다. 그러나 베트남 전쟁에서 패배한 후 미국은 태평양에서 힘을 잃기 시작했다. 대신 소련이 영향력을 확대해나갔으며 중국 또한 세력을 키웠다. 게다가 종전 이후 한때 태평양에서 이루어진 핵실험이 섬 주민들에게 선진국에 대한 불신감을 초래했다는 사실도 간과할 수 없다.

아직 독립국이 존재하지 않던 시기에 태평양에서는 각 지역에 대한 통치권을 지닌 선진국들이 남태평양위원회(현재의 태평양공동체)를 조직하여 이권 등을 조정했다. 그러나 점차 '국가'로 독립한 섬이 많아지면서, 특히 프랑스의 핵실험과 남태평양위원회의 운영에 불만이 쌓이자 태평양의 각국은 자신들의 입장을 대변할 수 있는 단체로서 남태평양 포럼(현재의 태평양제도 포럼)을 조성하자는 데 의견을 모았다. 이 포럼은 구성원 간의 불신 등으로 인해 궤도에 오르지 못하다가 나중에 호주와 뉴질랜드가 가세하면서 비로소 구체적인 힘을 발휘하기 시작했다. 1985년에 조인된 '남태평양 비핵지대 조약'이 그중 한 사례다. 그러나 전체적으로 태평양 각 지역의 문제는 아직 해결에 이르지 못하고 있다.

몇몇 국가와 지역의 역사를 소개하면서 태평양 지역의 다양성과 일부 문제에 대해 생각해보기로 하자.

영연방의 일원, 파푸아뉴기니의 문제

파푸아뉴기니는 의외로 입헌군주제 국가다. 그 밖에도 비슷한 예는 있지만, 이 나라는 영연방의 구성국으로, 영국 국왕이 군주다. '뉴기니'라는 이름은 이곳을 탐험한 스페인 사람이 지은 것으로, 이 섬에 사는 주민의 신체적 특징이 아프리카 기니만에 거주하는 주민과 비슷하여 '새로운 기니'라 불렸다고 한다.

제국주의 시대에 섬의 서쪽 절반은 네덜란드(현재는 인도네시아), 동쪽의 북부는 독일, 남부는 영국의 영토로 분할되었다. 20세기 초 동남부의 영국령은 호주령 파푸아가 되었고, 제1차 세계대전 후에 동북부의 독일령도 호주의 위임통치령이 되었다. 제2차 세계대전 후에는 위임통치에서 신탁통치로 바뀌었고, 1975년에 호주령 파푸아와 통합되어 독립했다.

그런데 뉴기니섬의 동부에 위치한 부건빌섬은 지리적·문화적으로 솔로몬 제도에 속한다. 남부는 영국령으로 1978년에 솔로몬 제도로 독립했지만, 북부는 독일령이었기 때문에 호주의 위임통치, 신탁통치를 받다가 파푸아뉴기니와 통합되어 1975년에 독립했다. 그래서 파푸아뉴기니가 독립할 때부터 부건빌섬의 분리 운동이 활발했다. 그러나 부건빌섬에는 세계적 규모의 구리 광산이 있어 쉽게 분리되지는 않을 듯하다.

파푸아뉴기니와 관련해 식민지 시대의 문제점을 한 가지 더 소개하겠다. 예전에 '뉴헤브리디스'라 불렸으며 지금은 바누아투 공화국이라 불리는 섬에 대해 20세기 초 영국과 프랑스는 공동 관리하기로 협정을 맺었다. 그래서 프랑스어 교육을 하는 지역과 영어 교육을 하는 지역이 공존하는, 사실상 이중 통치가 이루어지는 상황이었다. 1970년대에 영어권 섬들이 중심이 되어 독립 운동을 전개했으나 프랑스어권의 산투섬 등은 이에 저항하며 반란을 일으켰다. 파푸아뉴기니의 군대에 의해 반란이 진압된 후 1980년에 새로운 나라 바누아투 공화국이 탄생했다. 그리고 영·프 언어권에서 대통령과 수상을 각각 선출한다는 타협책을 마련했다. 1980년대 소련과 가깝게 지내면서 수상이 소련과 어업 협정을 체결하여 바누아투 국내를 비롯해 주변 섬들의 위기의식을 불러일으켰다. 국내 정치도 혼란하여 현재까지 불안정한 상황이다.

내용과는 무관한 이야기지만, 번지 점프의 기원은 이 섬에서 행해지던 성인식이라고 한다.

영국의 유형 식민지로 시작한 호주의 역사

'오세아니아'로 불리는 태평양 지역의 나라들 가운데 가장 큰 국가는 호주다. 이 나라의 성립과 역사의 흐름을 살펴보는 것만으로도 세계사를 이야기할 수 있을 만큼 파생된 사건이 많다.

1770년 제임스 쿡이 호주에 대한 영유를 선언한 지 13년이 흐른 1783년에 미국은 영국으로부터 독립했다. 그로부터 5년 후인 1788년 신대륙 식민지를 잃은 영국은 호주에 유형지로서 식민지를 건설했다.

당시 본토에서 멀리 떨어진 지역에 죄수를 보내는 일은 비일비재했다. 시베리아에 유형지를 만든 러시아가 대표적이며, 프랑스도 누벨칼리도니에 수많은 사회주의자를 유형 보냈다. 마찬가지로 영국도 매우 가혹한 유형 제도를 운영했는데, 손수건 한 장만 훔쳐도 7년의 징역형을 받았다고 한다. 『레미제라블』의 장발장이 겨우 빵 하나를 훔친 죄로 투옥된 사실을 떠올리면 쉽게 이해할 수 있을 것이다. 원래 미국 동해안에는 청교도만 진출한 게 아니라 영국의 죄수도 보내졌는데, 미국의 독립으로 인해 영국은 새로운 유형지가 필요하게 되었다.

미국이 '골드러시'로 떠들썩해지자 호주에서도 일확천금을 꿈꾸며 미국으로 떠나는 사람이 늘어나기 시작했다. 호주 정부는 인구 유출을 막기 위해 국내에 금광이 있는지 탐사를 벌이기 시작했다. 이에 19세기 중반부터 호주판 골드러시가 전개되었다. 그 결과 인구는 증가했지만 많은 중국인이 광산 노동자로 유입되었고, 나아가 사탕수수 농장에서 일하기 위해 다른 섬들에서 이주한 노동자들이 들어오자 호주인 노동자의 불만이 쌓이기 시작했다. 이에 정부는 노동자의 이입을 제한하는 방침을 채택했다. 이것이 백호주의라 불리는 것으로, 제2차 세계대전 후 1970년대까지 계속되었다. 현재는 다민족주의·다문화주의가 일반적이지만 가끔 유색 인종에 대한 차별을 슬로건으로 내세운 정당이 출현하여 문제가 되기도 한다.

호주의 외교는 20세기에도 본국인 영국에 대한 의존도가 높은 편으로, 제1차 세계대전 당시에는 많은 젊은이를 전선에 보내기도 했다. 그런데 제2차 세계대전에서 아시아에 주둔한 영국 함대가 일본에 패하여 호주가 일본군의 공격을 받으면서부터 상황은 크게 달라지기 시작했다. 호주는 영국, 유럽 전선보다 아시아에 관심을 보이면서 당시 마닐라를 잃은 미군의 사령본부를 멜버른에 받아들였다.

종전 후 호주 외교는 영국보다 미국을 더 중시하게 되었지만 일본과의 교역량도 증가하고 있다. 또한 말레이시아나 싱가포르 등 옛 영국 식민지와도 관계를 개선하고 있는 상황이다.

—— 경쟁국들을 통해 배우는 세계사

더 읽어보기

바다는 누구의 것인가?

인간과 바다는 밀접한 관계에 있다. 세계사 과목을 보면 고대 그리스와 페르시아가 벌인 '살라미스 해전'이 있는데, 이 전쟁에서 페니키아인은 페르시아 함대의 병사로 큰 활약을 펼쳤다. 그리스인과 페니키아인은 지중해에서 해상 무역을 하는 과정에서 자주 격돌했으며, 이후에도 카르타고를 거점으로 굳건히 살아남아 로마와 포에니 전쟁을 치르기도 했다.

로마인은 지중해 전역을 지배하는 대제국을 세운 반면 바다는 모두의 것이라는 견해를 가지고 있었기 때문에 영해를 만들지 않았다. 이는 중세 유럽에도 그대로 계승되었다. 그러나 대항해 시대에 스페인과 포르투갈이 토르데시야스 조약으로 세계의 바다를 분할하자 17세기 네덜란드의 법학자 그로티우스는 『해양 자유론Mare Liberum』이라는 책을 출간해 양국의 해양 독점을 비판했다.

그 후 유럽 각국이 바다로 진출했는데 그중에서도 영국이 눈부신 발전을 이루었다. 네덜란드로부터 경제의 실제를 학습한 영국은 동인도회사를 발판으로 세계로 뻗어나갔다. 또한 정부보다 한 발 먼저 해양에 진출한 사나포선私拿捕船[교전국의 선박을 공격할 수 있는 권한을 정부로부터 받은 민간 소유의 무장 선박—옮긴이]은 국가 공인의 해적선으로, 이러한 활동은 영국에 국한되지 않았다. 나아가 대서양을 무대로 흑인 노예무역에도 적극 가담했다. 이 모든 과정을 거쳐 영국은 19세기 후반에 '팍스 브리타니카'를 실현했다. 같은 시기, 신흥국가 미국에서는 군인이며 학자인 앨프리드 머핸이 『해상권력사론』을 저술했다. 이렇듯 군사적으로나 경제적으로 바다는 인류에게 매우 큰 역할을 담당해왔다.

18~19세기에 '영해'나 '공해' 등의 개념이 등장했다. 영해란 특정 국가가 감독권 등을 행사할 수 있는 해역으로, 거리를 지정하는 문제를 놓고 각국의 이해가 상충하여 제2차 세계대전이 끝난 후에도 좀처럼 결론이 나지 않는 경우도 있다. 위생(해양 오염이나 역병)이나 관세(밀수 등) 등의 감독을 위해 공해상까지 주권을 행사하는 '접속수역'이나 바다 속 자원의 영유권을 둘러싼 '배타적경제수역' 등의 개념도 등장했다.

20세기는 항공기의 시대였지만 최근 중국의 노골적인 해상 진출을 볼 때 바다의 중요성이 약화된 것은 아님을 알 수 있다. 바다가 다시 전장이 되는 일은 없어야 할 것이다.

20장

미국 VS. 중미·카리브해 각국

강대국 미국을 이웃으로 둔 고뇌

2015년 7월 20일, 미국과 쿠바가 54년 만에 국교를 회복했다. 전년도 말부터 양국이 국교 정상화를 위해 회담할 것이라는 소식이 흘러나오긴 했지만, 매우 놀라운 뉴스가 아닐 수 없다.

양국 관계는 1959년 쿠바에서 혁명이 일어나 친미 정권이 무너지면서 국교를 단절했다. 그로부터 3년 후인 1962년 소련의 원조로 쿠바에 미사일 기지가 건설되고 있다는 사실이 드러나자 당시 미국의 케네디 대통령은 소련의 흐루쇼프에게 철수를 요구하는 한편 소련 선박에 대한 강력한 해상 봉쇄를 실시했다. 3차 세계대전의 위기를 불러일으켰던 이 사건은 소련이 한 발 물러나면서 수습되었지만 당시 쿠바 위기는 세계를 뒤흔든 대사건이었다.

그 후 쿠바는 미국과 관계를 단절하고 사회주의 체제를 받아들였으며 소련으로부터 경제 원조를 받으면서 체제를 유지해왔다. 그러나 소련 붕괴 후 충분한 지원을 받지 못하게 된 쿠바는 20세기 말부터 심각한 경제난에 시달려왔다. 한편으로는 쿠바 출신 야구선수가 메이저리그에서 활약하는 등 미국과 쿠바는 등을 돌렸으나 떨어지지 못하는 미묘한 관계에 있다.

거리상 미국 가까이 위치하여 식민 지배나 냉전의 영향 속에서 항상 협조 관계를 유지한 것만은 아니었던 카리브해 각국, 그 대립의 역사를 살펴보자.

식민지 시대의 카리브해 지역

1492년 콜럼버스가 카리브해 지역에 도착한 이후 스페인이 전개한 신대륙 정책을 이야기할 때 대개는 아스테카 문명이나 잉카 제국을 멸망시키고 인디오를 예속화시킨 점이 자주 언급된다. 그러나 카리브해의 섬들도 대륙과 마찬가지로 크나큰 시련을 겪어야 했다. 여기에서는 미국과 카리브해 각국, 나아가 멕시코와 중앙아메리카에 위치한 6개국에 대해 소개하겠다. 식민지 시대에 이 지역은 누에바 에스파냐 부왕이 통치하고 있었다.

콜럼버스 이후 이 지역에 발을 디딘 스페인인은 이곳에서도 광산 경영을 시도했으나 별다른 성과를 올리지 못한 채 결국 사탕수수를 재배하게 되었다. 원주민은 사탕수수 농장에서의 가혹한 노동, 나아가 구대륙에서 전파된 흑사병이나 인플루엔자와 같은 전염병에 시달렸다. 카리브 해역의 섬 중에는 원주민이 전멸한 곳도 있었을 정도다.

스페인인은 원주민을 대체할 노동력으로 아프리카 흑인에 주목했고, 17세기부터 19세기 초까지 6000만 명(최근에는 1500만 명이라고 하지만 확실하지는 않다)에 이르는 흑인이 노예로 끌려왔다. 이 노예무역에서 가장 큰 이익을 취한 나라가 바로 영국이다.

카리브해 섬들은 스페인의 식민지로 개발되었지만 17세기만 해도 이 지역은 해적의 활동무대로 유명했다. 금과 은을 비롯해 신대륙의 물자를 실은 스페인 선박을 영국과 프랑스 해적이 공격했는데, 특히 영국에서는 사나포선이라는 국가 공인 해적이 이를 주름잡았다.

나아가 17~18세기 구대륙에서 시작된 전쟁이 신대륙으로 확대되었다. 영국과 프랑스 간에 벌어진 식민지 전쟁에 스페인이 휘말리면서 아이티와 자메이카 등을 양국에 빼앗겼다.

'신대륙'의 대륙 부분과 마찬가지로, 크고 작은 섬 지역에서 지배 권력을 행사하는 자는 부왕을 비롯해 스페인 본국에서 파견된 '반도인'이라 불리던 관료들이었다. 그러나 경제 활동이 왕성해지자 이 지역 출신의 크리올료(현지 태생의 백인)가 경제력과 군사력을 장악하면서 발언권을 키워나갔으며, 그들 중에는 프랑스로

중앙아메리카 및 카리브해 각국

건너가 계몽사상을 깨우친 이들도 있었다.

구대륙에서 일어난 프랑스 혁명, 그리고 나폴레옹이 본국 스페인을 침입한 사건은 식민지에도 큰 영향을 끼쳐 각국이 독립하는 원인이 되었다. 이때 한 발 앞서 독립을 실현한 지역이 프랑스령 아이티다. 1804년 아이티는 유능한 군인이자 계몽사상의 신봉자이기도 한 투생 루베르튀르의 지도 아래 독립을 이루었다. 비록 투생은 독립 직전에 체포되어 프랑스로 송환되었다가 옥사했으나, 이 지역에 사상 최초의 흑인 공화국이 세워졌다.

19세기 전반, 스페인령으로 남게 된 쿠바와 푸에르토리코를 제

─── 경쟁국들을 통해 배우는 세계사

외한 카리브 해역의 섬들은 대부분 독립을 달성했다. 물론 '반도인'들의 지배로부터 벗어나기는 했지만 이렇다 할 변화가 일어나지는 않았다. 이 지역의 보수적인 지주와 군인들이 정권을 잡게 되었을 뿐 사회 변화는 전혀 기대할 수 없었다. 게다가 프랑스 혁명에서 철저히 비판받았던 귀족이나 성직자 등은 이 지역에서 권세를 누릴 수 있었다.

중미에 대한 미국의 달러 외교·곤봉 외교

미국은 독립한 이후 먼로주의를 표방하여 신대륙에 대한 구대륙의 간섭을 견제하는 동시에 내부적으로는 서쪽으로 진출했다. 그 결정적 계기는 멕시코와 벌인 멕시코·미국전쟁(1846~1848)이다. 이 전쟁으로 캘리포니아까지 영토를 확장한 미국은 대서양과 태평양 양쪽 모두에 면한 국가가 되었다. 나아가 남북전쟁(1861~1865)을 거쳐 북부 산업자본이 경제를 지배하기에 이르자 미국은 라틴아메리카를 향해 새로운 진출의 깃발을 세웠다. 라틴아메리카 각국의 농장이 발전을 거듭하는 가운데 미국은 곡물(식료품)의 수출 대상으로서 라틴아메리카와 관계를 강화했다. 19세기 후반에는 이 지역의 농장에 대한 자본 투자가 활발해지면서 더욱 밀접한 관계를 쌓았다.

19세기 후반, 스페인의 식민지 쿠바에서도 민족주의가 고조되며 독립을 향한 움직임이 대두되었다. 쿠바의 독립 운동을 지원하고 나선 미국은 스페인과 전투를 벌여 쿠바를 독립시키는 동시에 쿠바 헌법에 '플랫 수정조항'(미국의 간섭권을 인정한 규정)을 포함시켜 실질적인 미국의 속국으로 만들었다. 이와 동시에 태평양 건너편의 필리핀과 괌을 손에 넣었다.

미국에서는 남북전쟁 이후 대륙횡단 철도가 개통되기는 했다. 선박에 의한 수송은 비록 시간은 많이 걸리긴 하지만 운임이나 그 밖의 모든 면에서 유리하기 때문에 대서양과 태평양을 연결하는 운하의 필요성을 깨닫고 파나마 운하 건설 계획이 부상했다. 수에즈 운하를 건설했던 레셉스가 이 건설에 도전했으나 기후 조건 등이 좋지 않아 단념했고, 20세기 들어 미국은 파나마 운하 건설에 재도전했다. 당시 미국에 반대하는 콜롬비아로부터 파나마를 독립시켜 운하 조약을 체결했다. 그리고 10년 뒤 1913년에 드디어 운하가 완성되었다(1914년부터 운용 개시).

이처럼 미국의 자본 투입 방식의 경제적 진출을 '달러 외교'라 하고, 무력행사를 개의치 않는 정책 추진을 '곤봉 외교'라 한다. 제1차 세계대전이 끝나고 제2차 세계대전이 발발하기 전까지 우호를 기조로 하는 프랭클린 루스벨트의 '선린 외교'와 같은 미국의 개입은 계속되었다. 미국에게 라틴아메리카, 특히 카리브해는 내해나 마찬가지였기에 경제적 관계가 강화되고 있었던 만큼 이 지

—— 경쟁국들을 통해 배우는 세계사

역에 반미 정권이 세워질 줄은 그 누구도 예상치 못한 일이었다.

'속국'에서 '적국'으로 바뀐 쿠바

독립 이후 쿠바의 정치는 불안정한 상태가 계속되었으나 1940년
대 이후 강권적인 형태로나마 바티스타의 지도 속에서 안정을 찾
아가고 있었다. 그러나 미국 자본과 결합된 바티스타 체제에서 쿠
바는 미국의 식민지와 다름없는 상황이었다. 탄압을 받고 있던 카
스트로는 특사로 석방된 후 체 게바라와 손잡고 쿠바 혁명을 일
으켰다. 고난의 연속이었지만 농민의 지원을 받은 혁명 세력이
1959년 바티스타 정권을 타도하는 데 성공했다. 그러나 이는 쿠
바의 새로운 시련의 시작이었다.

　미국은 당연히 쿠바에 다양한 압력을 가했다. 그중에서도 유
명한 것은 반혁명 쿠바인 부대가 피그스만을 침공하는 작전으로,
대통령으로 취임한 케네디가 이를 승인했다. 그러나 작전에 실패
하는 바람에 미국은 체면을 구겼으며, 이후 쿠바와 경제 관계를
단절했다. 이에 소련이 쿠바 지원에 나서면서 1962년 미사일 기지
건설을 둘러싼 쿠바 위기가 형성되었다.

　이곳에서 3차 세계대전이 일어난다면 이는 핵전쟁으로 발전할
가능성이 농후했다. 케네디의 강경책에 흐루쇼프가 기지 철거를
약속하면서 위기는 해소되었지만 미국과 쿠바의 단절은 계속되었

다. 케네디는 쿠바 혁명이 다른 나라로 번지는 것을 막기 위해 '진보를 위한 동맹'을 제창하며 라틴아메리카 세계의 민주화와 경제 발전 등을 도모하려 했으나, 후임자가 그의 정책을 이어받지 않아 흐지부지되었다.

한편 쿠바에서는 카스트로가 농업 집단화를 비롯해 다양한 사회주의 정책을 추진했다. 이미 의사, 자본가 등 많은 사람이 미국으로 망명한 터라 쿠바의 사회나 경제에 미치는 타격이 컸지만 소련의 지원을 받으며 위기를 극복해나갔다. 나아가 쿠바는 제3세계의 기수로서 세계 각지의 혁명 세력을 지원하기 위해 군사 고문 등을 파견했다. 특히 아프리카의 앙골라에 군사 고문을 파견한 일은 유명하다. 그러나 1989년부터 1991년에 걸친 냉전 종식과 소련의 붕괴는 쿠바에 큰 타격이었다.

소련의 지원이 끊기자 쿠바 경제도 악화되었고, 이에 많은 사람은 난민이 되어 바다 건너 플로리다 반도로 탈출하기 시작했다. 쿠바 내에서는 미국 달러의 소지가 허용되었기 때문에 미국 달러를 가진 사람과 가지지 못한 사람 간의 미묘한 갈등이 발생했다. 또한 공산당 일당 독재 체제 아래 토지의 사유화와 신앙의 자유 등이 인정되면서 점차 사회주의 체제의 '평등'이 무너졌다.

한편 미국은 쿠바에 대한 회유책을 차례로 펼치기 시작했다. 쿠바에 대한 경제 제재의 일부를 해제하고 미국인의 쿠바 방문

금지를 해제하는 등 완화 정책을 발표했다. 그리고 2015년, 드디어 54년 만에 국교를 회복하기에 이르렀다.

'해방 신학'을 실천한 최초의 흑인 공화국 아이티

다음은 아이티에 대해 이야기하고자 한다. 이 섬나라는 스페인어로 에스파놀라섬, 프랑스어로는 생도맹그섬에 위치해 있다. 콜럼버스가 첫 번째 항해 당시 '발견'하여 에스파놀라섬이라 명명했지만 17세기 말에 섬의 서쪽 절반이 프랑스령이 되면서 생도맹그섬이라 불리게 되었다.

아이티는 1804년 투생 루베르튀르(그 자신은 독립 직전에 프랑스에서 옥사)의 지도 아래 최초의 흑인 공화국으로 독립한 나라다. 그러나 아이티 내부에서 여러 세력의 갈등이 이어지자 국가는 분열에 이르렀고, 라틴아메리카 각국으로부터도 독립국으로 인정받지 못하게 되었다. 게다가 프랑스가 독립의 대가로 요구한 배상금도 아이티를 괴롭히는 요소였다.

19세기 후반에 비로소 사탕수수 산업을 중심으로 아이티의 경제 기반이 확립되는 듯했으나 이 무렵 독일이 이 지역으로 진출을 꾀하기 시작했다. 그러자 카리브해를 자국의 내해로 간주하는 미국이 1915년 해병대를 파견해 아이티를 점령했고, 이 당시 많은 아이티인이 쿠바와 이웃나라인 도미니카로 망명했다. 미국은 점령

기간 중에 정치 기구의 정비·군사 훈련 등을 실시했고, 프랭클린 루스벨트의 선린외교에 따라 1934년에 해병대를 철수시켰다.

제2차 세계대전 후에도 불안정한 상황은 계속되었고, 1957년에 권력을 쥔 뒤발리에가 군대와 비밀경찰을 동원해 공포 정치에 가까운 독재를 실시했다. 뒤발리에가 죽은 후에는 그 아들이 자리를 이어받아 1986년까지 아이티의 암흑시대가 이어졌다.

1987년에 민주적인 선거 절차에 따라 아리스티드가 대통령에 당선되었다. 그는 라틴아메리카에서 지지를 받고 있던 해방 신학(성직자가 적극적으로 사회 변혁에 참여하는 운동)의 실천자로, 1991년 대통령에 정식으로 취임했으나 반대 세력의 쿠데타로 인해 실각했고, 1994년에 복위했다가 또 다시 실각하는 등 험난한 과정을 거쳤다. 그러나 이것이 라틴아메리카 각국의 현실이다. 아울러 각지에서 아리스티드처럼 해방 신학을 실천하는 인물을 찾아볼 수 있다.

엘살바도르 VS. 온두라스: 군대까지 출동한 축구 시합

오늘날 남북 아메리카 대륙을 잇는 지협에는 7개국이 있다. 콜롬비아에서 독립한(정확히 말하면 미국에 의해 독립당한) 파나마, 영국에서 독립한 벨리즈(이전에는 영국령 온두라스라고 했다), 1821년에 독립하지만 나중에 분열하는 과테말라, 엘살바도르, 온두라스,

니카라과, 코스타리카다. 마지막 5개국은 과거 중앙아메리카 연방이라는 하나의 국가로 독립했지만 크리올료의 저항으로 인해 1837년 분열되었다.

이들 국가 간에도 다양한 문제가 존재하는데, 그중에서 '축구 전쟁'이라고도 불리는 온두라스와 엘살바도르의 대립이 유명하다. 양국 간 축구 시합이 발단이 되어 벌어진 전투는 6일 만에 종결된(100시간 전쟁이라 부르는 이들도 있다) 조금 어처구니없는 전쟁이다. 그러나 이 '전쟁'의 배경에는 온두라스·엘살바도르만으로는 설명할 수 없는 여러 문제가 얽혀 있다.

엘살바도르는 중미 지역에서는 가장 면적이 작음에도 불구하고 인구가 많고 공업도 발전했으며 커피 농장도 많았다. 그러나 커피 농장을 확대하기 위해 정부가 실시한 정책 때문에 많은 농민이 토지를 잃고 이웃나라 온두라스로 이주해 정착했다. 온두라스는 한동안 이주자들에게 관대했지만 국내에서 대규모 농업의 합리화가 진행되면서 이주자들이 걸림돌이 되었다.

중미의 5개국은 연방제를 거부하고 분리 독립을 이루었으나 경제 발전을 위해 협력할 필요가 있었기 때문에 중미 공동 시장(과테말라, 엘살바도르, 온두라스, 니카라과, 코스타리카)을 결성했다. 그러나 이 기구 내에서 경제 격차가 발생하자 공업화에 뒤처진 온두라스의 불만이 커졌다.

또 하나는 국경 문제다. 이 지역에서도 하천이 국경이 되는 경우가 많은데, 문제는 우기와 건기에 따라 강줄기가 달라지는 것으로, 엘살바도르와 온두라스 간에는 강의 변동 폭이 너무 커서 국경 충돌의 원인이 되었다. 그러한 와중에 국경이 확정되지 않은 지역에 거주하는 엘살바도르인을 온두라스 정부가 강제 퇴거시키는 사건이 발생했다. 때마침 월드컵 출전을 결정짓는 축구 시합이 열렸고, 그곳에서 양국의 감정이 폭발하여 군대가 동원된 전쟁으로 발전한 것이다.

전투 자체는 엘살바도르의 승리라 할 수 있지만, 온두라스에서 귀국한 엘살바도르인들 때문에 엘살바도르 경제는 혼란에 빠졌을 뿐만 아니라 정치적으로도 좌우 세력이 팽팽히 대립하면서 엘살바도르는 경제 혼란에 빠지고 말았다.

한편 온두라스에서는 이 전쟁을 계기로 민족주의가 발동했으며 다른 중미 각국과 달리 사회 안정을 찾았다. 양국의 대립은 이후 10년 넘게 지속되었지만 1980년대부터 관계가 개선되고 있다.

미국의 대형 스캔들, 이란·콘트라 사건

라틴아메리카에 진출한 미국 기업과 그들과 유착한 현지 정부의 이야기는 이루 헤아릴 수 없을 정도다. 쿠바의 경우도 마찬가지지만, 다소 특수한 전개를 보인 다른 나라가 바로 니카라과다.

니카라과는 독립할 당초에는 동해안 지방(모스키토 해안이라 하며 영국의 보호 아래 있었다)을 영유하고 있지 않았지만 미국의 지원을 받아 이 땅을 획득했다. 니카라과는 이 사건을 포함하여 미국과 긴밀한 관계를 이어나갔는데, 이 지역에 태평양과 대서양을 연결하는 운하를 건설한다는 구상까지 나오기도 했다(결국은 포기했다).

　　이처럼 미국의 계속되는 간섭 속에서 1937년 미국의 지원을 받은 소모사 장군이 니카라과의 대통령에 취임했다. 이후 소모사는 1979년까지 군림했으나 한때 미국의 지배에 저항하는 인물이 나타나기도 했다. 그 대표적인 인물이 산디노 장군이었다. 소모사는 산디노를 암살하고 소모사 가문의 지배를 강화했을 뿐 아니라 니카라과 경제를 완전히 지배하기에 이르렀다. 소모사 가문의 횡포에 대한 민중의 불만이 쌓이자 1961년 산디노의 이름을 딴 산디니스타 민족해방전선이 결성되었고, 1979년 소모사 가문을 몰아내고 권력을 장악했다. 그러나 이 정권도 내부 갈등으로 니카라과 정국을 안정시키지는 못했다.

　　그런 가운데 소련이나 쿠바와 친밀한 관계를 유지하는 산디니스타 정권에 반대하는 친미 세력 콘트라가 결성되었다. 이 조직은 온두라스에 거점을 두고 산디니스타 정권과 내전을 벌였지만 1990년대부터는 타협점을 찾아가면서 수습하는 중이다.

그런 가운데 이란에서는 훗날 전 세계를 떠들썩하게 하는 대형 스캔들이 될 미국의 정책이 시작되고 있었다. 1979년 이란·이슬람 혁명으로 인해 미국과 이란의 관계가 단절되었는데, 그 무렵 레바논에서 작전을 수행하던 미국 병사가 헤즈볼라(이슬람교 시아파의 일파로, 이란의 지원을 받고 있다)에게 포로로 잡히는 사건이 발생했다. 이를 해결하기 위해 미국은 이란·이라크 전쟁으로 곤경에 빠져 있는 이란에 접근하여 무기를 제공하는 대가로 병사의 석방을 요구했다. 나아가 미국은 그 무기 대금의 일부를 콘트라에게 제공했다. 이때 이란과 콘트라 쌍방과 교섭했던 인물이 훗날 대통령이 되는 부시(아버지)라는 설이 있으나 진실이 무엇인지는 알 수 없다.

태평양과 대서양을 연결하는 요충지 파나마 운하를 둘러싼 분쟁

이제 파나마에 대해 말할 차례다. 이 나라는 태평양과 대서양을 연결하는 파나마 운하가 관통하고 있다. 이 운하가 완성되기까지 강대국들의 서로 다른 의도가 매우 어지럽게 얽혀 있었다.

19세기 내내 이 지역은 콜롬비아령이었다. 이곳에 운하 건설을 제안한 것은 수에즈 운하를 완성시켜 세계의 총아가 된 프랑스인 레셉스였으나, 이집트와는 자연환경이 다를 뿐 아니라 미국과 영국의 방해 때문에 운하 건설은 실패로 돌아갔다.

이어서 달러 외교와 곤봉 외교라는 이름으로 라틴아메리카에 노골적인 제국주의 정책을 펼친 미국이 나섰다. 미국은 1903년에 파나마를 콜롬비아에서 독립시켜 '독립국'(실질적으로는 미국의 속국) 파나마와 운하 조약을 체결하고 1913년에 운하를 완공시켰다. 경제적 중요성뿐 아니라 정치적으로도 큰 의미를 지니는 교통로는 안전 관리가 필수적으로 수반되므로 미국은 이 지역에 대한 군대의 자유 행동권을 얻어내는 등 운하 지대를 실질적으로 지배했다.

파나마인은 미국의 이러한 일방적인 태도에 불만을 품고 반란을 일으키기도 했지만 미국에 의해 진압되었다. 종전 후인 1956년 이집트에서 나세르가 수에즈 운하를 국유화하자 이에 자극받은 파나마인의 반미 의식이 고조되었다. 이에 1977년 신운하 조약을 체결하여 1999년에 미국이 운하 및 그 시정권을 파나마에 반환하기로 결정했고 실제로 이행되었다.

급진적인 반미 국가 베네수엘라

마지막으로 베네수엘라에 관한 이야기다. 이 나라는 남아메리카 대륙에 속한 국가지만 '카리브해 제국'으로 간주할 수도 있다. 실제로 이 나라는 카리브해에 면해 있다. 이 나라를 통치한 차베스 대통령의 생애(2013년에 사망)를 살펴보면 미국으로서는 쿠바의 카스트로 수상만큼이나 불쾌한 존재였을 것이다.

베네수엘라는 1821년에 독립한 그란콜롬비아의 일원으로, 연방파와 집권파의 대립 등으로 인해 분리되었다. 라틴아메리카의 여러 나라와 마찬가지로 베네수엘라도 정치경제적 혼란에 빠져 있었으나 20세기에 석유가 발견되자 갑자기 가난한 나라에서 부자 나라로 바뀌었다. 그러나 독재와 쿠데타의 혼란이 계속되는 등 정치적으로는 전혀 나아지지 않았고, 석유 자원이 불러온 막대한 이익도 베네수엘라 국민에게 환원되지 않아 사회 불만이 고조되었다.

그러한 상황에서 1999년 대통령에 취임한 사람이 차베스다. 취임하자마자 미국의 압력에 시달리게 된 그는 미국 대통령 부시에 대한 적개심을 품고 반미 국가인 쿠바, 볼리비아, 니카라과, 에콰도르, 중국, 러시아, 이란 등과 관계를 강화하면서 미국에 대한 비판을 멈추지 않았다. 게다가 시몬 볼리바르와 카스트로를 존경했던 그는 국가 명칭마저 베네수엘라 볼리바르 공화국으로 바꿨다. 그러나 빈곤 문제 등에서 이렇다 할 성과를 거두지 못한 채 2013년 세상을 떠났다. 새로운 사회주의를 표방한 차베스였으나 실현하기에는 역부족이었던 것이다.

미국의 입장과 역사의 물결

제2차 세계대전 후, 미국의 세계 전략은 당시의 국제 관계에서는 찾아볼 수 없는 '글로벌'한 것이었다. 냉전시대에는 자본주의 세계의 수호신으로서 한국전쟁이나 인도차이나 전쟁(베트남 전쟁·캄보디아 개입)에 참전하는 한편 중동 문제에도 개입했다. 물론 나토 NATO의 중심으로서 동쪽 세계에 대한 견제도 멈추지 않았다.

그러나 미국은 독립전쟁으로부터 정확히 200년이 되는 1975년, 인도차이나의 베트남 전쟁에서 사상 최초로 패배를 맛봤다. 10년간 끌어온 전쟁을 승리로 이끌지 못한 것이다. 게다가 최대의 적이었던 소련이 미국의 반복된 실패를 따르기라도 하듯 아프가니스탄에서 갈 곳을 잃었고 체제마저 붕괴되었다. 한편 베트남 전쟁에 대응하여 문화대혁명의 혼란을 경험한 중국은 건국의 아버지인 마오쩌둥을 잃게 되자 혼란을 수습하고 '개혁 개방'의 이름으로 발전을 거듭하며 오늘날에 이르렀다.

종전 후 70년, 국제 관계는 많이 달라졌다. 현재 세계 각지에 대규모 군대를 파견 중인 국가는 미국밖에 없다. 물론 소련, 중국, 영국, 프랑스도 역사적으로 관련이 있는 지역에 군대를 보내고는 있지만 미국만큼 대규모 군사 작전을 전개하고 있는 나라는 없다. 그러나 그런 미국도 과거의 공격적인 태도가 아닌 '연합군'이나 '다국적군'이라는 형태를 취하지 않을 수 없게 되었다.

이스라엘의 건국과 그 후 지배 지역의 확대, 이라크의 쿠웨이트 침공, 러시아의 크림 반도 통합, 중국의 남중국해 확대 등 영토와 국경을 둘러싼 대립은 앞으로도 계속될 것이다. 말할 것도 없이 그 배후에는 민족주의가 존재하고 있다.

그런 한편 '세계화'라는 말이 보여주는 것처럼 민족주의를 초월하려는 움직임도 곳곳에서 나타나고 있다. 민족의 차이를 넘어선 화합은 영원한 이상에 불과한 것일까? 역사는 매순간 시시각각 움직이고 있다. 앞으로 역사가 어떠한 방향으로 나아갈지 여러분과 함께 지켜보고자 한다.

—— 경쟁국들을 통해 배우는 세계사

후기

이 책은 '경쟁국'을 주제로 이웃나라 간에 혹은 세력 경쟁을 벌이는 국가 간의 영토 문제와 국경 분쟁에 대해 다루고 있다. 개인적인 체험이지만 '토지' 하면 떠오르는 일이 있다. 분양 주택을 구입했을 때 토지 측량을 확인하는 자리에 입회한 적이 있는데, 고작 30평 정도의 토지를 놓고 밀리미터 단위까지 꼼꼼하게 측정하는 장면을 보았다. 그렇게까지 꼼꼼하게 측정할 필요가 있는지 부동산 직원에게 묻자, 30평 정도밖에 안 되는 토지이긴 하지만 도심부의 토지를 생각해보라는 대답이 돌아왔다. 가격에 따라 다르겠지만, 1센티미터의 차이가 수억 엔의 차이로 이어질 수 있다는 것이다. 과연 소유하고 있는 토지가 어디에서부터 어디까지인지를 명확하게 하는 일은 개인에게도 매우 중요한 일이라는 사실을 실감하는 순간이었다.

과거 농민들에게도 토지는 '재산'이었다. 예를 들면 역사를 배울 때 우리는 "권력자가 농민에게서 토지를 빼앗아 공유화했다"는 표현 또는 "전쟁 결과 이 지역을 ○○국이 빼앗았다"는 표현을 자주 들었다. 해당 지역에 사는 농민에게 이러한 사건은 엄청난 일이었을 것이다. 집안의 가장 귀한 재산을 빼앗긴 것과 마찬가지로, 토지를 빼앗긴다면 타인의 토지를 빌려 경작하는 소작인 생활을 하면서 적은 소득으로 살아가야 하기 때문이다. 강단에서 이러한 사실이나 결과를 전달하는 데 그치고 마는 강사라는 직업이 싫어지는 순간이기도 하다.

이 책에서는 국가 수준의 토지 문제, 즉 영토 문제를 생각해보았다. 세계 곳곳의 모든 문제를 다룰 수는 없었지만 국경이 어떻게 형성되었으며 왜 특정 토지가 국가 분쟁의 불씨가 되었는지를 놓치지 않으려 노력했다.

인간의 '역사' 시대는 5000년(인류의 탄생부터 따지면 700~500만 년) 정도다. 자연의 혜택을 누리면서 오늘날 세계 200개 정도의 국민국가를 이루었다. 농경이 시작되고 사회와 국가가 만들어지게 되면서 인간은 다양한 질서와 규칙을 정하여 그 안에서 살아가는 반면, 각 국가는 자국민의 평화와 생활을 지키기 위해 '경쟁국'과 싸우고 군수산업을 일으키고 국경선에서는 긴장을 늦추지 않는다.

바벨탑을 무너뜨린 신의 뜻이 무엇이었는지 묻고 싶지만, 신은 대답해주지 않을 것이다. 먼 미래에나 가능한 일일 수도 있지만 인간은 스스로의 지혜로 해결책을 강구해야 한다. 이 책이 과거로부터 배워 미래를 생각하는 데 도움이 된다면 저자로서 가장 큰 기쁨일 것이다.

세키 신코

한국과 일본은 흔히 가깝고도 먼 나라라고 한다. 같은 한자 문화권인데다가 한국인과 일본인은 생김새도 비슷하고 문화적으로도 유사한 데가 많다. 예전 영국에서 유학했던 한 친구는 유학 당시 기숙사에서 가장 친한 친구가 일본인이었다고 하면서, 낯선 서양에서 살다보니 아무래도 동양인이 더 친근하게 느껴지더라고 말했다. 그럼에도 불구하고 한국과 일본은 서로에 대해 지기 싫어한다. 오랜 역사 속에서 두 나라는 때로는 협력하고 때로는 대립하는 관계에 있었기 때문이리라.

이 책은 '국경을 맞대고 있는 이웃나라는 왜 항상 사이가 나쁜가?' 하는 물음에서 시작한다.

그렇다. 사이가 나쁜 이웃나라는 한국과 일본뿐만이 아닌 것이

다. 독일과 프랑스, 중국과 인도, 이스라엘과 아랍 등 이웃나라 간
에는 국경, 자원, 민족, 종교 등 다양한 이유로 자주 다툼을 벌이
고 있다.

이 책은 그러한 경쟁국 간의 대표적인 분쟁을 예로 들면서 세
계사를 풀어간다. 흔히 세계사라 하면 세계 4대 문명부터 시작되
는 고대사와 중세사, 근대사를 떠올리기 마련인데, 이 책은 그러
한 과거의 역사가 현재에 미치는 영향과 문제를 중심으로 전개하
고 있다는 점에서 매우 흥미롭다.

요즘 뉴스에 자주 등장하는 중동 문제나 내전 등은 어느 날 갑
자기 시작된 것이 아니었다. 세계 각지에서 테러를 일으키고 있는
민족주의자들의 문제 또한 그 배경에는 온갖 시련을 겪으며 강대
국에 이용당한 체첸인, 쿠르드족 등과 같은 소수 민족의 아픔이
깔려 있다. 물론 그들의 테러 활동이 결코 용납할 만한 것은 아니
지만 그들의 처치에 대해 안타까운 심정을 느끼게 되는 것도 어
쩔 수 없다.

그 밖에도 자를 대고 그린 듯한 국경선을 지닌 아프리카 각국
의 역사와 「블러드 다이아몬드」라는 영화의 소재가 되기도 했던
'분쟁 다이아몬드'에 관한 이야기, 미국의 '달러 외교' '곤봉 외교'
에 농락당한 라틴아메리카, 카리브 제국 등의 역사, 3차 세계대전
을 일으킬 뻔한 쿠바의 미사일 기지 사건 등의 역사를 짚어보면

오늘날 국제 정세의 맥락을 이해하게 되기도 한다.

이 책을 통해 전체적인 현대사의 흐름 속에서 근대 제국주의와 두 번에 걸친 세계대전이 인류 역사에 끼친 막대한 영향을 새삼 생각해본다. 그리고 "역사를 배우는 것은 과거의 잘못을 잊지 않고 더 나은 미래를 만들기 위해서"라는 말을 떠올려본다.

—— 경쟁국들을 통해 배우는 세계사

찾아보기

—— 경쟁국들을 통해 배우는 세계사

경쟁국들을 통해 배우는 세계사

초판인쇄   2024년 4월 22일
초판발행   2024년 5월 3일

지은이   세키 신코
옮긴이   이민연
펴낸이   강성민
편집장   이은혜
마케팅   정민호 박치우 한민아 이민경 박진희 정유선 황승현
브랜딩   함유지 함근아 고보미 박민재 김희숙 박다솔 조다현 정승민 배진성
제작   강신은 김동욱 이순호

펴낸 곳   (주)글항아리
출판등록   2009년 1월 19일 제406-2009-000002호
주소   경기도 파주시 심학산로 10 3층
전자우편   bookpot@hanmail.net
전화번호   031-955-8869(마케팅) 031-941-5157(편집부)

ISBN   979-11-6909-231-9 03900

잘못된 책은 구입하신 서점에서 교환해드립니다.
기타 교환 문의 031-955-2661, 3580

www.geulhangari.com